Susan Cain

09-05-22

悲欣交集
人生溫柔安靜的力量

如何將哀傷痛苦化爲無窮創造力，
獲取難以想像的潛力

蘇珊・坎恩
Susan Cain
著

陳雅婷
陳佳瑜
譯

BITTERSWEET
How Sorrow and Longing Make Us Whole

目錄

目錄

前奏

致台灣讀者

親愛的台灣讀者：

在愛中辛苦了五年，又經歷了過去十年全球各界對於《安靜，就是力量》的熱情回應，我很高興在此要與大家分享：我的新書《悲欣交集：人生溫柔安靜的力量——如何將哀傷痛苦化為無窮創造力，獲取難以想像的潛力》終於誕生了。

簡單地說，本書的內容，是我嘗試回答以下這個難解的謎題：人生中充滿了悲喜交集與憂傷痛苦，這樣到底會賦予我們什麼力量？為什麼我們一直沒看見它的重要價值？

從我很年輕的時候開始，我就察覺到悲欣交集帶有一種力量，但我花了幾十年的時間才終於能理解、能描述這種力量。我認為悲欣交集的意思是一種渴慕與哀愁的傾向，一種對於時間流逝的敏銳覺察，一種對於世界之美的深刻喜悅。這種力量可以讓人明白，黑暗與光明、生命與死亡、苦難與甜美等永遠是相伴相倚。有了這種理解，我們才擁有一把鑰匙，可以打開一扇通往美好生命之門。如果我們能夠明白，世上所有人終將經歷痛苦、失落、喜樂，那我們就可以從內到外產生改變，將個人的與全人類的苦難轉化成無窮的創造力、無限的精神與愛。

希望以上我說的這些話，可以協助大家對這本書的理解。本書第八章有提到我精選的「悲欣交集40名曲」歌單，在我的網頁上還有供討論的問題、書寫指引等等。閱讀這本書的時候，你可以來上一塊苦中帶甜的黑巧克力，啜飲著好茶或者你最愛的飲品。我也期盼聆聽你對本書的看法，或者想在歌單中加入哪些歌曲，都請告訴我。

誠摯地

Susan Cain 蘇珊・坎恩

作者的話

我這一輩子都在非正式地書寫這本書（各位馬上就會讀到原因），但正式開工則是在二〇一六年。為了討論本書主題「悲欣交集（Bittersweet）」，我與數以百計的人會談、通信或閱讀他們的著作，我很想在此將他們全部列名，但這樣又會使本書難以閱讀了。所以我在書末註釋提到了部份人士的大名，也一定有人被我疏忽漏掉了，但無論如何我感謝他們每一位。

為了閱讀順暢起見，有些引用他人文章之處我沒有採用括號，但有留意我使用的文字不至於扭曲他們的原意。如果讀者想要如實引用他們的話，書末註釋都有列出他們的原句。

最後，我變更了書中部份人物的名字及識別資訊。有些人把他們自己經歷的故事告訴了我，而我並沒有將這些故事做事實查核，但書中所列的故事，都是我認為是真實的。

Sarajevo Requiem by Tom Stoddart, © Getty Images
〈塞拉耶佛安魂曲〉，Tom Stoddart 攝影。

序曲

塞拉耶佛的大提琴家[1]

有天晚上，夢到與友人見面，他叫馬里亞納，是詩人，住在「愛之城」塞拉耶佛。醒來後我十分困惑，塞拉耶佛象徵愛嗎？二十世末那幾場慘烈的內戰裡，塞拉耶佛不就榜上有名嗎？

然後，我想起來了。

韋德蘭・斯梅洛維奇（Vedran Smailovic）。

塞拉耶佛的大提琴家。

一九九二年五月二十八日，塞拉耶佛圍城戰。好幾個世紀以來，這座城市住著穆斯林、克羅埃西亞人以及塞爾維亞人。城裡有電車，有糕點店，天鵝在綠地水池上悠游，鄂圖曼清真寺與東正教大教堂同時存在。這座城市內有三種宗教、三個族群共存，以前大家不太在乎誰是誰，一直都十分相親相愛，會很自然地把彼此視為鄰人，一起喝咖啡、吃烤肉串，讀同一所大學，有時還會跨族通婚生子。

可是現在，內戰爆發了。山丘上的人包圍了全城，切斷水源電力。當初因為一九八四年奧運興建的場館付之一炬，比賽用地轉為臨時墓地。公寓建築布滿彈痕，紅綠燈都壞了，街道一片寂靜。入耳的只有砲火的碰碰轟轟。

接著，十八世紀威尼斯作曲家阿比諾尼（Albinoni）的名曲《G小調慢板》[2]旋律傳入了人行街道，就在炸毀了的麵包店外頭。

你聽過這首曲子嗎？假如沒有，現在不妨暫停閱讀，先去網路上聆聽這首樂曲，欣賞那繞樑不絕、細緻優美、悲傷無盡的曲調。在此演奏的，是塞拉耶佛歌劇院管弦樂團首席大提琴家韋德蘭．斯梅洛維奇，為的是悼念昨日死於迫擊砲火的二十二名亡魂，當時他們正在排隊等著買麵包。爆炸當下斯梅洛維奇人就在附近，還幫忙照顧傷患。現在，他回到屠殺現場，一身正裝，白襯衫搭黑燕尾服，宛如晚上到劇院演奏一般。白塑膠椅。瓦礫堆中，斯梅洛維奇將大提琴放在雙腿之間。蕩氣回腸的慢板音符飛旋入天。

包圍他的是步槍突突，彈砲隆隆，機關槍噠噠。斯梅洛維奇繼續演奏，天天都出來拉琴，連續二十二天，悼念麵包店前逝去的二十二位亡者。不知道為什麼，子彈好像都打不到他。

塞拉耶佛座落於群山環繞的谷地，狙擊手從山上瞄準餓著肚子找麵包吃的平民。有些居民光是為了過馬路，會先等待觀望好幾個小時，然後突然衝刺快跑過去，有如遭獵捕的鹿。可是這位大提琴家就坐在毫無遮蔽的廣場上，身穿演奏華服，彷彿擁有無限光陰。

你問我是不是瘋了？居然在戰區演奏大提琴。他說。你怎麼不問問「他們」是不是瘋了，居然要砲擊塞拉耶佛。

空氣中飄揚著斯梅洛維奇的樂聲，迴盪於整座城市。很快地，他的演出將陸續重現在小說、影片等不同形式當中。不過，在那之前，也就是在圍城的黑暗期間，他的行動會鼓舞更多的音樂家，帶著自己的樂器上街，演出的樂曲不是那種雄壯威武、鼓舞我軍痛擊敵人的曲調，也不是鼓勵市民精神的流行音樂。音樂家們演奏的是阿比諾尼的作品。毀滅者儘管使用槍砲攻擊，音樂家們卻使用自己所知最悲傷、最動人的樂音回應。

我們不是戰鬥者，小提琴家的樂曲唱道。我們也不是受害者。中提琴較低的琴音附和著。我們只是人類，大提琴跟著唱歌：我們只是人類：雖有缺憾，卻無限美好，求愛若渴。

幾個月過去，內戰持續延燒，駐外記者艾倫・李託（Allan Little）有天看見多達四萬名平民從林間走出來。他們為了逃離戰火，已經辛苦地在森林裡走了四十八小時。隊伍中有位八旬老翁，看上去疲憊又急切。他朝艾倫走去，詢問艾倫有沒有看見他的妻子，老夫妻因為這段長途跋涉走散了。

艾倫沒有看到他的老婆，可是身為記者，他忍不住問對方所屬的族裔，是穆斯林還是克羅埃西亞人。多年後艾倫在英國廣播公司的節目中說，即使過了幾十年，他回想起老人的答案，依然令自己十分慚愧。

我是，老人說：一個音樂人。3

Portrait of a Young Woman, 2021, Ukraine, © Tetiana Baranova (Instagram: @artbytaqa)
年輕女子肖像，2021，烏克蘭。

導論

悲欣，就是力量

吾人常思鄉，所思為他鄉。

——作家維塔・薩克維爾—維斯特（Vita Sackville-West），《花園》（The Garden）4

我二十二歲還在念法律的時候，有次朋友們上課途中來宿舍接我，我正開心聽著悲暖小調的音樂——不是阿比諾尼，那時我還沒聽過這位作曲家，所以應該是一直都很喜歡的李歐納・柯恩（Leonard Cohen），人稱「悲觀主義桂冠詩人」。

我聆聽這類音樂的感受，實在很難用言語來形容，表面上樂曲是陰翳、難過的，但我真正感受到的卻是愛：如潮水一波一波湧現那般強烈。這時我彷彿與世上所有對悲傷音樂有共鳴的靈魂連結成一家人，我們敬佩音樂家有如此才華，可以化痛苦為美麗。我自己一個人聽這種音樂的時候，會很自然地做出祈禱的手勢，雙掌合十，朝臉龐接近。雖然骨子裡我是不可知論者，也不會正式禱告，可是音樂打開了我的心：真的可以感受到胸口的肌肉舒展開來。當下甚至會覺得即使我自己，以及我愛的人，有一天終將死去也沒關係。面對死亡的詳靜大概只會維持個三分鐘，不過每次的體驗都會帶給我一點點改變。如果說「超然物外」（transcendence）代表自我逐漸消逝、與萬化合一的狀態，那麼沉浸在這類悲欣交集的樂音裡，就是我最接近「超然」的體驗了，而且我一次又一次，不斷有類似的體驗。

只是我一直都不曉得背後的原因。

同時，來接我的朋友則因為我在宿舍裡大聲播放哀戚的曲調，覺得被逗樂了，還有人問說幹嘛要聽送葬的歌曲。我笑了出來，然後大家一起上課去了。故事結束。

然而，過去二十五年來我都在咀嚼朋友說的話。為什麼這種綿密、想望的音樂反倒讓我覺得舒懷暢意呢？為什麼我們的文化會覺得聆聽這種悲傷的曲調，可以拿來揶揄呢？為什麼我現在寫這件往事的時候，還是會覺得需要強調一下說我也很喜歡快板舞曲呢？（是真的喜歡喔。）

一開始，這些不過是有意思的問題，但隨著我邁開追尋答案的腳步，我發覺這些不只是普通問題，而且還是大哉問——現代文化教導我們不要提出這些問題，結果造成了內心的貧乏。

兩千多年前，亞里斯多德便曾提問5，為什麼很多偉大的詩人、哲學家、藝術家、政治人物都帶有憂鬱氣質呢？他會這樣問，是因為古時候相信人體含有四種體液氣質，各自代表不同的脾性：黑膽汁憂鬱（難過）、血液紅潤（開心）、黃膽汁易怒（暴躁）、痰液冷感（平靜）。體液的相對含量會塑造人的性格。希臘知名醫師希波克拉底認為，理想的狀態就是四種體液能夠調和平衡6。可是我們往往只會朝某一種傾向發展。

本書主題是關於一種憂鬱的取向，我稱之為「悲欣」7的交集：一種渴慕、悲痛與深刻傷感的狀態，會敏銳地意識到時間流逝，對於世界之美會產生非比尋常、強烈又尖銳的喜悅。理解悲欣交集的人會敏銳體認到：光明與黑暗、生命與死亡、悲苦與暖甜——永遠都會成對出現，如阿拉伯俗諺所說：「有蜂蜜般的日子，也有洋蔥般的日子。」生命裡的悲劇無可避免地會與人生當中的美好相連。假設我們摧毀文明，然後從頭開始，同樣的悲欣交集二元面向一定會再次出現。矛盾的是，完全擁抱二元並存——明暗成雙——竟是唯一能夠昇華超越的辦法，而昇華超越就是最終的重點。悲欣的特質，會讓人渴想要追求情感與思想的交流與共享，盼望著能夠找一條回家的路。

個性上屬於悲欣交集、悲暖型的人（如果你也是的話），提到亞里斯多德的偉人憂鬱論時，免不了會聽起來有點自我感覺良好。不過，千年以來已有許多人迴響了亞里斯多德的觀察。十五世紀哲學家馬西里歐・費齊諾（Marsilio Ficino）認為，與憂鬱有關的羅馬神祇薩圖恩（Saturn）「選擇了絕俗離世的生活，讓朱彼特去過著世俗的日子就好[8]」。十六世紀藝術家杜勒（Albrecht Durer）的著名版畫〈憂鬱〉當中[9]，將憂鬱描繪為垂頭喪氣的天使，身邊圍繞著象徵創意、知識與企盼的物品，亦即畫面裡出現的多面體、沙漏，以及一條上達至天的階梯等。十九世紀詩人波特萊爾（Charles Baudelaire）「幾乎無法想像，哪種美當中不帶有憂鬱[10]」。

歷史上有時對於憂鬱病抱持浪漫看法，有時又不這麼認為。而近年來大家比較不會用浪漫來看待憂鬱症。一九一八年，佛洛伊德發表了深具影響力的文章，將憂鬱貶斥為自戀，從此以後，憂鬱便墜入了精神病理學的深淵。主流心理學則將憂鬱視為臨床憂鬱症的同義詞。*

不過，亞里斯多德提出的問題並未消失，也不能消失。憂鬱帶有一些神秘的特性，是深入本質的特性。思想家柏拉圖與蘇格拉底都具有憂鬱特質，美國詩人瑪雅・安吉羅（Maya Angelou）也是。政治家林肯、科學家達爾文、美國歌手妮娜・西蒙（Nina Simone），法國作家普魯斯特，還有美國民權運動領袖馬丁・路德・金恩博士身上也都嗅得到憂鬱氣質。

他們身上蘊含的究竟是什麼呢？

這題我研究好久了，過程中追隨著世界各地的藝術家與作家，踏上冥想內涵與智慧傳統鋪設而成的百年路徑。而這條道路引領著我來到現代心理學、科學，甚至是管理學者（他們在企業領導者和創意家身上發現了憂鬱氣息的獨特優勢，也找到了開發憂鬱特質優勢的最佳做法）的著作面前。我得到的結論是，「悲欣」兩者的交集其實不是像我們想的那樣，並不只是一時的感受或事件，它反而是一股安靜的力量，一種存在，一段流傳悠久的傳統——

＊西方心理學傳統上就把「憂鬱」（melancholy）與「憂鬱症」（depression）異詞合併。佛洛伊德用憂鬱病（melancholia）一詞來描述臨床憂鬱症（depression）：「有種深度痛苦的沮喪，對外在世界不再感興趣，會失去愛的能力，什麼事都不想做……」。心理大師茱莉亞・克莉絲蒂娃（Julia Kristeva）[11]於一九八九年寫道「綜合『憂鬱』和『憂鬱症』，指的應該就是『憂鬱的』（melancholy）與『憂鬱症的』（depressive）。實際上兩者的界線很模糊。」到醫學搜尋引擎PubMed輸入「憂鬱」（melancholy）這個詞，看到的文章會和「憂鬱症」（depression）有關。

它一直被忽視，卻可以賦予我們難以想像的人類潛能。我們活在這滿是瑕疵、卻又美麗到近乎頑固的世界，悲欣是既真實又高尚的反應。

最重要的是，面對悲欣的交集，可以讓我們看到該如何回應痛苦：我們可以承認、接受，並且試著將痛苦昇華為藝術的形式，就像作曲家們做的那樣；我們可以嘗試去療癒、去創新一些可以滋養靈魂的做法。如果我們不將悲傷與渴望加以轉化，那麼很可能會轉而將悲傷與渴望，透過傷害、支配、忽視等形式去施加在別人身上。不過，假如能夠知道全體人類都有能力理解——或者終將理解——失落與苦難，我們就能夠「走向」彼此。*

這樣的概念——化痛苦為創造力、昇華超越以及愛——就是本書的核心。

一個理想的社群，就像理想的人類一樣，會同時表現出希波克拉底說的四種性情。可是許多人往往只會朝某一種性情的方向傾斜，我們的社會也一樣。就像本書第五章會談到的一樣，當代的文化圍繞著歡樂的血液紅潤以及暴躁的黃膽汁易怒，重視的面向是成功高亢與強壯力量。

這種「紅潤激進特質」的觀念鼓勵人向前看，隨時準備好要上場戰鬥，提倡個人要以目標為導向，過著積極樂觀的生活；紅潤激進的觀念會鼓勵網路上那種為他人打抱不平的義怒。此外，我們被期待要堅忍不撓、樂觀進取、魄力十足，帶著自信直接說出心裡想說的話，還要具備優異的攻心交友、影響他人的人際手腕。美國認為追求幸福是很重要的目標，甚至還把幸福寫進了建國宣言，而且根據亞馬遜公司最近的搜尋數據，講這個主題的書就有三萬多本。從小我們就被灌輸要鄙視自己眼淚（愛哭鬼！），然後一輩子都要譴責自己悲傷的情緒。哈佛心理學家蘇珊・大衛（Susan David）針對七萬多人做過調查，發現有三分之一的人會因為傷心或是哀慟這類「負面」的情緒而自我批判，甚至是處罰自己。她指出：「我們不只會這樣對待自己，對所愛的人也會這樣，像是自己的小孩[12]。」

當然，這種歡樂積極的態度還是會帶來許多好處，它可以幫忙我們把球長傳二壘順利達標，幫助我們在國會拍板法案，努力為正確的價值挺身而出。

---

*沒有人可以比音樂家尼克・凱夫（Nick Cave）更能好好發揮這個概念了，請見他的〈紅手檔案〉（Red Hand Files）：https://www.theredhandfiles.com/utility-of-suffering/

只是這些大聲的喝采與社會普遍接受的路見不平義怒情緒，卻將現實遮掩了。現實是，全人類，甚至像是舞藝過人的網紅或是動作驚人的意見領袖，說穿了都只是脆弱、一時的存在。也就是說，對於意見相左的人，我們缺乏同理心，導致我們在麻煩降臨時可能會措手不及。

在另一方面，「悲欣交集」的這種模式乍看之下有點退縮保守，又沒什麼用，只是陷在渴望的泥淖裡，期盼著假如過去怎樣或是未來可能怎樣的狀況。

不過，渴望背後其實暗藏動能，它是積極的，而非消極的；它是一股力量，一股受到創意、溫柔與天賜觸碰的力量。我們渴想要某人或某事時，就會努力朝他們觸及，向他們靠近。「渴望、渴慕」的英文longing來自古英文langian，意思是「變長」，來源也包含德文的langen，意思是「去觸及、延展」。語言學上，「渴欲」的英文yearning與飢渴、欲望有關。在希伯來語裡面，這個字的字根和「熱情」系出同源。

換句話說，會讓你受苦的地方，就是你深刻在乎的地方——在乎到你願意拿出行動。正因為如此，詩人荷馬（Homer）的名作《奧德賽》（Odyssey）裡[13]，主人翁奧德修斯之所以會展開史詩之旅，便是出於思鄉，一切就是從他在海灘上為家鄉伊薩卡島哭泣開始的。也正因為如此，你熱愛的兒童文學，從《哈利波特》（Harry Potter）到《長襪皮皮》（Pippi

Longstocking），主人翁大多會設定為孤兒。父母過世了，主角將自己的渴欲加以轉化，展開人生歷險。這些情節會叫人產生共鳴，是因為我們每個人都會受到疾病與老去、分開與哀悼、瘟疫與戰爭的影響。故事背後隱藏的訊息，也是詩人與哲人好幾世紀以來不斷想傳達的訊息，那就是：渴慕（longing）正是通往歸屬（belonging）之途[14]。

世上許多宗教倡導的都是同一個道理。十四世紀無名氏作家在神秘經典《不知之雲》（The Cloud of Unknowing）寫道：「人的一生就是不斷處在渴慕之中[15]。」《古蘭經》第九十二章第二十至二十一節說：「但他施捨只是為了求他的至尊主的喜悅[16]，他自己將來必定喜悅。」十三世紀基督神秘主義者與神學家埃克哈特大師（Meister Eckhart）說：「神存在於靈魂的嘆息之中[17]。」聖奧古斯丁（St. Augustine）最廣為引用的句子即是「我心憂悶煩躁[18]，唯棲於主懷始得寧歇。」

有時在一些非凡的時刻中我們親眼目睹超群的景象——例如一段堪比傳奇的吉他演奏，或令人嘆為觀止的後空翻——都可以讓你感受到上述的真理，會覺得這一切似乎是來自一個更完美、更美麗的世界。於是，大家才會如此尊敬「搖滾明星」以及奧運選手，因為他們帶來了源自他方的魔法氣息。

然而，這樣的時刻稍縱即逝，所以我們會想在另一個世界永久安身，也相信著自己其實屬於「那裡」。

在最糟糕的狀況下，悲欣派的人會感到絕望，認為那完美又美麗的世界永遠遙不可及。然而，最美好的狀況則是，他們會試圖召喚出這樣的世界。人類有動力登上月球、創作傑作以及譜寫出愛情故事，這些背後都隱藏著一個泉源叫做「悲欣」。正是因為有所渴慕，才會彈奏出月光奏鳴曲，建造出前往火星的火箭。正是因為渴慕，羅密歐才會愛上茱麗葉，莎士比亞才會寫下他們的故事，我們也才會在數個世紀以後依然在搬演這部作品。

不論我們是藉由《長襪皮皮》、偉大的短跑選手尤塞恩・博爾特（Usain Bolt）還是聖奧古斯丁來領悟這個真理都無所謂，而我們是信徒還是無神論者也都不重要。真理都是同一條。不管你魂牽夢縈的是已經分手的伴侶，還是不知在哪的夢中情人；不管你夢寐以求的是從未有過的歡樂童年，還是對神聖的追求；不管你想要的是富有創造力的人生，或是想回到出生的國家，還是締結更完美的結合（個人層次或政治層次）；不管你夢想的是登上第一高峰，還是想和上次度假的海邊美景融為一體；不管是期待能減輕祖先的痛苦，還是能活在一個生命不需消耗其他生命來生存的世界；不管你殷切盼望的是失去的某人、尚未出世的孩子、青春的源泉，還是無條件的愛……這些全都體現著同樣一種劇烈的痛。

我把大家嚮往的這個地方、這種狀態稱為「那個完整而美麗的世界」。在猶太教與基督教的傳統中，那就是「伊甸園」和「天國」，而蘇非派稱那裡是「靈魂的摯愛[19]」。還有許多數也數不盡的稱呼：舉個例子，簡單來講那裡就是「家」，或是「彩虹的彼端」，或如同小說家馬克．梅利斯（Mark Merlis）描述的，那裡是「我們尚未誕生以先，即遭驅逐而離去的海岸[20]」。作家魯益師（C. S. Lewis）稱那裡為「所有美麗的發源地[21]」。上面講的全都是同一種東西，說的是每個人最深切的渴慕，也是本書序曲中那位塞拉耶佛的大提琴家韋德蘭．斯梅洛維奇在戰爭中演奏大提琴時交織出的東西。

這幾十年來，柯恩傳達精神渴望的抒情歌謠〈哈利路亞〉（Hallelujah）[22]儼然成了《美國偶像》這類電視選秀節目的基本選曲——甚至可說是陳腔濫調了，所以雖然參賽者已經唱到第一千次了，觀眾的臉上還是會流下喜悅的淚水。不管我們自認為是「信徒」或者「非信徒」，其實並不重要，重要的是，就某方面來說，我們心底都希望能觸及天堂。

差不多就在朋友到法學院宿舍接我、我也正開始思考關於悲傷音樂的時候，我接觸到了佛教的思想。佛教有個想法很類似神話學家喬瑟夫．坎伯（Joseph Campbell）的說法，他曾說大家應該要努力「在面對世界的痛苦時，快樂地參與其中23」。我忍不住一直在想：這是什麼意思？怎麼可能呢？

我知道，這個概念不能從字面上來解釋。這句話講的不是幸災樂禍，對別人落井下石，也不是用消極的態度應對悲劇與邪惡。其實恰好相反，這邊講的是敏銳感受到痛苦，感受到一切都是轉瞬即逝的，我們要去擁抱這個受苦的世界（受苦，在此或做不滿，取決於你如何詮釋佛教《第一聖諦》First Noble Truth 裡的梵文）。

不過，我的疑惑還是存在。我猜想或許可以到印度或尼泊爾尋找答案，或是去大學裡讀個東亞研究課程。可是我都沒有這樣做，我只是帶著這個問題和其他類似的問題，繼續過生活，而且一直把問題放在心上：為什麼「悲傷」這種會讓我們鬱悶、讓我們變得像小熊維尼裡面角色「屹耳」那樣的情緒，會在演化的壓力下一直存續至今呢？到底是什麼在驅使我們會想要「完美」和無條件的愛呢（這和我們喜歡悲涼的音樂及雨天有什麼關聯呢）？為什麼創造力似乎和渴望、渴慕、悲傷——以及昇華超越有關呢？我們該如何面對失去愛的時刻呢？一個國家的立國基礎上曾有著如此深重的心痛，它又是如何轉變為推崇陽光文化的社會呢？在一個如此強迫推銷正向的文化裡，我們要如何才能真切地生活和工作呢？既然已知我們自己和所愛之人終將死去，那麼我們又該如何自處呢？我們是否承襲了父母和先輩的痛苦？假如有，又該如何將上一代的痛苦轉換為有建設性的力量呢？

幾十年過去了，這本書就是我的答案。

本書也可說是我從「不可知論」轉變到……其實也不知是什麼的一部記錄。確切來說，我並沒有轉變成教徒，現在的我依舊跟以前一樣懷抱著不可知論。應該說，我體會到的是，並非一定要信某種教，才能從一種「靈」裡面的渴慕而產生新生。哈西迪猶太教有則寓言說，有位拉比在宣講上帝的時候，注意到會眾裡有位老人毫不在意。於是拉比為老人哼唱了一段沉痛的旋律，一首渴欲之歌。老人說：「現在我明白你想教誨的是什麼了，我感受到一股強烈的渴慕，想要與神合一[24]。」

我和那位老人很像。會開始寫這本書，是因為想解開迷團，看看究竟為什麼有許多人對於哀傷的歌會有如此濃烈的反應。表面看來，這個題目太小，不值得花了這麼多年的時間去研究，可我就是放不下。當時我並不曉得音樂只是一個入口，會通往更深沉的領域，在那個境地裡，你會看到世界是聖潔而神秘的，令人著迷。有些人透過祈禱、冥想或是林間漫步踏入這個領域，而呼喚著我的入口則是一曲小調。不過，傳送門無所不在，型態無窮無盡。這本書的目的就是敦促你去留意——並且抬腳跨入，那道入口。

你具備悲欣交集的性格嗎？

有些人天生就一直處於悲欣交集的狀態；有些人能免則免；有些人到了一定的年歲，或是歷經生命的考驗與勝利之後，才體會到悲欣交集的世界。如果想知道自己在這方面的感受力有多強，可以做做看下方的測驗，由我和約翰霍普金斯醫學院的教授大衛．亞登（David Yaden）以及認知科學家史考特．貝瑞．考夫曼（Scott Barry Kaufman）共同設計。＊

想知道自己現階段「悲欣交集」的程度為何，請問問自己下面幾個問題。從零（完全不同意）到十（完全同意）分，選擇同意的程度。

____看到感人的電視廣告時，會不會很容易熱淚盈眶？

____舊照片會不會特別容易觸動到你？

____對音樂、藝術、自然會不會出現強烈的反應？

____其他人會不會說你擁有一副「老靈魂」？

____下雨時會不會感受到慰藉或是生出靈感？

——作家魯益師將喜悅形容為「尖銳美好的一記渴望」，你能不能理解呢？

——你是不是喜歡詩作勝過體育呢（或是你可以在運動裡看到詩句）？

——你會不會在一天之內有過好幾次雞皮疙瘩的感動時刻呢？

——你會不會看到「萬物中的眼淚」，這段話來自詩人維吉爾（Virgil）的《伊尼亞斯逃亡記》（Aeneid）。

——悲傷的音樂會不會提升你的內心呢？

——你是不是常會同時看到事物的悲喜兩面呢？

——你會不會在日常中尋找美呢？

——「深刻」這個詞是不是讓你特別有共鳴呢？

——與好友聊天時，你會不會比較想談他們以前或是眼前的煩惱呢？

——還有：你會不會覺得「狂喜」這種強烈的情感距離自己很近呢？

---

*假如你是心理學家或學者，也有興趣探索悲欣交集的概念，請留意：這裡的測驗僅是初探，亞登與考夫曼進行的前導研究並未包含焦點團體、專家評定、大樣本探索性與驗證性因素分析等傳統步驟。他們鼓勵其他有興趣的學者做進一步的研究，以便取得進一步的心理量測數據。

最後一題可能有點突兀，不過，這邊講的不是樂觀面對未來或是輕鬆自然的笑容，我指的是因為盼望而產生的那種奇異的欣喜。根據亞登最近的研究[25]，超越自我的體驗（以及比較溫和的類似感受，像是感激之情與心流狀態）較常出現在人生經歷轉換、結束與死亡等又悲又喜的階段。

我們可以說，人之所以會有悲欣交集的感觸，是因為敏銳又強烈地體會到終局已定。小孫女在水坑開心地濺起水花，會讓看到這一幕的人濕了雙眼，因為他們知道孩子終究會長大、會變老（而那時候他們已經不在了）。精確來說，這不算是難過的淚水，因為本質上那是愛的淚水。

計算上面「悲欣測驗」的分數時，請先把數字加總，再除以十五。

分數低於三點八的人，你是偏向開心的血液紅潤型。

介於三點八到五點七的人，你是屬於血液紅潤型和悲欣狀態型的中間。

高於五點七的人，你是明暗交會處真正的鑑賞家。

如果讀過我上一本書《安靜，就是力量：內向者如何發揮積極的力量》（Quiet: The Power of Introverts in a World That Can't Stop Talking，遠流出版全球正體中文版），應該會對亞登與考夫曼的初步研究感到興趣。他們發現，測驗高分者所展現的特質，與心理學家兼作家伊蓮・艾融（Elaine Aron）描述的「高敏感」特質高度相關*。

同時，亞登與考夫曼也發現高分者的特質與「全神貫注」的傾向——預測創造力的表現——呈現高度相關，而且也和「令人讚賞、超越自我與靈性」呈現中度相關。最後，也在焦慮與憂鬱這方面找到一點點的關聯——這並不令人意外，因為「過度」憂鬱會演變成亞里斯多德口中的黑膽汁疾病（亦即希臘文中的 Melaina Kole，英文的憂鬱 melancholy 就是源自這裡）。[26]

---

*有意思的是，研究結果顯示「悲欣交集特質」與「內向特質」沒有相關。

不過，這本書講的不是上述的失調狀況，雖然這些病痛真實存在又大傷身心，當然也絕對不是要稱頌這些症狀。如果你正飽受憂鬱症或嚴重焦慮所苦，外界有許多支援，希望你能尋求協助！

這本書談的是「悲欣交集」這種情況的豐沛意涵，以及善用這種特質可以轉換我們創造、養育子女、領導、愛人以及死亡的方式。我也希望這層認知可以幫助大家理解彼此、認識自己。

第一樂章

悲傷與渴望

如何將痛苦轉化為創造力、昇華超越與愛？

Maya Angelou, © Craig Herndon/The Washington Post
美國詩人、《我知道籠中鳥為何歌唱》作者瑪雅 安吉羅。

第一章

難過是用來做什麼的？

在你知道善良是內在最深的東西前／你必須知道悲傷是另一件最深的東西[1]。

——詩人娜歐蜜・希哈布・奈（Naomi Shihab Nye）

二〇一〇年，著名的皮克斯導演彼特・達克特（Pete Docter）決定要製作動畫片[2]，探討十一歲小女孩萊莉原始不馴的內在情緒。對於自己想說的故事，他腦中已有個概略的輪廓。影片開場是萊莉離開熟悉的家鄉明尼蘇達州，搬到舊金山的新家和新學校，還要一邊應付自己青春期的情緒風暴。

聽到這裡，都還算好。接下來達克特的創意卡關了，他想用可愛的動畫角色來描繪萊莉的感受，這些角色掌管萊莉腦內的一個「管理中心」，形塑她的記憶與日常生活。可是要選擇哪些情緒來當角色呢？心理學家告訴他，人平時會明顯感受到的情緒就有二十七種[3]。

但若要講個好故事，二十七位角色太多了。達克特需要更精簡，選出其中一個當主角。

關於第一主角，達克特考慮了幾種情緒之後，決定要以「驚驚」作為軸心，再加上「樂樂」，只是樂樂比較像是輔助，因為他說驚驚比較好笑[4]。其實他也考慮過「憂憂」，可是看起來比較不吸引人。達克特成長於明尼蘇達州，他跟我說在他家鄉那邊，歡樂的氣息才是常態：「在人家面前哭泣真的很不酷[5]。」

不過，製作了三年之後——對話都已底定，電影也完成了部分的動畫，驚驚的逗趣橋段也都安排好了，而且有些還不錯的「特別神來一筆」——但是他發現有些地方不大對勁。當時達克特已經排定時程，準備要給皮克斯高層觀看製作中的影片。可是他很確定這部電影會失敗，因為第三幕行不通。依據製片的敘事，樂樂應該要學會重要的一課，可是驚驚沒什麼東西好教給樂樂的。

當時達克特已經有兩支很成功的代表作了——《天外奇蹟》（Up）以及《怪獸電力公司》（Monsters Inc.），這時他覺得過去的一切只是僥倖而已。

他想：「我不知道自己在做什麼。乾脆辭職算了。」

達克特的思緒開始跑到離職之後的黑暗預想，他不僅丟了飯碗，職涯也跟著毀了。於是他開始提前悼念自己，想到要離開自己鍾愛的夥伴，活在沒有創意頭腦和怪咖同事的世界，達克特覺得自己被淹沒了——被憂憂包圍了。隨著心情愈來愈灰心喪志，他就愈來愈能意識到自己有多愛現在的同事。

接著他靈光一閃：情緒——所有的情緒——存在的真正意義，就是幫我們連結彼此。而在所有的情緒當中，憂憂就是最終極的連接劑。

他回憶道：「突然間我有個點子[6]，覺得應該要把驚驚拿掉，改成讓憂憂去搭配樂樂。」唯一的問題就是，他必須說服當時主掌皮克斯的約翰・拉薩特（John Lasseter），希望能由憂憂擔綱電影的核心人物，只是達克特覺得這並不容易。

達克特跟我分享這一段的時候，我們正坐在總部園區明亮通風的中庭，園區座落在加州愛莫利維爾，由史蒂夫・賈伯斯（Steve Jobs）親自設計。身邊圍繞著比人還大的皮克斯角色雕像——有《超人特攻隊》（Incredibles）裡的巴氏一家，還有《玩具總動員》（Toy Story）裡的巴斯光年，他們在高聳的玻璃窗邊擺著引人注目的姿勢。達克特在皮克斯擁有崇高的地位，非常受歡迎。那天稍早，我去幫管理階層上課，說明可以如何運用電影製作人的內向天賦，而就在課程開始幾分鐘後，達克特蹦蹦跳跳地進入會議室，瞬間用他的溫暖點亮了整個空間。

達克特自己就很像是由長方形構成的動畫角色，身材瘦長，身高一九三公分，臉形偏長，額頭就占了一半。就連牙齒也長得像修長的長方形，算是牙齒界的竹竿人。不過，最醒目的動畫特色非表情莫屬了，不管是笑容還是鬼臉，都透著明亮討喜的細膩。他小時候，因為父親前往丹麥攻讀合唱樂曲的博士班，於是舉家搬到哥本哈根。達克特不會講丹麥語，也聽不懂其他孩子在說什麼。那段痛苦的經歷讓他與動畫結緣，因為畫人總比和人講話還要容易。即使到了現在，他喜歡創造的還是住在樹屋裡的角色，接著再讓角色飄到無語的夢幻境地。

達克特擔心高層會覺得憂憂太鬱悶、太黑暗，因為動畫師筆下的憂憂垂著邋遢的身子，一身藍色。怎麼會想要把這種人物推到電影的中心呢？怎麼有人會把自己代入「這樣的角色」呢？

整個過程中，達克特有個意想不到的盟友：心理教授達徹爾．克特納（Dacher Keltner），他任教於柏克萊加州大學，深具影響力。在《腦筋急轉彎》（Inside Out）的製作期間，達克特常打給克特納，請他教導皮克斯團隊情緒的科學。後來他們變成了很好的朋友。當時，兩人的女兒恰好都在經歷青春期的風暴，對彼此的擔憂可說是感同身受。克特納教導達克特的團隊一些情緒的主要功能：驚驚讓你保持安全，怒怒保護你不要被占便宜，那憂憂呢——他要做什麼？

克特納解釋，憂憂會觸發同情，會讓人拉近彼此的距離，可以幫你看到皮克斯這群古怪的電影製作人對你來說有多重要。

高層接受了提議，於是達克特團隊開始著手改寫電影——最後他們抱回了奧斯卡最佳動畫片獎，也是皮克斯史上收入最高的原創作品[7]——領銜主演的正是憂憂[8]*。

達徹爾．克特納教授頂著一頭飄逸金髮，散發著衝浪手的運動氣息，笑容有如燈塔般燦爛，如果是第一次見面，很難想像他會是憂憂的宣傳大使。他的預設狀態應該更像是樂樂，渾身溫暖有愛，天生帶有政治人物的優勢，就是那種會讓人覺得被看到、被欣賞的特質。克特納在柏克萊負責「社交互動實驗室」（Social Interaction Lab）以及「至善科學中心」

---

*克特納告訴《紐約時報》（New York Times），動畫最終定調的憂憂還是「有一些可以吹毛求疵以求改進的地方」。他說：「憂憂看起來行動很緩慢、很吃力，很軟爛的一個角色，但是實際上，研究顯示憂憂會高度喚醒生理機能，活化身體去對失去做出反應。可是片中的憂憂顯得很乏味，讓人不太想靠近。」

（Greater Good Science Center），都是世界上數一數二的正向心理學實驗室，在裡面他研究的是人生在世的正向情緒：驚奇、讚嘆、快樂。

不過，只要與他相處一會兒，就會注意到他的眼角也會像巴吉度獵犬那樣往下垂，而且自認是焦慮憂鬱屬性——悲欣交集的類型。他告訴我：「我的核心本質就是憂憂[9]。」在我的書《安靜，就是力量》當中，我曾提到哈佛心理學家杰羅姆·凱根（Jerome Kagan）以及伊蓮·艾融著名的實驗，發現有百分之十五至二十的嬰兒，對於生命中的未定與生命之美，天生就擁有比較強烈的感受。克特納覺得自己就是凱根口中天生的「高反應」族群，或是艾融講的「高敏感」一族。*

克特納生長在一九七〇年代，家風狂野不羈、極度樂觀。父親是消防員兼畫家，會帶著他到美術館，又教導他道教的思想。母親是文學教授，常朗誦浪漫主義的詩集給他聽，而且特別喜歡D·H·羅倫斯（D.H. Lawrence）的作品。克特納和弟弟洛夫（Rolf）很親，不論早晚都會往大自然的懷抱跑，徜徉其中。父母也鼓勵兄弟倆去追尋自己的熱情核心，並以此為基底建構人生。

然而，就在他們體驗人生旅程的各種滋味時，克特納父母搬家的速度也是令人目眩：從克特納誕生在小診所的墨西哥小鎮，搬到桂冠街區，這邊是加州反文化的郊區，隔壁住著搖滾歌手傑克森·布朗(Jackson Browne)的鋼琴師,克特納在一間名為「仙境」的學校就讀二年級。不久後再度舉家搬到內華達山脈的農莊,他五年級的同學同學中沒幾個人後來上了大學。高中時全家又搬到英國諾丁漢,這時爸媽的婚姻觸礁,爸爸愛上了家族友人的妻子,媽媽開始在巴黎與諾丁漢間往返,研究實驗劇場。家裡經常沒大人,克特納和洛夫於是常喝酒辦派對。他們不再是一家四口了。

克特納外表看起來是——現在也還是——令人鍾愛的金童一枚,可是他覺得當初家庭的美好泡泡突然破碎,對家裡的「影響持續非常久」。父親幾乎總是缺席,母親得了憂鬱症,克特納自己有三年的時間恐慌症全面爆發。弟弟洛夫長大後跑到貧困的社區投身語言治療,而且也是很用心的丈夫與父親,只是後來罹患了躁鬱症,也有用藥和酒精成癮的問題。

經歷過這一切的崩解,最讓克特納感到震撼的正是洛夫的際遇。部分原因是從小到大向來都是弟弟在給他安定的力量:他們一起旋風式地搬到好多地方,兩人是最親的朋友,一同探索新世界,還是網球夥伴,雙打從來都沒有輸過。家庭碎裂後,他們只能自立更生,

*基本上,這和伊蓮·艾融「高敏感人士」的標準屬於同一個類型。

兄弟倆彼此照顧。

不止於此，洛夫也是克特納的典範。洛夫只小一歲，可是在克特納眼中，弟弟更成熟、勇敢、和善：是他見過「道德最美善」的人。洛夫虛心謙和，和哥哥比較主動好爭的個性不同，對待弱勢也總是充滿關愛。有次他們家旁邊住著一位叫作維妮塔的女孩，她家殘破不堪，前院草地看起來就像是垃圾場，維妮塔總是餓著肚子，沒有清洗的頭髮黏成一條一條，是同學們最喜歡霸凌的對象。洛夫並不是全年級身形最魁武、最壯碩的學生，可是面對許多欺負維妮塔的同學，他常會挺身而出。克特納認為「這傢伙的勇敢是源自於同情，我也想要像他一樣。」

青春期過後，克特納開始研究為什麼家裡會出狀況，他懷疑是不是因為父母過度追逐自己的熱情，才會導致家庭不睦。雖然擁有藝術與浪漫的基因，但他也是天生的科學家——長大後研究的正是人類的情緒。讚嘆、驚奇和喜悅這類的情緒一直圍繞著他們一家，而傷心則是藏在他們一家人的內心，也藏在我們許多人的內心。

克特納的書《人性本善》（Born to Be Good）講述了他研究的重點[10]，也就是他稱為「同情本能」的概念——其他人陷入困境時，人類自然地就會想去關照。克特納發現，我們的神經系統幾乎不會區分自身和他人的痛苦，對兩者的反應差不多。這股本能就像是吃飯、呼吸一樣，都是我們的一部分。

人類這個物種之所以會成功，這項本能可說是重要的基石——這也是一種「悲欣交集」特質所散發出的力量。就字面上來說，「同情」就是「一起受苦[11]」，克特納認為這就是我們最美好、最主要的救贖特質。因同情而湧現的悲傷，在分類上可歸屬於社交情緒，會促進連結與愛，正是音樂家尼克．凱夫（Nick Cave）形容的那種「普世一體的力量[12]」，悲傷與眼淚可說是人類強大的連結機制。

同情本能深入神經系統[13]，交織在一起，這可以追溯到早期的演化史。假如有人捏你的肉或是燙你的皮膚，便會活化前扣帶迴皮質[14]——近期才發展出來，是人類獨有的大腦部位，主掌像是繳稅、籌辦派對等高難度的任務。可是，如果今天是看到「別人」被捏、被燙，你的前扣帶迴皮質也會活化。同時，克特納也發現「同情本能」出現在神經系統中相對更貼近本能、更貼近演化初期的原始區域：就在哺乳動物的中腦環導水管灰質，這裡會促使母親養育子女。即使是在迷走神經這塊更加古老、深層且原始的神經系統中[15]，也能發現同情本能的蹤跡。迷走神經縱貫胸腔，這組人體最大的神經對我們非常重要。

長期以來已知迷走神經與消化、性以及呼吸——人類活著的機制——息息相關。不過，就在另外幾項相關的研究中，克特納找到了迷走神經的其他功用：看到他人受苦時，迷走神經會讓我們產生關心的感覺[16]。如果看到照片裡的男人因為疼痛而皺起臉，或者是看到有小孩因為垂死的奶奶而哭泣，迷走神經就會活躍起來。他還發現迷走神經特別強的人——他稱為「迷走巨星」——比較能與人合作，友誼也會比較緊密。這些人也比較會在看到霸凌事件時出手介入（就像洛夫），也比較願意犧牲下課時間教有需要的同學數學作業。

克特納的研究並不是獨樹一幟，也有其他研究曾指出悲傷與團結的關聯。哈佛心理學家約書亞．格林（Joshua Greene）以及普林斯頓神經科學家兼心理學家強納森．柯恩（Jonathan Cohen）即是一例。他們請受試者想著暴力事件中受害人所受的苦[17]，對照先前研究中如癡如醉看著自己寶寶照片的媽媽[18]，兩組受試者大腦活化的區域一模一樣。埃默里大學神經科學家詹姆斯．瑞林（James Rilling）與格列哥里．伯恩斯（Gregory Berns）也發現，「幫助有需要的人」這件事所刺激到的大腦區域[19]，也和「贏得獎項」或「吃到美食」的區域一致。我們也知道憂鬱的人（或是曾有過憂鬱的人）比較會從其他人的視角來看世界[20]，也比較容易能感同身受。反過來說，具有高度同理心的人[21]，也比較能夠在聽到悲傷音樂的時候樂在其中。據塔夫茨大學精神醫學教授納瑟・甘米（Nassir Ghaemi）觀察：「憂鬱會深化自然的同理心，這樣相互依存的網絡並不是人可以避免的……對個人來說非常真實，不是什麼虛幻的願望[22]。」

這些研究發現具有重大的意涵。從此我們知道，自己對他人哀傷的反應衝動，正好與大腦內呼吸、消化食物、繁衍、保護後代等需求，位在同樣的反應區，這區負責的欲望也包含了想要獲得獎賞、追求人生享樂等。正如克特納向我說明的，這些研究也在告訴我們：「『關心』正是人類存在的核心，而悲傷就是關心，同情就是悲傷之母。」

如果你內心非常想要感受一下克特納的研究發現[23]，可以看看以下這支很棒的影片，只有四分鐘，卻意外非常火紅：https://www.youtube.com/watch?v=cDDWvj_q-o8。克里夫蘭醫學中心希望醫護人員能夠更有同理心，這部影片便是宣導的一環，畫面簡短地帶我們穿過醫院的各條走廊，鏡頭隨機停留在路人身上，而我們通常只與他們擦肩而過，不會特別多想什麼——只是這邊會出現字幕，說明他們正在經歷哪些別人看不到的苦難（偶爾也有值得慶賀的事）：「那是惡性腫瘤」、「丈夫得的是絕症」、「來見爸爸最後一面」、「才剛離婚」以及「剛才得知自己要當爸爸了」。

所以，然後呢？可能會開始泛淚？可能覺得喉嚨有東西卡住了，還是身體感覺到心真的敞開了？會對影片中這群人突然湧現關愛之情，接著在腦中下定決心，以後要多加關注身邊的人，不只是醫院走廊上的人，還包含了加油站的員工以及同事？會有這些反應，很可能正是迷走神經、前扣帶迴皮質以及中腦環導水管灰質在作用：腦袋在處理陌生人的時候，會把他們經歷的痛苦，當成你親身經歷的痛苦。而事實，也確實是如此。

許多人早就注意到悲傷有股力量，可以把人們連結在一起，只是沒有把這個現象很完整地講清楚，也沒有想到要用神經科學的語彙來表達。幾年前，這本書還只是我心底的一個想法，我和作家格瑞琴・魯賓（Gretchen Rubin）在部落格上有段訪談，主題叫做「憂鬱的幸福[24]」。有位年輕的女孩來留言，他是這樣形容祖母的喪禮，說當時感受到的是「靈魂的結合」。

> 我祖父參加的男聲四部合唱團獻聲致敬，這也是我十四年來第一次看到我爸爸潸然淚下。那個時刻——高低起伏的悅耳男調，安靜的群眾，以及爸爸的哀戚之情——永永遠遠刻

在我的心頭。還有一次，我們家第一次遇到必須讓寵物安樂死的狀況，屋裡感受到的愛——我、爸爸、兄弟都能感受到——讓我不自覺屏住了呼吸。我想說的是，每當想起這些過去，印象最深刻的並不是悲傷的情緒，而是靈魂與靈魂的結合25。

經歷傷心的事件時，是我們一起承受了共同的折磨，這樣讓人真正展現脆弱的機會並不多，也正是在這樣的時刻，我們的社會文化容許大家完全誠實地面對自身的感受。

由於她覺得日常生活裡無法好好表達這些感觸，於是她選擇用藝術來抒發：

我喜歡看嚴肅深沉的電影，也喜歡讀發人深省的小說，都是因為想要再現生活中那些坦誠時刻所體會到的美好。我理解人要在社會中好好運作的話，就不能老是讓心中填塞著充沛的感受，所以我會在腦中重溫這些時刻，藉由藝術再次去體驗，體驗到一個新的、全然脆弱的時刻。

不過，或許我們真的「必須」將這些脆弱時刻帶進日常生活，才能瞭解演化背後的基礎意涵。今天我們活在一個難以與他人連結的時代，尤其是在平常的交友圈之外的地方。克特納的研究讓大家看到了悲傷——情緒這麼多種，偏偏就是悲傷！——有股力量可以讓「靈魂結合」，而這正是我們極度匱乏的連結。

想要完全理解悲傷的力量，就需要先瞭解靈長動物的另一個遺傳特質。你有沒有想過，為什麼看到媒體上挨餓、失去雙親的兒童，就會由衷地生出不忍的感覺呢？為什麼只要一想到「孩子失去了父母」，會讓大家都覺得心痛呢？

答案就深深嵌在我們的演化史中。同情的本能並不是完全來自人與人的連結，更是來自母子羈絆——母親只要聽到嬰孩在哭泣，就會不顧一切想要立刻回應。這就是「關心」的原點，接著向外擴散，延伸到其他需要關懷的個體。

克特納說人類的寶寶「是地球上最脆弱的子代[26]」，假如沒有慈愛的大人照料，嬰兒無法依靠自己。出生時的狀態之所以會如此脆弱，其實是為了要配合巨型的大腦，因為假如等到大腦完全成熟再出生，將無法通過產道。然而，這樣的「早產」現象反而為我們的物種帶來了希望，表示隨著智力的進展，人類同理的能力會愈強，才能夠照顧非常依賴大人的年輕後代。我們需要聽懂他們謎樣的哭聲，需要餵食他們，還要愛他們。

如果說同情的範圍只侷限在自己的孩子，其實意義並不大。克特納說，正是因為人類先天會想照顧幼小脆弱的嬰兒，所以也發展出相應的能力，來照顧所有「很像」嬰兒的生物——從室內盆栽到遇上麻煩的陌生人都是。人類不是唯一會這樣做的哺乳動物。虎鯨會圍起圈圈27，將失去幼鯨的母鯨包在裡面；大象會溫柔地用象鼻觸摸同伴的臉龐28，安慰彼此。不過，克特納說人類的同情「已經到了全新的境界，我們面對悲傷的能力，我們對於失去和需要幫助對象的關懷，都不是其他物種可以比得上的。」

換句話說，新聞上看到營養不良或是失去親人的兒童，我們感受到的那份難過，出自於我們想要保護下一代的本能。因為本能告訴我們，如果連孩子都不珍愛了，那麼我們也不會去珍愛別人。

當然，這種養育的本能也沒有那麼偉大。自己寶寶的哭聲永遠是最緊急的事，對於別人家的嬰兒、大人，甚至是自己正值暴躁青春期的兒女，我們的同理似乎就少了一大截。當然，子女離搖籃愈遠，我們的同情感似乎也跟著在減少，更別提人類殘酷的本性了——這個現象雖然令人氣餒，幸好克特納的研究發現又令人感受到了欣慰。

不過，克特納可不是這樣想的。部分的原因來自他弟弟洛夫，是洛夫教他要去扶助脆弱的族群。也有部分的原因是他自己有在做慈心禪，於是會像疼愛自家小孩那般珍視他人（第四章還會說明）。他說：「我相信我們可以更靠近彼此。」還有，部份原因也來自於達爾文（Charles Darwin）教他的東西。

在大家的認知裡，達爾文和「適者生存」那句名言綁在一起，也和血腥的零和競爭連在一起，讓人聯想到詩人丁尼生（Tennyson）說的「大自然，染紅的牙齒與手爪[29]」。可是其實這不是出自達爾文之口，創造「適者生存」這句話的是哲學家兼社會學家賀伯・史賓賽（Herbert Spencer）以及相信「社會達爾文主義[30]」的那群人，他們宣揚的是白人至上與上層階級至上的觀念。

克特納解釋道，對達爾文來說，「善者生存[31]」才是比較適切的說法。達爾文為人溫和[32]，有著憂鬱的靈魂，既會寵妻又很疼愛十歲的孩子，而且從小就深深愛上大自然。父親原本希望達爾文去當醫生，可是他在十六歲的時候看到了人生第一場手術[33]，深受驚嚇（當時沒有麻醉技術），從此看到血都會怕。他退回森林裡，開始研究甲蟲。後來，他來到了巴西的一片森林，覺得那是場「歡欣的混亂[34]，從中可以看到未來的世界油然而生，更加恬靜愉悅」。

根據傳記作家黛博拉・海苓格曼（Deborah Heiligman）與亞當・歌普涅克（Adam

Gopnik）記錄，在達爾文學術生涯的早期，他鍾愛的十歲女兒安妮不幸死於猩紅熱[35]。他哀痛逾恆，甚至無力參加女兒的葬禮。從達爾文日記裡的柔情記載可知，安妮生前無憂無慮，老愛往媽媽懷裡鑽，可以花上好幾個小時在玩爸爸的頭髮。媽媽要暫離時，安妮會哭著說：「噢媽媽[36]，如果妳死了，我們該怎麼辦呀？」可是如今要承受喪親之痛的，卻是為人父母的達爾文夫婦。女兒安妮走了之後，達爾文在他的日記裡寫道：「我們一家的歡樂也跟著走了[37]，未來的欣慰也跟著沒了。」

達爾文的一大著作《人類的由來》（Descent of Man）是在安妮去世後二十年所寫的，他認為同情是人類最強烈的本能：

> 社交本能[38]會引領動物喜歡與同伴往來，讓動物在同伴身上感受到同理，還能為彼此提供各種服務……會產生上述行動的原因很簡單，那就是社交或母性本能會比任何本能或動機都還要強大。因為這些行為的發生僅在轉瞬之間，沒有什麼時間思考，也可能沒有時間感受到快樂或是悲慘。

達爾文舉了一個又一個的例子，說明生物如何對他者的苦難生出發自內心的反應：家中的貓生病了，狗狗每次經過都會舔舔那隻貓[39]；烏鴉會耐心餵食年老眼盲的同伴；猴子可以不顧自身安危，跑去救牠喜歡的動物管理員，免遭兇狠的狒狒所害。達爾文當然不知道什麼迷走神經、前扣帶迴皮質或是中腦環導水管灰質。可是達爾文憑直覺就已知道同情的功能了，這比克特納從實驗室得出的結果還要早了一百五十年。達爾文寫道：「有股力量會驅使我們去減輕他人的痛苦[40]，因為這樣才能減輕自己心中的難受。」

達爾文和克特納的直覺都告訴他們[41]，這些行為都是從父母照顧子女的本能演化而來的。達爾文認為，如果某種動物不會和自己的父母互動，那麼我們就別期待會在牠們身上看到憐憫之情。

達爾文並沒有天真到去無視大自然殘暴的那一面。相反地，觀察到大自然的殘酷反而令他難受[42]。套句傳記作家的話，「他一直都能感受到這世界尖銳的痛苦」。他瞭解動物常常是很惡毒的，會驅逐受傷的同類，或是用角將牠們頂死。他也清楚同情在家族內最為濃烈，出了自家的群體後會轉為涼薄，有時甚至完全不會有同情的感受，而且人類也很難將其他物種視為「對等的生物[43]」並付出憐憫。不過，他也明白當人類盡可能地擴展同情本能的範圍時，從自家延伸到全人類，最終觸及所有具知覺的生物，可以說是道德上「最為崇高[44]」的一種成就了。

達賴喇嘛聽聞達爾文這個概念時著實感到驚訝，因為和藏傳佛教極為相似。他說：「現在我會說，自己也信奉達爾文主義45。」達爾文主義和佛教都將同情視為最高尚的美德，也認為母嬰連結是悲憫的核心。在與舊金山加州大學心理學榮譽教授保羅・艾肯曼（Paul Ekman）的對談中，達賴喇嘛表示：「在人的眼中46，看到他人流血垂死會讓你感到不舒服，那就是悲憫的種子。如果換作是烏龜那類不會和媽媽有什麼接觸的動物，我想應該不會有如此深厚的鍾愛情感。」

該如何解釋達爾文思想與佛教概念的相似之處——亦即艾肯曼口中的「美妙巧合47，如果真的是巧合的話」？艾肯曼說，也許達爾文有接觸過藏傳佛教48，因為他的朋友喬瑟夫・胡克（Joseph Hooker）曾到西藏研究當地的植物。還有另一種可能，就是達爾文在著名的小獵犬號之旅當中，曾經航行到加拉巴哥群島，也許這樣的想法就是在荒野中誕生的。不過，他也可能是從自身的悲愴試煉中形塑出這樣的想法，也就是痛失愛女安妮的經歷。

我們傾向把同情認定為「正面」的人類情緒。克特納的畢生著作都是奠基於「正向心理學[49]」這個領域，研究人類為什麼會成功。這個術語是亞伯拉罕・馬斯洛（Abraham Maslow）於一九五四年提出的，後來經過心理學家馬丁・塞利格曼（Martin Seligman）的提倡，變得廣受歡迎。他們認為心理學的研究過度著重心理疾病，對心理能力的著墨較少，而正向心理學可以導正這個現象。他們想從實務面和心態面切入，找出為何我們會心情愉悅，想瞭解如何造就充實的人生。在這條研究的道路上，塞利格曼非常成功。現在有成千上萬的文章告訴你要寫感恩日誌、做正念冥想，全都可以回溯到他帶起的風潮，以及許許多多受他啟發的實踐家。

不過，也有人批評這個領域忽略了人類的重要情感經驗[50]——例如悲傷、渴望。批評家抨擊這類思想太過偏頗，過度強調美國式的感受價值，如同心理學家南西・麥克威廉斯（Nancy McWilliams）說的：「倡導的是人生的喜劇版本[51]，而非悲劇版本；追求的是幸福，而不是去慢慢接受無可避免的傷痛。」

譬如說，雖然正向心理學長期以來都很認可人類力量的「精神面」，可是一直到近期才開始討論德文 sehnsucht 這個字描述的「渴求與念想」、葡萄牙文 saudade 這個字形容的「失去所愛的殷切思念與惆悵憧憬」、日文 mono no aware 代表的「物哀之情」，還有其他文化的宗教體驗及其企盼、渴欲的特質。

這並不令人驚訝，畢竟心理學真的比較少會去探討人類「悲欣交集」的潛質。如果你是憂鬱屬性，應該會期待可以從這科學門找到答案，可以解釋內心深處為什麼會有情緒湧現。然而，除了「高敏感」的典範之外，你能從心理學挖出最接近的人格特質應該會是「神經質」——聽起來不怎麼樣。依據現代的人格心理學，神經過敏會讓人煩躁不安，容易生病、焦慮以及憂鬱。

可是神經質也是有好處的。先別管神經質的人免疫系統承受較大的壓力，他們其實可能會長壽，因為他們警覺性較高，會好好觀照自己的身體健康。他們也是努力奮鬥型的人，因為害怕失敗所以會追求成功，也會自我批判以求進步。他們也具備良好的學者特質，會在腦中反覆思考概念，花很長的時間從各種角度去檢視。精神醫師艾咪・艾弗森52（Amy Iversen）告訴雜誌《今日管理》（Management Today），喜歡仔細沉思的創業家可以把神經質的傾向「導向非常極致的思考，可以反覆想透使用者體驗、廣告策略或是新構想的提案。這和有創意頭腦的人很像，他們會把這份力氣拿來熟記劇本台詞，或是精雕戲劇製作的枝微末節。」

透過艾弗森等專家，我們知道這些原本不怎麼討喜的特質，在反面上其實是有好處的。只是這樣還沒什麼值得我們高興的，還找不到波特萊爾筆下美麗的憂愁，也沒有為人性核心的渴望帶來什麼偉大的轉化概念。就在我們繼續探索的同時，也很少有人會意識到，這些狀態有時候其實是人類創造力、性靈與愛很重要的催化劑。

不過，最近正向心理學開始愈來愈關注「悲欣」這塊了。國際意義治療學會（Meaning-Centered Counselling Institute）總裁兼心理學家王載寶博士（Dr. Paul Wong）以及東倫敦大學講師提姆・羅馬斯（Tim Lomas）兩人記錄了正向心理學第二波浪潮的崛起[53]：「這一波浪潮肯定了『幸福』其實牽涉到正反現象之間微妙辯證的交互作用。」認知心理學家史考特・貝瑞・考夫曼（Scott Barry Kaufman）紅極一時的書《顛峰心態：需求層次理論的全新演繹，掌握自我實現的致勝關鍵》（Transcend: The New Science of Self-Actualization）重啟了馬斯洛正向心理學原先的概念，肯定悲欣交集這樣的人格特質，也就是馬斯洛口中的「超越者」[54]：這些人「比傳統上健康的人還要不『快樂』，他們有極度狂喜的時候，有興高采烈的時候，可以體驗更極致的『快樂』，可是他們同樣容易——或是說可能會更容易——受到世間的傷心事所影響。」

不管是以個人還是整體文化而言，這些都是好兆頭，因為可以發揮克特納研究提到的轉化潛能。如果我們可以對悲傷抱持多一點敬意，或許就能夠看到，悲傷（而不是強顏歡笑，也不是路見不平的義憤）是人類連結彼此的重要橋樑。因此，不管我們覺得他人的立場有多討厭，不管對方看起來有多風光或多凶悍，我們都會記得這些人曾經受過苦，或是即將經歷痛苦。

克特納以及他共同創立的至善科學中心已開發出許多神經科學驗證的練習，能精確地幫助我們做到這點。

培養人性是重要的第一步。許多研究都已經告訴我們，「優越感」這樣的態度會使我們忽略他人的苦痛——甚至也不理睬自己的悲傷。克特納說：「如果你覺得自己比其他人還要高高在上，那麼看到小孩在挨餓時，迷走神經並不會活化[55]。」神奇的是，地位較高的有錢人[56]（包含在實驗室裡假裝有錢或是有權的人）比較不會把馬路上的行人看在眼裡，比較喜歡超車，也比較不會對同事或是需要幫助的人伸出援手[57]。在燙水裡握住自己雙手的時候、在遊戲中被排擠的時候，或是看到他人受苦的時候[58]，這些人也比較不會感受身體上或情緒上的痛苦[59]。而且實驗室人員發糖果時，他們反而會拿走超出自己應得的數量！

那要如何激發人性呢（尤其是你幸運擁有較高的社經地位時）？光是練習鞠躬這個動作

就會有用，就像是日本的日常社交行為，以及教徒敬拜神祇的動作一樣。克特納表示，這樣的姿勢就能喚起迷走神經。二〇一六年他在矽谷的一場演講中解釋，「因為尊敬的動作，會讓人開始思考身心的交集60」。

不過，許多人或者不信教，或者不喜歡以肢體動作展現順從，或者以上皆是。但我們可以把這些動作視為投入的表現，而非投降。確實，有很多人會練瑜伽，瑜珈常常有敬禮的元素，而我們看到令人肅然起敬的藝術作品時，或是大自然的鬼斧神工時，也本能地會低下頭來。

我們也可以選擇把鍵盤拿出來就好。利維商學院管理學教授兼社會心理學家胡利亞·賈札耶里（Hooria Jazaieri）博士建議，可以進行書寫練習，記下他人對我們展現同情的時刻，或是自己對他人心生憐憫的時刻。如果對書寫不感興趣，也可以試著寫寫簡單的日誌，記下自己和他人悲傷共情的時刻。賈札耶里在至善科學中心的網站上建議：「可以收集自己的數據61。舉例來說，一天下來，人可能會發現自己很容易或是很自發地就會出現同情的感受（如：收看晚間新聞的時候）。可能你會注意到自己整天都在想要否認或是逃離（自己或他人）難受的狀況（如：經過街上乞討的人身邊，或是其他家庭成員正在遭逢什麼難關）。其實我們很常會意識到（自己或他人的）苦難，只是很快就會選擇不理它，免得讓自己的情緒太波動、太容易被感動。」

不過，或許我們一開始要先學會自我慈悲（善待自己）。缺乏自我慈悲，無人能夠同情他人。很多人常常沒有意識到，自己持續陷在負面的自我對話裡：「這件事你做得好糟」、「你怎麼搞砸了」。據賈札耶里觀察：「沒有科學證據顯示，苛責自己會有助於改善或改變[62]，實際上，有些資料還發現，批評自己反而會讓我們離目標愈來愈遠。」

相對地，愈是溫柔待己，就愈能溫柔待人。因此，下次再聽到尖酸的自我內心對話時，記得暫停，吸口氣——然後再說一次。對自己講話的方式就要像是對鍾愛的孩子那樣柔軟——請真的拿出和三歲可愛小孩講話的親暱用詞，不要吝於提供強壯的臂彎。假如覺得這樣實在是太寵自己了，請記得你並不是把自己當嬰兒那樣溺愛，也不是就這樣放過自己了。你只是必須要先照顧好自己，才能進一步去照顧他人。

克特納——這位一頭金髮外加衝浪光環與憂鬱眼神的心理學奇才——有許多機會練習自我慈悲。最近和他聯絡時，他患有強迫症的小女兒才剛上大學。他的老母親很寂寞、很憂鬱，而且心臟不好。他鍾愛的弟弟洛夫長期患有心理疾病，還濫用藥物，在五十六歲時因大腸癌離世。

克特納覺得天旋地轉，失根無依的感覺重重襲來，覺得自己的靈魂缺了一角。他告訴我：「就算再過幾十年，我的人生一定還是會充滿悲傷，我不確定能不能找到自己人生的位置，能不能找到歸屬感。」

我知道他深愛弟弟，可是聽到他這樣說的時候，還是會感到驚訝。克特納擁有首屈一指的實驗室，研究領域在學術界也是頗具意義。他很受學生歡迎，任教的學校又是全球名校。他和妻子結褵三十年，兩個女兒都已成年，身邊好友成群。如果就連他這樣的人也覺得找不到自己人生的歸屬，那還有誰可以呢？

面對弟弟的疾病與死亡，克特納將他所知的心理學練習都拿出來用了。洛夫天性善良影響了他，因此他長期在聖昆丁監獄擔任受刑人的志工。他解釋：「身處受苦的環境是我思路最清晰的時候，悲傷就像是同情的冥想，想法會迸發：那邊有傷害，那邊有需求。我離開監獄時心中會想著弟弟，像是冥想那樣。我對人類的境況一直以來都是這種感受。我並不悲慘，我充滿希望，我只是覺得悲傷很美麗、很有智慧。」

洛夫臨終前最後一個月，克特納在日記寫下對弟弟的感謝：「他做過的事，他眼中的光芒，對於弱者所展現的異常溫柔。」走在校園裡，決定研究哪些題目時，他都會想到弟弟。看著自己所有的成就，以及未來可能會做的事，都可以回溯到弟弟身上，失去了弟弟永遠都會讓他心痛——即使失去了弟弟這件事，同時深化了他內心的同情之井，他依舊會心痛，因為在他們還小的時候，正是弟弟教會了他從這口井汲取憐憫之情。

如今克特納說：「他走了，我整個世界觀都虛空了，可是卻又依然存在。」

我問克特納，他內心連結、敬畏、奇妙的那個部份，和悲傷的那個部份，兩者是分開的還是交織在一起的。「這個問題讓我渾身雞皮疙瘩都起來了，」他回答：「兩者緊緊交纏，密不可分。」

最後，克特納明白，自從童年家裡遭逢巨變之後，他就從來沒讓自己有過家的感覺。或許現在該是重新開始的時候了。柏克萊大學每年的畢業典禮上，他都會本能地將群眾掃過一輪，看看哪些孩子掛著失落的表情，那也是他曾有過的表情。有些學生獨自漂泊，沒有家人陪伴在側，只能看著同學和親戚歡樂地聚在野餐桌那邊相聚，想著為什麼自己無法像他們一樣。

克特納三十四歲那年來到柏克萊大學，如今也五十幾歲了，不再是年輕小伙子了。他知道那些學生、那些來自破碎家庭的孩子，也永遠沒辦法回到天真的童年了。這些學生將會用他當年的方式，走進這個世界：他們會盡忠職守，會探索冒險，會生活在過往失去的陰影下，會活在嶄新的愛之光裡，或許會複製之前原生家庭的模式，或許不會重蹈覆轍。可是他們都會因為自己摯愛的人而感動，也都會擁有克特納在弟弟身上學到的能力，可以走過悲傷之橋，就在橋的另一頭，有一種與他人共存、互通、共融的喜悅正等待著他們。像克特納一樣，他們最終會找到一條回家的路。

第二章

為什麼我們渴求無條件的愛？

以及這又與悲傷的曲調、雨天、神聖有關？

渴慕是我生命中最甜美的事——渴慕能觸及山脈，找到所有美的泉源——看見我的國家，看到我將出生的這塊土地。1

——作家魯益師（C.S. Lewis）

這位來自義大利的女子芬西絲卡優雅聰慧，歷練豐富。二戰末期她嫁給一位美國軍人，一起搬回愛荷華州的小農村。那裡的人都很好，會和鄰居分享紅蘿蔔蛋糕，照顧老人家，還會一起排擠那些犯錯的人，例如通姦者。他的丈夫和善忠誠，照顧家庭，但見識有限。芬西絲卡深愛著他們的孩子。

有天她家人離鎮一個星期，前往農貿市場展售他們養的豬隻，這是婚後芬西絲卡首度獨自留在農家莊裡。她細細品嘗著這獨處的時光。接著一名《國家地理雜誌》的攝影師敲了她家的門，詢問附近某個著名景點要怎麼走……接下來的四天，倆人陷入瘋狂的婚外情。攝影師哀求芬西絲卡跟他走，於是芬西絲卡動手打包行李。

最後一分鐘，芬西絲卡又把東西從行李箱裡拿了出來。

部分的原因是她是有夫之婦，還有孩子，而且鎮上的眼光依舊沒有鬆懈。

也有部分是因為，她知道她和攝影師倆人已經一起去過一個全然無瑕的美麗世界。現在，該是回到真實世界的時候了。如果倆人決定永遠待在那個完美世界，那它注定會逐漸褪色，最後彷彿倆人從未相遇似的。於是芬西絲卡向攝影師永遠道別，倆人餘生依舊渴望著彼此。

芬西絲卡選擇靜靜地將這段情緣存在心中，而攝影師則是不斷重溫翻新自己的記憶。攝影師過世幾年之後，芬西絲卡收到了他整理的相簿，裡頭記錄著那四天的點點滴滴。

如果你覺得這個故事似曾相識，那是因為這正是小說《麥迪遜之橋》（The Bridges of Madison County）的情節[2]，一九九二年羅伯特・詹姆斯・沃勒（Robert James Waller）的作品大賣一千兩百萬本，三年後拍成電影，由梅莉・史翠普（Meryl Streep）與克林・伊斯威特（Clint Eastwood）主演，票房達一點八二億美元。媒體認為電影之所以會大受歡迎，是因為有許許多多的女性困在不幸福的婚姻裡，渴望著英俊攝影師的到來。

但，這並不是故事真正的意涵。

小說出版後蔚為風潮，讀者分成兩派：喜歡者認為故事中伴侶的愛情十分純粹，經得住幾十年的考驗；另一派認為這不過是逃避——真正的愛情必須經歷真實關係的種種考驗才行。

哪邊才是對的呢？我們要放棄童話般的愛情，全心擁抱不完美的愛情嗎？還是應該要相信柏拉圖《饗宴篇》（Symposium）裡的古希臘喜劇作家阿里斯托芬尼斯（Aristophanes）：我們的靈魂曾經相連，兩人曾為一個體，處在狂喜有力的合一狀態，因此觸怒了泰坦神族，於是宙斯決定將兩人分開，所以人類才會像作家簡．休斯頓（Jean Houston）形容的那樣，終其一生都在殷切期盼著遺失的另一半[3]。

活在現實的世界裡，你當然知道答案：根本沒有什麼失落的另一半。靈魂伴侶並不存在，沒有人可以滿足我們所有的需求。假如想要追求毫不費力、永無止盡又毫無盡頭的滿足狀態，那麼將會很失望，因為這樣很不成熟，神經兮兮的。人應該要長大，克服這樣的欲望。

不過，還有另一種流傳了好幾個世紀的觀點，只是我們比較少聽到。人對於「完美」之愛的追求很正常，也令人嚮往，內心深處會渴慕著與所愛的靈魂結合，因為唯有透過渴慕這條路，才能找到歸屬。這裡指的不只是浪漫的愛情：當我們聽到貝多芬交響曲的《歡樂頌》、看到雄偉的維多利亞瀑布，或是跪下祈禱時，也會有同樣的渴慕之情。因此，在思考小說男女主角的顛覆四日情，比較合適的態度應該是不要把這種情感貶為毫無意義的感傷，而應該要看到情感真正的樣子：這樣的感情與音樂、瀑布、祈禱對等無異。渴慕本身即是處在創造、性靈的狀態。

不過，也有強大的理由，可以駁斥柏拉圖的靈魂分開論。

二〇一六年，博學多產的瑞士作家兼哲學家艾倫・狄波頓（Alain de Botton）在《紐約時報》發表了一篇文章，叫作〈為什麼你會結錯婚〉（Why You Will Marry The Wrong Person）[4]，成為當年最廣為閱讀的專欄文章。文章說，只要我們放下浪漫的想法，就會更幸福，婚姻也會更美滿；他認為浪漫就是：「相信世上有個為我而存的、完美的人，可以滿足我們一切需求，達成我們所有的渴望。」

狄波頓創立的「人生學校」（The School of Life）舉辦了一系列討論會，他也在這些場合闡述類似概念。人生學校總部位在倫敦，分部遍布世界各地，從雪梨到洛杉磯都有。我曾在洛杉磯的艾貝爾劇院，與三百位學員一起參加課程。課程的基礎概念是「我們在感情上會犯個大錯，就是覺得感情無法讓我變得更有智慧，無法讓我更加進步[5]」。這表示，我們不應該尋求失落的另一半與無條件的愛，反而應當逐漸接受伴侶的不完美，轉而專注在調整自己。

艾倫身形高大有學者氣，講得一口上流的津橋英國腔。他的口才與機智讓人讚嘆，能夠像精神分析師那樣靈敏地辨識一個空間內的氛圍，若有學員在操作練習的時候覺得不太自在，例如有人吞吞吐吐地分享說她拋棄了丈夫，因此她感覺自己像個「自私的賤人」，艾倫也可以適時適量地鼓勵對方。雖然整體表現無懈可擊，可是他站立的時候有點駝背，彷彿他覺得自己不配長那麼高似的。他會自嘲是個「禿頭怪咖，想要教別人自己也不是非常確定的事情」。艾倫曾寫過關於憂鬱的智慧，而且就像本書先前「悲欣交集測驗」所預測的一樣，他最喜歡的字似乎就是「深刻」。讓他感觸很深的是，我們選擇的戀人身上會有些自己不喜歡的特質，可是我們的父母偏偏就有這些特質；當我們對別人發脾氣的時候，其實最底層的原因是焦慮，擔心自己在對方心中不夠重要。同樣地，擁有法拉利的人並不是膚淺貪婪，背後的驅動力其實是因為對愛有深切的需求。

首要的課題就是要看到自己的缺點。艾倫問：「在場有人覺得自己很好相處嗎？」

有幾個人舉起手來。

他愉快地說：「這樣非常危險喔。雖然我不認識你，可是我知道和你相處並不容易。假如你堅持自己很好相處，那恐怕很難真的和別人處在一起！好，這邊有麥克風，有誠實的學員，沒有社群媒體曝光的危險，請把你難相處的點都講出來吧。」

有些人舉手，說：

「我很情緒化，講話也很大聲。」

「我會放大檢視所有的事情。」

「我東西很亂，而且永遠都在聽音樂。」

艾倫說：「別說我沒警告你們囉！你難搞的地方，可以一路堆到天花板那麼高，可是約會的時候又會通通忘得一乾二淨。有句老話，是用來笑說約會有多糟糕的：『在瘋狂翻騰的大海上，我是那靜止的圓。』」

他繼續說：「在場有沒有人希望，對方愛的是你本來的樣子？希望的人請舉手。」

大家又舉起了手。

艾倫開始碎念：「噢我的天，大家加油啊，我剛剛講的你們到底有沒有聽進去？你的本相，怎可能會有人喜歡呢？你們可是瑕疵滿滿的人類啊！怎麼有人會愛上你們本來的樣子呢？快點長大吧，要追求進步喔！」

課程中會播放短片，描繪伴侶間互不理解的各種時刻。片中的理想伴侶通常是細心的年輕男子，坐在公園長椅上讀著小說，或者會是一臉甜美的女孩，身穿毛衣，正在等火車：都符合悲欣交集的那種外型。背景音樂搭的是抒情、陰鬱的鋼琴曲。人生學校的學員包含了接案設計師、深情的工程師、正在找工作的待業人士，看起來都很像片中的角色：認真有禮，穿搭合宜又不至於太突出。艾倫在台上說，自己的褲子是在GAP買的。

接著他提醒大家，世上沒有所謂的失落的另一半。他警告學員：「這邊有些黑暗喔，我們要接受，世上不存在完全瞭解自己的伴侶，也沒有伴侶可以和我們的興趣嗜好完全相投。我們最終只能達成一定程度的相容。現在，讓我們再次回到柏拉圖，大家一起徹底扼殺這種迷人瘋狂、毀滅愛情的天真念頭：靈魂伴侶。**我們都沒有靈魂伴侶。**」

艾倫認為，正是這種「失落的另一半」的幻想，讓我們沒辦法好好感謝身邊的伴侶，還會不斷拿「不完美的伴侶」去比較「在陌生人身上想像的美好，尤其是在圖書館和火車上的場景」。他設計了「不浪漫白日夢」練習來示範這個現象，請大家去想像那些迷人的陌生人可能會有的缺點，學員會看到四張伴侶的圖像，兩男兩女。

他會說：「選一位你覺得最吸引人的，想像你們在一起三年了，然後舉出五個你覺得難相處的細節。記得要深深看進他們的眼睛。」

有位年輕的男性聽眾戴著滿有型的眼鏡，有著可愛的愛爾蘭腔調，在他選的照片上，那位女生圍著紅色頭巾，一副若有所思的樣子。「她的表情和狗狗看我離開的表情一模一樣，這個女生很黏人。」

有位身穿佩斯里花紋洋裝的金髮女性選了一張圖書館的照片，裡面的女子身形修長。這位學員說：「她很愛看書，可是她會要求你也要和她讀一樣的書，而且還不准覺得她選書很差。」

有個女學員看著西裝筆挺的成功男性照片，說：「他頭髮很好看，很迷人，可是後來發現他其實很在意外表，我想用手指順過他的頭髮，他還會說：『別碰我的頭髮。』」

我覺得艾倫真是非常聰明，這不是我第一次這樣想了（幾十年來我都很推崇他的作品）：幽默古怪又發人深省的作家、講者，現在居然還可以拯救婚姻。不過，就算我們把他的觀點應用在自己的感情生活裡，本章開頭提到的芬西絲卡渴望的問題依然存在，那是屬於「我們自己」的渴望。我們該怎麼辦呢？這種渴望到底又代表什麼呢？

從悲欣交集的角度來看，答案很豐富：「渴慕」雖然盛開在浪漫的愛情裡，但卻不是發源於浪漫的愛情中。反倒是渴慕會先出現，獨立存在，浪漫愛情只是一種表現的形式而已，也剛好先在我們的文化裡占據了重要的地位。不過，我們的渴慕有很多種展現的方式——包含我這輩子都在思考的迷團：為什麼有這麼多人熱愛悲傷的音樂。

我最喜歡的 YouTube 影片是關於一個兩歲的小男孩6，臉頰圓嘟嘟，一頭金髮淡到可以看到粉色的頭皮，那是他第一次聽到貝多芬的《月光奏鳴曲》。那是一場鋼琴演奏會，鏡頭之外的小朋友演奏家應該已經盡力了。看得出來影片中這個兩歲寶寶知道現在是一個嚴肅的場合，應該要安安靜靜才是。可是旋律實在太感動他了，於是整張臉繃得好緊，努力別哭出來，最後還是忍不住嗚咽了一聲，接著眼淚無聲地滑過臉龐。男孩對於音樂的反應透露出某種深沉、近乎神聖的東西。

這支影片很紅，有很多人跳出來評論，想知道弟弟的眼淚代表了什麼意義。雖然偶爾還是會有一些酸民的言論（聽到這樣亂七八糟的音符，我也會哭出來啊），不過大部分的人好像還是可以感受到人性最美好的那一面，以及像密碼一般藏在悲傷背後的深層問題。

「悲傷」在這裡真的是正確的字詞嗎？有些人留言說男孩應該是很敏感，有些人覺得他很有同理能力，還有些人覺得其實是喜極而泣。有人驚嘆這個孩子對音樂的反應「混雜著矛盾與神秘的強烈喜悅和悲傷」：「他的反應讓這個世代人類的生命有了價值。」

最後這則留言深得我心。但是究竟是什麼可以讓《月光奏鳴曲》這類悲欣交集的樂曲，如此廣為世人頌揚呢？為什麼同樣的刺激可以同時傳達悲與喜、得與失——還有，為什麼我們會這麼喜歡聽呢？

其實很多人和這個寶寶（還有我）都有相同的感受。比起快樂的音樂，悲傷的音樂更能引發神經學家賈克．潘克賽普（Jaak Panksepp）所形容「皮膚那種雞皮疙瘩、顫抖的感受」，又稱為「寒顫[7]」。根據密西根大學教授弗雷德．康拉德（Fred Conrad）以及傑森．科里（Jason Corey）的研究，喜歡開心類型曲調的人，平均會重播個一百七十五次；可是喜愛「悲暖型」樂曲的人，則會聽上將近八百次。而且後者對於樂曲會感受到「更深度的連結」[8]。受訪者告訴研究人員，他們覺得悲傷的音樂比較能感受到深刻的美、深度連結、昇華超越、對過去的懷念，以及共通的人性——也就是所謂「崇高」的情緒。想想有多少受人喜愛的音樂類型，是從「切望、渴慕、憂鬱」這類情感而生：葡萄牙的法朵怨曲、西班牙的佛朗明哥、愛爾蘭的悲歌，還有美國的藍調。就連流行音樂也出現愈來愈多的小調[9]——現在的比例差不多有百分之六十，可是一九六〇年代只有百分之十五。巴哈和莫扎特有許多知名的樂章都是小調譜成的——有位音樂家*形容這樣的調性為「喜悅的憂鬱[10]」。《搖啊搖，小寶寶》（Rock a Bye Baby）這首美國熱門的搖籃曲講的是有個嬰兒從搖籃裡掉了出來。阿拉伯也有搖籃曲唱的是人生有如陌生人，「世界上一個朋友也沒有」。西班牙詩人費德利可·加爾西亞·羅卡（Federico García Lorca）集結了國內的搖籃曲，得出的結論是西班牙用的是「最悲傷的旋律和最憂鬱的文字[11]，來為孩子的第一場睡覺定調」。

這種現象也延伸到了其他的美感形式。我們有很多人很愛看悲劇，愛下雨天以及催淚

---

*譬如說，一八〇六年[12]，有音樂學家將C小調形容為「愛的宣言，同時也在慨嘆不幸福的愛情。在戀愛相思的靈魂裡，這樣的調性盡收了一切的纏綿、渴望與哀嘆。」C大調則相反，「完全純粹，特性是：自然、簡單、天真，像小孩在講話」。

電影。櫻花讓我們醉心——甚至還為它舉辦專門的慶典——我們愛櫻花勝過其他同樣可人的花朵，只因為櫻花早凋。最喜愛櫻花的日本人用「物哀」來解釋，意思是說「對事物的傷感[13]」、「對無常的易感」所引發的輕柔傷心，乃是大家想追求的心境。

哲學家稱之為「悲劇的自相矛盾」，也已經和這道迷團糾纏好幾個世紀了。為什麼有時候我們會擁抱悲傷，可是其他時候又會盡一切努力要避免悲傷呢？現在的心理學家和神經科學家也在思索這道題，還提出了許多理論：月光奏鳴曲可能可以療癒正在面對失去與憂鬱的人，幫助我們接受（而不是忽略或壓抑）負面的情緒。這樣的音樂讓我們知道自己在悲傷中並不孤單。

芬蘭于韋斯屈萊大學的研究員最近提出了更令人信服的解釋[14]，發現在所有的變數當中，讓人受到悲傷音樂觸動的最大因子就是「同理心」。研究找來一〇二位受試者，讓他們聽《諾曼第大空降》（Band of Brothers）的原聲帶。那些和小男孩聽小姐姐演奏有一樣反應的人，具有高度同理心，「對社會的濡染比較敏銳」，能理解以他者為中心的「幻想」——換句話說，他們能夠透過他人的視角看待世界。這些人可以沉浸在書中或電影中虛構的人物身上，會在他人遇到困難時展現同情心，而不是會覺得不舒服或焦慮。對他們來說，悲傷的音樂很可能是一種與他人共存、互通、共融的形式。

另一種解釋存在已久[15]，要追溯到亞里斯多德時期，也就是一種情感上的淨化或療癒：看著伊底帕斯在雅典的舞台上挖出自己的雙眼，希臘人得以宣洩自身的情緒糾結。再把時間拉近一點，神經科學家馬修・薩克斯（Matthew Sachs）與安東尼奧・達馬西歐（Antonio Damasio）以及心理學家阿薩・哈比比（Assal Habibi）研讀了所有關於悲傷音樂的文獻，提出了假設，認為蕩氣回腸的旋律能幫助人體維持生物恆定[16]——情緒與生理機制在最佳的狀態下運作。甚至有研究指出，比起聽其他音樂類型的新生兒，如果讓加護病房裡的嬰兒聽哀戚的搖籃曲[17]，他們的呼吸會更有力，餵食節奏會更好，心跳也更健康！

然而，世界上的月光奏鳴曲不只會幫我們釋放情緒，還能提升情緒的層次。而且，只有悲傷的音樂可以引發讚嘆、共融、互通那種崇高的狀態。其他帶著恐懼或憤怒等負面情緒的樂曲，則沒有同樣的效果。薩克斯、達馬西歐以及哈比比的結論是，以心理回饋來講，快樂的音樂也比不上悲傷的音樂[18]。輕快的音調會讓我們想要在廚房跳舞，邀朋友共進晚餐，可是讓我們想要觸摸天空的會是悲傷的音樂。

有沒有一個最大的、統整的理論，可以解釋悲劇的矛盾呢？我相信答案其實意外的簡單：我們喜歡的不是悲劇「本身」，而是「匯集悲與美於一身」的事物——那種苦甜並存、悲欣交集的感受。把悲傷的字詞都寫出來，把哀戚的臉龐做成投影片輪播出來，這些東西我們其實不喜歡（真有研究實測過）。我們愛的是哀輓的詩作、雲霧籠罩的濱海城市，還有高聳入雲的尖塔。換句話說：我們喜歡的是能夠表現出「對連結的渴望」的藝術形式，追求的是更完美、更美麗的世界。《月光奏鳴曲》的悲傷風格會讓我們有種神奇的感動，其實這時我們感受到的是對愛的一股渴望——那種脆弱、短暫、消逝、珍貴、超然的愛。

在當今社會的文化裡，陽光開朗才是標準，因此若我們渴望這股生生不息的神聖力量，似乎會有點格格不入。不過，這種概念已經流傳好幾百年了，只是換過不同的名稱與形式而已。長久以來，作家與藝術家、神秘主義者與哲學家都曾嘗試為其發聲。加爾西亞．羅卡是這樣形容的，「這股神秘的力量大家都感受得到，只是沒有哲學家能解釋得出來[19]」。

古希臘把這種渴望稱之為「切慕」（pothos），根據柏拉圖的定義[20]，那是悠然神往的欲望，期望著美好的事物卻又不可得，代表的是我們對於一切美與好的渴慕。人類是困在俗物之中的低等存在，「切慕」啟發了我們，所以會想要觸及更高、更遠的現實。這樣的概念和愛與死相關，希臘神話中，渴望之神帕索斯（Pothos）是欲望之神西莫洛斯的兄弟、愛神愛洛斯的兒子。正因為希臘的渴望會讓人為了得不到的事物而痛心[21]，所以「pothos」這個字也會拿來形容希臘墓上的花朵。聽在現代人的耳裡，「渴望」感覺偏被動、陰鬱和無助，可是「切慕」比較積極有動能。年輕的亞歷山大大帝坐在河岸凝視遠方時，形容自己有如「被一股切慕之情緊緊攫住[22]」。而也正是這種渴慕之情，啟動了詩人荷馬筆下的《奧德賽》（Odyssey）[23]，歷經船難的主人翁奧德修斯才會如此渴望著能夠回家。

作家魯益師形容這種渴望的概念是「一種難獲撫慰的渴慕[24]」，也可以是德文的sehnsucht，這個字來自das Sehnen（渴欲）與das Siechtum（久病纏綿）。而sehnsucht便是驅動魯益師整個人生與職涯的動力，它是那「無以名狀的東西[25]，對它的欲望刺穿了我們，就像是聞到營火味道的鋒利長劍，像是野鴨掠過頭頂的聲音，又像小說《世界盡頭的井》（The Well at the World's End）的書名、詩文《忽必烈汗》（Kubla Khan）的開場白、夏末早晨的蜘蛛網，或是浪朵拍落的聲響」。魯益師還是小男孩的時候，首度體驗到這種感覺，有次他哥哥用舊餅乾罐加上青苔、花朵做了一座玩具花園送給他，他瞬間有一股喜不自勝、卻又疼痛相隨的感覺，那是當時的他無法理解的，而他一輩子都在努力用文字捕捉這種感受，想追溯源頭，想找到與他有共感的人，因為他們也認得這種奇妙的「一記喜悅[26]」。

還有人把這種渴望形容成宇宙迷團的答案。藝術家彼得．露西亞（Peter Lucia）筆下的

sehnsucht是：「我可以感受到生命、愛、死亡的秘密，曾經踏上與未曾踏上的人生道路——『宇宙』本身——這些事物外頭包裹的，似乎就是它令人心痛的美麗承諾[27]。」我最愛的音樂家李歐納．柯恩說過，他從他最愛的詩人加爾西亞．羅卡身上學到，自己是「會痛的生命體，誕生在會痛的宇宙裡，會痛並沒有關係，而且不只是沒有關係而已，這還是我們擁抱太陽與月亮的方式[28]」。

正如同我們看到芬西絲卡與《國家地理雜誌》攝影師的感情那樣，渴望往往會以肉體之愛的形式展現。小說家馬克．梅利斯（Mark Merlis）有一段非常棒的敘述，正是在形容遇到不可抗拒之人的那種痛楚：

你懂不懂那種有時候遇見一個男人[29]，自己也不確定是想和他發生關係，還是想哭的感受呢？會這樣並不是因為你無法擁有他——或許有機會吧。但你當下立刻就可以看到，對方身上有種東西是超越「擁有他」的。跟他睡，然後擁有他，這無異於殺了生金蛋的鵝。於是你開始想哭，不過不是像孩子那般哭泣，而是像遭到放逐後又想起家鄉的那種哭泣。小說人物路康第一次見到皮瑞斯的時候就是這般光景：彷彿他一眼瞥見了我們命中注定的另一塊土地，那是我們生前遭驅逐而離去的海岸。

渴望也是我們的終極繆思。作曲詩人尼克．凱弗（Nick Cave）說：「我的藝術人生繞著欲望打轉[30]，說得更精確一點，就是我覺得自己需要說出失落與與渴望的感覺，這些感受在我的骨頭裡鳴囀，在我的血液裡哼唱。」鋼琴家兼歌手妮娜．西蒙（Nina Simone）被譽為「靈魂的女祭司」，因為她的音樂充滿了對愛與正義的渴望。這股渴望，西班牙稱之為duende，或是「精靈魅惑」：那是佛朗明哥舞蹈渴欲與燃燒的核心，也是其他藝術形式那發紅的心臟。葡萄牙文saudade的概念講的是懷舊的刺人甜蜜[31]，通常會以音樂的方式表達，渴慕的對象是極其珍貴、又早已失去的人事物，而且很可能未曾存在過。有人認為印度教的viraha——分離的痛苦，大多是和所愛的人分開——是所有詩作與音樂的創作泉源。根據印度教的故事[32]，華密奇（Valmiki）是世界上第一位詩人，他看到母鳥正在為另一半哭泣，當時兩隻鳥正在交配，公鳥卻被獵人殺了，他大為動容而寫下詩篇。印度教性靈導師詩麗．若威香卡（Sri Sri Ravi Shankar）大師說道：「渴望本身是神聖的[33]。渴望世俗事物讓人惰鈍，渴望『無極』讓人充滿生命力。訣竅就是要背負著渴望的痛，持續前行。真正的渴望會帶來滿溢的福氣。」

以上這些傳統，在最核心之處都是分離的痛，渴望能重聚，帶著一點超然昇華的境界。

可是，到底指的是和什麼分離了呢？與我們的靈魂伴侶分離，柏拉圖傳統流派會這樣說，因為我們人生的任務就是找到他們。和子宮脫離了，精神分析師會這樣說。也可能是要脫離舒適自信的狀態，因為過去有受過傷害或經歷過創傷，現在正努力想要撫平。也或許，上面全都只是比喻或不同的說法，但指的都是「與神聖美善分離了」。分離、渴慕、重聚，乃是許多宗教信仰底下那顆跳動的心，因此我們會想追求伊甸園、錫安山、麥加聖地，也會想要達到摯愛的境界，那是蘇非派對神的美麗稱呼。

我朋友妲拉在多倫多的蘇非會所長大，我們是在一次演講中認識的，那次她主講意義和超然昇華。妲拉嗓音清脆，和善的眼睛微微往下。以前義大利畫家在畫聖母像的時候[34]，畫的就是像這樣的眼睛，象徵的是同理。這就是友誼裡的一見鍾情。

當時我對蘇非主義沒有很深的認識，只是大概知道他們是神秘的一支伊斯蘭教。當晚妲拉在台上講述自己在會所長大的情形，有些老人家一週前來會所幾次，一起冥想、分享故事，她負責為他們奉上波斯茶，活動還包含要透過一些愛的微小動作來服務他人。後來，妲拉和父母從多倫多搬到美國，到了這個強調成功與正向的國家。起初，她擁抱著這個新世界：大學的時候，她又是會長又是主編，努力追求好成績、好工作、好男友、好公寓。可是她的日常生活不再有蘇非精神，她開始覺得失根無依，需要找尋生命的意義，後來這成了她一生的追尋。

妲拉的演講是在一個小小的禮堂，結束後還有酒品、開胃點心以及對話交流。她父親愛德華是木匠，長得很像帶有沉思氣質的瘦版聖誕老公公，我問他知不知道意第緒語裡的字眼 kvelling。我解釋說，這個字的意思是「對你愛的某人湧起驕傲與喜悅之情，尤其是對孩子」。當晚是妲拉第一次上台演講，我想他應該會為女兒在眾人面前的新角色感到驕傲。我期待他會回答：「對啊，就是這樣，我的感覺就是這樣。」沒想到他說，雖然女兒上台演講他很開心，卻也很感傷：「她已經不在我的保護之下了，我不再是那個跟她說故事的人了，現在換她說故事給我聽了，還會說給會眾聽。」

我很驚訝愛德華會這麼快就打開心門說出空巢的感受，也很訝異他會承認自己離渴望這麼近——況且誰會在雞尾酒會上跟陌生人坦承這種情緒。他身上有種特質，讓人覺得可以和他分享自己的觀察，雖然才剛認識彼此。所以我就說了。

他整個人都亮起來了，驚嘆道：「蘇非主義在講的就是渴望，整個信仰的根源就是渴望——想達到和諧、想追求神的存在、想追本溯源。我們冥想，心存善念，服務他人，都是因為我們渴想要歸家。」他說蘇非派最知名的詩集《瑪斯納維》（Masnavi）寫的正是渴望，這本十三世紀學者哲拉魯丁・魯米（Jalal al-Din Rumi）所著的開頭就是「聽那蘆葦傾訴分離之痛的故事[35]／所有遠離源頭的人／都渴望能再度歸根。」

他也告訴我他和妲拉的媽媽愛芙拉相遇的故事，就是在多倫多的一次蘇非聚會上。愛德華在美國出生，並不是虔誠的教徒，只是在偶然的機緣下接觸了魯米的詩作。愛芙拉在伊朗長大，自小就是穆斯林，十九歲搬到加拿大以前，並沒有遇過蘇非派的人。愛芙拉走進聚會，在愛德華身邊坐下，當下他就知道自己想和這個女孩結婚。問題是愛芙拉住在多倫多，愛德華住在芝加哥。互道再見時，愛德華告訴愛芙拉，回家後會把他最愛的魯米英譯詩作寄給他。後來愛德華常在週末的時候到愛芙拉家找她，也見到了對方兩歲的女兒妲拉，然後也真心愛著這個小女孩。

愛德華告訴我：「我從來都沒有像那個時候一樣，那麼渴望著某個東西。我人在芝加哥，眼睛總是看著多倫多的方向。我會跳上火車去看他們母女倆。道別時刻真的太難了，最後我乾脆不搭火車，親自開車過去。渴望這件事真的是太巨大了，我也不曉得什麼時候會停止這種感覺。家代表的並不只是一個地方，因為家就是渴望存在的地方，只有回到家裡才會舒服。這其實就是一種非常強烈的渴慕。在蘇非的概念裡，我們說這就是痛苦，就是療癒。」

那年五月兩人結婚了，愛德華也收養了妲拉。兩年後，愛德華和愛芙拉一起經營會所。妲拉從小生長在服務與愛的環境裡，而她一輩子都會努力追尋服務與愛。

這段對話發生的時候，我依然像以前的我一樣，是個不可知論者，可同時也正埋首在寫這本書，我可以感覺到體內似乎打開了，開始可以理解——不只是腦袋理解，還是發自肺腑間的理解——信仰的衝動是什麼了。其實我原本對這種東西不屑一顧，但這樣的態度逐漸消失。我對小調音樂的那種強烈、褪變的反應，其實就是對於「超然昇華」的一種理解，一種意識上的轉變。說得更準確一點，不是我信了神，至少不是信了古書記載中的神祇，而是我的性靈本能甦醒了。

我也開始感知到，音樂只是這股本能的一種表現形式而已，這股本能也同樣出現在——舉例來說——愛德華遇見愛芙拉的那一刻。音樂傳達了我們渴望的那個東西，可是「那個東西」究竟是什麼？我們可以說「二分之一」、「〇點五」和「一半」指的都是同一種東西，可是這個「東西」本身又是什麼呢？不管用的是分數、小數點還是文字，數學概念的本質在說出口後還是一樣難以言喻。花瓶裡擺放的每朵花、美術館吊掛的每幅畫、每座我們哭泣的新墳，講的全都是同樣的東西，難以言喻，卻又美好。

認識妲拉和她父母之後，我生命中交織的悲與甜愈疊愈強烈。有天晚上，我用 google 查「渴望」以及「蘇非主義」，出現了一支 YouTube 影片，旁白是蘇非講師盧威倫・馮李博士（Llewellyn Vaughan-Lee），抑揚頓挫的威爾斯口音十分好聽。影片的畫面豐富，有緬甸廟宇和雪梨的天際線，有巴西的貧民窟與日本的藝妓，藝妓粉白的臉龐上懸掛著一滴淚。影片的標題是「分離之痛[36]」，馮李博士講述的就是渴望。他說：「歸家吧，回歸到你所屬之地，開始挖掘真正的自己。」

蘇非主義有很多種實踐的形式，世界各地實踐的人也是形形色色，很多人是穆斯林，但也有些人不是。所有宗教都有神秘的分支，代表有些人會想跳脫傳統的儀式與教條，尋找能與神緊密互通的直接管道。宗教領袖有時會將神秘流派斥為不清不實或是邪說異端，或兩者皆是——原因或許是擔心若有人能繞過宗教機構和宗教領袖而直通天神，那麼宗教領袖可能會地位不保吧。伊斯蘭國從二〇一六年開始執行大型處決，殺害了眾多蘇非派教徒。

[37]

幸好，大部分的神秘主義者都可以不受打擾繼續修行，像馮李博士就是在美國的講師，後來我在網路上看到很多關於他的影片。例如他在名主持人歐普拉（Oprah）的節目上說[38]，我們想要追求「摯愛的境界」，而摯愛的境界也渴望能找到我們，畫面中可以看到歐普拉認同到好像想要從椅子上跳起來。還有一部二〇一六年的影片中他談到「分離與相聚」，以及幾年後他警告大家，世間即將出現精神面的黑暗。從他講話的方式可以看到，他並不追求要成為鎂光燈的焦點。他總是一貫身穿白衣，彷彿時間沒有在他身上留下痕跡。他戴著金屬細框的圓眼鏡，聲音溫和，毫不賣弄自己英俊的外表。他談心痛，也談愛。

他寫道：「渴望是一種『我想要屬於神』的甜蜜痛苦[39]。只要我們的內心渴望覺醒了，就會開啟『回家』最快的道路，像磁鐵一樣將人導引到內心深處，從此我們才變得完整，而且也產生了蛻變。因此，蘇非神秘主義會不斷強調渴望的重要。蘇非派的伊本·阿拉比（Ibn ‘Arabî）大師祈求：『噢神啊，請不要用愛澆灌我，請用對愛的渴慕來澆灌我。』魯米則用簡單的文字來表達相同的真理：『不要尋找水，要保持飢渴。』」

馮李博士把分離的痛苦形容為精神上的開口，而不是心理事件。他寫：「假如我們循著痛苦的道路，或是跟著心理的傷口走下去，它們將會帶領我們抵達原始的痛苦：分離的痛苦。人誕生在這個世界上，我們帶著分離的傷疤，被逐出天堂。不過，如果我們擁抱苦難，允許它引領我們深入自我，將能觸及比心理治療還要深層的地方。」

他常會引用魯米。魯米留下了大量情感充沛的詩集[40]，也是今天美國最暢銷的詩人（雖然英譯版常有文意精確的爭議）[41]。魯米頗為人所知的一點就是，他非常欣賞大不里士的沙姆士（Shams of Tabriz），亦師亦友的沙姆士消失後（可能是遭魯米善妒的學生殺害），魯米幾乎被悲慟擊倒。不過，就在經歷了心碎之後，敞開的心房湧出了許多詩作，這些作品（當然還有蘇非主義的所有觀點，以及世上神秘主義的傳統*）的中心觀點都是「渴望是神秘的核心[42]／渴望本身帶來治癒」。

魯米有首詩叫作〈愛之狗〉（Love Dogs），和我的不可知論與懷疑觀點特別有共鳴。描述有個人不斷呼喚著真主，結果有一天有個犬儒主義者嘲諷地問他為什麼要這樣做，因為「我有聽到你的呼喊[44]，可是有人回應你嗎？」

那個人的信心動搖了，那天睡著後，他夢見靈魂的引導者希德爾問說為什麼不再祈禱了？

男人說：「因為我從來都沒有得到回應。」或許這都只是在浪費時間，或許他只是朝著空無在吶喊罷了。

可是希德爾告訴他：

你表達的渴望　就是回覆。
你哭喊出的悲慟　會將你導向團圓。
你尋求幫助時那純粹的悲傷　就是秘密的盛杯。
聽那狗對主人的嗚咽　那哀鳴即是連結。
那是愛之狗　只是無人能知其名。
奉獻你的生命　成為其中的一份子吧。

我在憤世嫉俗的犬儒派身上看見了自己，也在夢見希德爾的那個男人身上看見了自己。

＊關於神秘主義的核心概念，與其說神的缺席是對信仰的測試，還不如說那是通往神聖之愛的道路，渴望可以讓人更靠近渴望的事物。十六世紀基督教神秘主義者聖女大德蘭（St. Teresa of Avila）認為神會「傷害靈魂」**43**，可是「靈魂會渴望死於美麗的傷口」。十六世紀印度教神秘主義者祕若白（Mirabai）寫的詩**45**就是「寫信給他的摯愛／親愛的黑天神」，雖然「祂從不回覆」。

這些詩深深觸動了我，那麼我想應該也觸動了馮李博士。我想和他本人見個面，而且還有個很難回答的問題想要請教，我想他應該會有答案。近來我常讀佛教和蘇非派的東西，發現許多佛教的教義似乎和蘇非派認為渴望有精神價值的概念彼此矛盾。佛教從生命要受苦的觀察開始（看你對如何看待梵文「苦」dukkha這個字，它的意思是「不滿足」）。苦難的原因與欲念（財富、地位、占有式愛情）和趨避（感情受傷、不舒服、痛苦）的牽掛相關。無牽無掛才能達到自由46（或涅槃）的境界，可以透過正念與慈心禪的修行推進這個過程。在這種了無罣礙的理想之下，渴望似乎是很大的阻礙。就像某佛教網站上寫的：「領受過許多釋迦牟尼佛的訓誨之後47，我們體認到渴望這種心理狀態沒用，所以要轉念，去關注真正存在的事物。」

這樣的觀點要怎麼放進蘇非派的詩呢？難道魯米和釋迦牟尼佛留給我們的教義彼此互斥嗎？蘇非主義裡的渴望和佛教徒口中的欲念是不同的嗎？我並沒有認真學習這兩派的看法，可是我需要知道。

我發現馮李博士有一個叫作「黃金蘇非中心」的組織，在加州的伯靈格姆也有舉辦「靈魂之旅」的避靜活動。不久，我就訂了張機票，飛到加州。

避靜活動就辦在天主教慈悲修女會三十九英畝的土地上，建築裝有彩繪玻璃窗，也看得到耶穌與馬利亞色調莊重的畫作。我住的房間是窄窄的矩形，適合作為獨居的修女臥室。房內一塵不染，稍嫌悶熱，灰色的地毯實用不花俏，設有一張木頭書桌，空蕩蕩的牆壁上嵌著一座修院的洗手台。我想換下搭飛機時穿的衣服，可是包包裡所有的衣服都皺皺的，這邊的小型衣櫥裡也沒有熨斗。我的夏日洋裝會不會太皺，不好穿出去呢？房裡唯一的鏡子和汽車的後視鏡一樣大，高高掛在洗手台上方。站在凳子上的話，也許我就可以照到鏡子知道自己的模樣？可是這張凳子其實是張搖椅，結果我彈倒在地上，四肢著地，倒在粗布地毯上。於是我放棄了，穿上皺巴巴的洋裝。

我前往寬敞通風的大廳集合——大概有三百人。我算早到了，可是空位不多，幾排椅子擠在一起，我找了個空位，把自己塞進兩個女生中間。因為空間真的是太小了，甚至是連坐正都很難不碰到別人，也很難看到小小的講台。馮李博士就坐在上面，離地面很近，講台兩側擺著日式屏風以及插著花的花瓶。雖然活動還要十五分鐘才開始，可是大部分的人都閉著雙眼，沒有人在講話。

馮李博士並沒有閉上眼睛。他坐在扶手椅上，一邊摸著那灰白色的鬍子，一邊平靜地看著我們。一貫金屬細框的圓眼鏡，一貫溫和智慧的神情，一貫的白色衣服，他在每部影片中都是這樣的造型。這裡雖然安靜，可是充滿生氣。

等他終於開口講話時，內容很豐富，不過最主要的還是蘇非派講的「那段旅程」。他說這是他最感興趣的主題，而且其實包含了三段旅程。第一段「來自」神——我們容易忘記最初自己都擁有神聖的連結。（我就是最近才意識到這點。）第二段是關於回憶，就是「你開始尋找那道光的恩典時刻。會尋求祈禱與修行的幫助。西方社會稱之為精神生活。有許多技巧是從東方傳到西方，幫助人與靈魂連結。每個人都有自己祝禱與禮讚的方式，也需要找到自己的精神導師。」最後一段旅程在神「裡面」——會被引領到「更深更深的地方，進入神聖的奧祕境地。」

他說，想要走完旅程，就需要能量或是力量泉源，因為自身的力量不夠。他說道教會培養「氣」，那是生命的原力，或是要與「道」調和，那是宇宙初始的能量。在佛教則是純粹的意識能量。而蘇非運用的是愛的能量，那是「宇宙最大的力量48」。

他談到愛的時候，我想起了愛芙拉，她給人的印象是歡快、務實、有能力。在伊朗長大的她雖然很熟悉蘇非的概念，清楚萬物皆是愛，可是她並不曉得原來有人積極地在實踐蘇非思想。她用夢幻的語氣告訴我：「我想體驗魯米做過的事，我想體驗哈菲茲（Hafiz）做過的事。」他們是偉大的蘇非詩人，寫的正是愛與渴望。「我覺得他們好幸運，可以生在那個時代，可惜我生不逢時。」

就是因為愛芙拉的這段話，讓我來到了馮李博士的活動這裡（雖然我對於各界大師們都抱持謹慎的態度）。有時候馮李博士會談到自己當時是如何侍奉老師依芮納·催迪（Irina Tweedie），他引用蘇非派的名言「在老師跟前49，門徒要比塵土還要渺小」。我滿確定他講的是：老師這個角色可以幫助學員達成「縮小自我」這項關鍵的精神任務。可是我不是很喜歡屈服於權威之下，因為服從的對象是同為容易犯錯的人類。

不過，雖然馮李認為，愛無法藉由網路傳遞，但是在看他的影片時，我還是可以感受到對馮李的愛。我開始思考他是不是可以成為我的導師，或許我可以克服對大師的反感，或許我到舊金山灣區出差時可以順道過去黃金蘇非中心……當我還在思緒裡遊蕩時，馮李投下了一顆震撼彈（但他使用的語調和舉止一如往常，語調深沉依舊，就像是在講其他的事情一樣），他說已經教了三十年，太累不想繼續了，他就做到這裡為止。他單腳盤坐，解釋說蘇非導師通常會協助三十到四十位學員，持續十五到二十年。他自己想要觸及更多靈魂，最後服務了八百人。

他告訴學員：「我的任務就是要分享蘇非流傳千年，關於神聖轉化的秘密。一直到最近，蘇非大師們才開始在北美開導學員，我已經盡量努力了，可是我太過倦怠、太過消耗了。你們看到的是正在走下坡的老師，我花了十五年坐在導師跟前，那段時間創造了某些內涵物質，可是現在這樣的內涵已經消耗殆盡。我在幫助大家打開這扇門時，希望的是每個人都可以得到一切所需，足以走完靈魂旅程，這就是我的承諾。現在我已經交付你們所需要的東西了。開始使用吧，要活在真道中。」

許多人追隨馮李多年，頓時冒出大量問題。你說過這條路會繼續走下去的。如果你會離開，那這代表什麼？

他回答：「我相信這會行得通，連結也會持續存在。我還會愛你們嗎？這是當然的！我一直都愛你們！但我還會是那個『老爸』嗎？不會。」

大家持續提問，有些人很平靜，有些人在恐慌邊緣。馮李很耐心地回答，只是後來突然小小地爆發了，喊道：「請給這位老人家一點空間！這是一條內心之路，因為有空間，有些東西才會打開。如果給我空間，我會非常感激；如果你們朝我逼近，我會築起圍籬與牆壁，並向慈悲的天使尋求保護。」

他向早課的學員道別，我注意到他看起來比我想像中還要老，身形顯得稍微老態肥壯，外觀也稍微鬆弛。

我吸收著群眾的哀痛，摻雜著自己的哀痛，因為才剛找到馮李，馬上卻又失去他了。雖然我和他的關係一直是單向的網路連結，但還是可以感受到那熟悉的分離之痛，那種悲欣交集的感覺，正一波波地襲來。他的存在有種東西，會讓你相信他真的可以幫助你達到那純然的愛的狀態。或許他真的可以當我的導師，只是我晚了一整個世代才找到他。

午餐時，我和幾位追隨馮李博士的學員聊天，有些人早就知道他要退隱了，有些人則是很震驚。不過，所有人都認同他「真的很有料」。不像許多身陷醜聞、名譽掃地的精神導師，馮李從來就沒有發大財，也沒有誘拐年輕女信徒，他對妻子安納特非常忠誠。雖然他具備成名的魅力，但他並不有名。第一次看到他的影片時，我還疑惑嗓音柔和、有磁性的他怎麼還沒爆紅。後來我知道了：對他來說，八百個人——八百個靈魂——已經是很大的數字了。休息是他應得的。最後，我決定不要再想要去找他了。

可是在課程尾聲他安排了問答時間，於是我有機會站起來提問，詢問蘇非學派的「渴望」和佛教的「欲念」有什麼不同。我告訴他，當初是看了他談論渴望的影片，才會參加這個活動。

他的表情是遇到同道中人的興奮之情（我希望他是這樣）。

他解釋說：「渴望和欲念不同，對靈魂的欲念，會讓你想回家。我們的文化容易會把這個和憂鬱混淆，但其實並不相同。蘇非主義有句話是這樣說的：『蘇非主義由心痛開始，接著變成可以書寫的內容。』」

馮李的回答證實了我從他演講和文字中汲取的思想。有個段落我非常喜歡，他說渴望並不是不健康的欲念，而是用比較陰柔的方式來表達愛：「就像所有被造之物一樣，愛也有兩面性質，正向與負向、陽剛與陰柔。比較陽剛的說法就是『我愛你』，相對陰柔的特質就是『我在等你，我想要你』。」在神秘主義裡面，帶領我們回到神的懷抱會是愛的陰柔面、渴望的感受、等待盛滿的水杯……畢竟我們的文化長久以來都比較拒斥陰柔面，因此不太善於掌握渴望的力道。有許多人感受得到心裡面的這種痛楚，卻不曉得它的價值，也不知道這是內心最深處對於愛的連結。」

那時他告訴我：「如果有受到渴望的引領，那就好好這樣活著吧。這樣不會錯的。如果要向神靠近，那就帶著靈魂裡甜蜜的悲苦前進。」

那麼到頭來，有幾百萬人對芬西絲卡和攝影師的故事如此有共鳴，對《麥迪遜之橋》如此有共感，哪底是什麼意思呢？

若在感情生活中，依舊感受到額外的「渴望」，我們會覺得是有哪邊出錯了。可能真的是有狀況，但也可能沒有，畢竟每個人的感情狀態不同。

可是我明白，浪漫愛情最令人困惑的就是：許多持久的感情在開頭的階段，就會認定「渴望」已經獲得滿足了，目標已經達成，夢想已經實現，你所愛戀的那人，就是極致完美且美麗的。不過，那還只是開頭的、追求的階段、理想化的階段，此時你希望和伴侶結合，倆人在那魔幻的時刻，共赴另一個境界。在這個階段，精神和肉欲幾乎沒有分別，所以才會有那麼多流行音樂，歌頌著浪漫的圓房。不過，這些歌不應只被視為是在描繪愛情，還應被視為是渴望的昇華。（據馮李的說法，西方傳統的情歌來自遊吟詩人[50]，他們在十字軍東征的時候前往東方，受到了蘇非歌曲渴望親近神的影響，蘇非會用女性的臉頰、眉毛、頭髮等意象作為神聖之愛的比喻。遊吟詩人們只見這些比喻的字面意思，以為是對肉身的描述，而沒有想到是對神聖的描述，於是帶著這些音樂回到西方，在月下窗外，對著心儀的少女唱起小夜曲。）

在愛情的進程中，接著會進入真實生活，感情要經營，家庭日常要協調。而人類心理也有它的限制：有時候，兩人間會出問題，例如彼此的依附類型不相容，或是受到對方精神狀況的影響，或許他會逃避親密關係，或許你會焦慮地想要追過去；或許你意識到自己有潔癖，可是對方很懶惰邋遢；可能是你很強勢，他則是出氣包；也可能你很容易遲到，另一半卻死命守時。

即使在一段健康的關係裡，「渴望」還是會出現。在圓滿關係的結合裡，或許可以一起生養小孩，可以分享兩人才知道的笑話、最喜歡的度假景點、對彼此的欣賞、共睡一張床。可能在某次前往從沒去過的城市遊玩時，你大街小巷地想找電毯，只因為另一半的背很不舒服。在最美好的關係中，兩人可以好好愛好愛好愛對方。

不過最可能的狀況會是，關係會隨著你的渴望而逐漸有了改變，就像馮李說的：「想要尋求與他人的親密關係，就是在對渴望做出反應，會認為另一個人可以讓自己圓滿。可是到底有多少人能夠真的因為另一個人而感到完全滿足呢？一陣子可能還可以，但不太可能永遠都是。我們會想要更滿足、更親密，我們會想要親近神。但不是每個人都有勇氣能走過痛苦的深淵，去經歷那份渴望，就為了前往目的地。」

如果你的態度是無神論或是不可知論，這類「想要親近神」的論述可能會讓你不太舒服或是不耐煩。而如果你很虔誠，這段可能很廢話——我們當然都會渴望著什麼，而這個什麼就是神。又或者你處在上述兩種情況之間。魯益師一輩子都能聽到悲欣交集的召喚，到了三十多歲時終於成了虔誠的基督徒，最後他認為人會飢餓是因為需要吃東西，人會口渴是因為需要喝水，所以如果你有「難以慰藉的渴望」，無法在這個世界得到滿足，那一定是因為我們屬於另一個更神聖的世界。

他寫下了文學界數一數二漂亮的文句：

> 最常見的權宜之計就是**51**，將這份渴望稱之為「美」，彷彿這樣問題就解決了……我們以為美就存在某些書本或是音樂裡，因而信任它們，最終卻被它們所背叛，因為美並不是存在其中，美只是透過它們傳遞出來，傳遞出來的正是渴望。這些東西——美的事物、過往的回憶——都是我們真正想要之事的美好畫面。但若誤以為這些畫面就是我們所渴求之事，那麼只是把這些畫面轉為愚笨的偶像，令信徒心碎，因為這些畫面並不是我們所渴求之事，而只是我們還沒找到的花朵的花香，還沒聽過的曲調的回音，還沒去過的國家的訊息。

至於我，我相信悲欣交集的傳統，會抹去無神論與信徒之間的差別。對於雅威、安拉、基督或黑天神的渴望，並不會比源自書本和音樂的渴望還要更多或更少，全都同樣神聖，或是同樣不神聖；就算彼此有差異，也不會讓渴望變得有所不同，因為全都是渴望。參加最喜歡的演唱會，聽到最喜歡的歌手親身歌唱，那就是了；遇見所愛，閃耀的雙眼凝視著彼此，那就是了；和五歲的女兒晚安親親，她看著你認真地說「謝謝你這麼愛我」，那就是了：都是同一顆寶石不同的切面而已。沒錯，到了晚上十一點，演唱會將會散場，需要到人擠人的停車場開車；有一天女兒會宣告說她討厭你，十一年級的課業也沒有及格；你的愛情也不會完美，因為沒有完美的愛情。

可是這些都不會令人意外，所以芬西絲卡的故事只能有這種結局。她和攝影師不會永遠幸福快樂，因為他代表的不是真實的男人，甚至還不算是「完美」的男人，他代表的是「渴求」本身。《麥迪遜之橋》講的就是人類一瞥伊甸樂園的偶然時刻，講的絕不只是婚姻與外遇，而是這些場景的短暫，還有為什麼這些境遇會比其他事情都還來得有意義。

第三章

悲傷與創造力有關嗎？

創造力和渴望、悲傷——以及昇華超越的關係是什麼？有什麼擺脫不了的痛，就化為創作素材吧。

是時候開始又笑又哭，又哭又笑了。

——音樂人李歐納・柯恩（Leonard Cohen）

一九四四年，全球偶像詩人音樂家李歐納・柯恩才九歲，他的父親過世。李歐納寫下一首詩，把爸爸最喜愛的領結切開，放入自己寫的輓歌，然後把領結埋到院子裡。那算是他藝術表現上的初試啼聲。往後的六十年裡，他一次又一次地展現才華，榮獲葛萊美獎「終身成就獎」，創作了上百首關於心痛、渴望與愛的詩歌。

柯恩是出了名的感性、浪漫，喜歡和女人處在一起，加拿大歌手喬妮・米契爾（Joni

Mitchell）說他是「閨房詩人[1]」，他的男中音有催眠的效果，散發著羞怯的魅力。可是他的情史都不長久，如同傳記作家希維・席孟斯（Sylvie Simmons）形容的，身為藝術家，柯恩「最好的狀態，就是處於渴望中[2]」。

他的摯愛，可能是挪威美女瑪麗安・伊倫（Marianne Ihlen）。一九六〇年，他們在希臘的海茲拉島初見，那裡就是自由奔放的國際藝術社群誕生的地方。當時柯恩還是作家，還要再過六年，才會想到要將自己的詩作融入音樂。每天早上他都會寫小說，敲著老舊的打字機，一天三頁的進度。到了晚上，他會彈吉他，對瑪麗安的兒子（不是柯恩的小孩）唱起搖籃曲，三人享受著天倫之樂。之後談到那段在海茲拉島的時光，他說：「感覺大家都好年輕[3]、好美麗，才華洋溢——彷彿身上披著某種金粉，大家都有自己獨特專有的性情。當然這就是年輕的感覺，可是在海茲拉島那麼美妙的地方，這些特質都被放大了。」

可是最後李歐納和瑪麗安還是得離開那座島海，李歐納必須回加拿大，瑪麗安則是家庭因素要回挪威。兩人有試過要在一起，最後還是撐不下去。李歐納走上音樂這條路，搬到紐約，待在這個他很不適應的地方。後來他表示：「待過海茲拉島之後，住在哪邊都不是，就連海茲拉島也無法了。」

兩人分道揚鑣，繼續各自的人生。不過，瑪麗安啟發了一些柯恩經典的作品——關於離別的主題。有些曲名說的就是他們兩人，像是〈再會吧，瑪麗安〉（So Long Marianne）以及〈嘿，說再見好難〉（Hey That's No Way to Say Goodbye）。關於自己的音樂，柯恩說：「有些人的特質比較會說哈囉[4]，我則是偏向告別的那種。」他的絕響之作就是在八十二歲去世前三週發行，叫作《黑暗情愫》（You Want It Darker）。

即使是崇拜他作品的人也會說他帶有陰沉的氣質，有間唱片公司替他發片時還打趣地說，他的專輯要附贈刮鬍刀片。可是這樣緬懷他其實還不夠完整，他是一位明暗「兼具」的詩人——如同他最著名的歌曲唱的「冰冷殘破的哈利路亞」。有什麼擺脫不了的痛，他彷彿是在說，就奉獻在創作的祭壇上吧。

創造力是不是會透過某種神秘的力量與悲傷和渴望連結呢？這個問題已經存在很久了，路邊的觀察家和專門研究創造力的人都想知道。數據顯示（還有亞里斯多德的直覺也顯示，他曾針對藝術中顯而易見的憂鬱發出疑問），答案是肯定的。有份知名的早期研究找來了五百七十三位有創意的領導者[5]，心理學家馬文・艾森史塔特（Marvin Eisenstadt）發現，很多極具創意的人在小時候父母就過世了，像柯恩一樣，比例高得驚人。其中有百分之二十五的人，在十歲至少就已經失去一位家長，十五歲時，數字來到了百分之三十四，二十歲則是百分之四十五！

其他研究顯示，即使雙親還在世，有創意的人還是比較容易感到悲傷，比例非常高。一九九三年，約翰霍普金斯大學精神病學教授凱．雷菲．傑米森（Kay Redfield Jamison）的研究顯示，藝術工作者比一般人更容易遇到情緒失調的困擾[6]，是八到十倍。克里斯多福．札拉（Christopher Zara）整理了藝術心理的研究[7]，並在二〇一二年出版了《受苦的藝術家》（Tortured Artists）一書，收錄了四十八名超凡的創作者，從米開朗基羅談到瑪丹娜。作者發現，這些人生故事的共通點就是會經歷某種程度的痛苦和折磨。二〇一七年，經濟學家凱洛．簡．波羅維克（Karol Jan Borowiecki）在麻省理工學院出版社推出了非常有趣的研究〈親愛的莫札特，你好嗎：從書信中看三位知名作曲家的幸福與創造力〉（How Are You, My Dearest Mozart? Well-Being and Creativity of Three Famous Composers Based on Their Letters）[8]。波羅維克運用語言分析軟體，研究作曲家莫札特、李斯特、貝多芬一生的信件，共有一千四百封。他追蹤信件中講到正面情緒（例如「幸福」）與負面情緒（像是「哀慟」）的字眼，對照作曲家寫信當時音樂創作的質與量。波羅維克發現，藝術家的負面情緒不僅和創作產出相關，還可以預測創作產出。但不是所有的負面情緒都能有這樣的效果。研究小調音樂的學者發現，只有悲傷這種負面情緒可以產出鼓舞人心的音樂（如第二章所述），同樣地，波羅維克也發現，悲傷也是「催生創造力的主要負面情緒」。

還有另一項有意思的研究。哥倫比亞商學院教授慕杜普克．阿基諾拉（Modupke Akinola）集結了一組學生，檢測他們血中的脫氫化外層雄酯酮9，這種荷爾蒙會抑制皮質醇這類壓力荷爾蒙的作用，減少憂鬱的情緒。接著阿基諾拉請學生對聽眾談談自己的夢想工作，他在受試學生不知情的狀況下，請一些聽眾要用笑容和點頭表達支持，另一批聽眾則要用皺眉和搖頭來回應。演講後，他請學生描述感受。結果不意外，遇到正向反應聽眾的學生，心情會比較好，遇到另一批聽眾的則覺得糟透了。同時，他也請學生創作拼貼畫，交給專業藝術家評分學生的創意。比起遇到微笑以對的聽眾那組，遇到讓人氣餒的聽眾那組展現出更好的創造力。至於那些遇到負面回饋聽眾，而且本身的脫氫化外層雄酯酮濃度也比較低的學生——也就是情緒脆弱又遭到聽眾拒絕的受試者——創作出的拼貼畫最棒。

其他研究顯示，難過的心情會讓注意力更加集中10：會更專注、更照顧細節，還會讓記憶力變好，能夠修正自身的認知偏誤。這邊有個例子，新南威爾斯大學心理學教授喬瑟夫．福加斯（Joseph Forgas）發現，比起在晴天時走進店裡，在陰天時人會更容易記得自己看到了什麼商品。至於車禍的目擊記憶，心情差的人（會先請他們專心回想難過的回憶）也會比想著美好時光的人表現還要好。*

當然，這些發現的背後有很多種可能的解釋。可能就像福加斯的研究那樣，是注意力變好了；可能是情緒受挫會額外注入堅韌持久的特質，而有些人就是利用這些特質來進行創作；也可能是其他研究顯示的，逆境會讓人想要縮進內在的想像世界[11]。

不論是哪種理論，我們都不應該誤以為黑暗就是創作唯一，甚至是主要的催化劑。畢竟，有不少創意發想是來自歡樂的情緒[12]。我們知道心情好的時候，靈光一閃的機率會多出百分之二十，也知道臨床憂鬱症——可把它想像成情緒黑洞，會吞噬一切亮光——會扼殺創造力。如同哥倫比亞大學精神病學教授菲利普・馬斯金（Philip Muskin）對《大西洋》雜誌說的：「有創意的人在低落的時候，是沒有創造力的。」[13]

其實，用「悲欣交集」這個濾鏡來看待創意會更加清楚——同時面對光明與黑暗兩者交織的狀態。藝術不等於痛苦。唯有創意，才擁有直視痛苦的力量，然後決心化痛苦為其他更美好的元素。就像柯恩的故事一樣，踏上了將痛苦轉變為美麗的征途，將能催化出更多藝術表現。柯恩的傳記作家希維・席孟斯觀察，「黑暗會讓他有回家的感覺[14]，他寫詩的方式、創作的方式都是，可是到頭來，重點都在於想要找到那道光。」

確實，就像我在本書開頭提到的，初步研究顯示，悲欣交集測驗分數高的人，在其他研究預測創意的特質上（全神貫注），得分也高。華盛頓大學商學院教授克莉絲提娜・汀・方（Christina Ting Fong）發現，如果人同時經歷正負雙向的情緒，比較容易會產生聯想、躍進的思維，且比較容易在看來毫無關聯的兩種概念之間找到連結。二〇〇六年，她請受試者看電影《岳父大人》（Father of the Bride）裡面悲喜交集的一幕[15]，年輕女孩說著對即將來到的婚禮有多喜悅，同時也因為逝去的童年時光而難過。比起那些看到單純開心、單純難過或是情緒中立電影片段的受試者，看到《岳父大人》這幕的受試者在創意測驗有更好的表現。

把黑暗化為光明，成為驚人創造力的最佳例子，就是貝多芬第九號交響曲最後一個樂章〈歡樂頌〉合唱的創作與初演——一八二四年五月七日，在維也納的克恩頓城門劇院首演。

＊另外，福加斯也注意到，傷心的人在陳述車禍的目擊證詞時，比較不會受到誘導提問的影響（像是「你有看到停止號誌嗎？」事實上現場只有一個「讓」號誌。）他也指出，傷心的人比較能好好觀看嫌疑犯的影片，比較能分辨無辜的人和有罪的人，也比較不會受到「月暈效應」影響——不會因為某人長得好看，就認為他為人親切、有智識。總而言之，福加斯發現悲傷裡面有某種東西，能幫人不再鬼遮眼，可以看得更清楚。

當晚發生的故事，也是古典音樂史上極其令人動容的一章。

貝多芬耗費了三十個年頭，為詩人席勒（Frederick Schiller）講述自由以及兄弟情誼的詩作譜寫〈歡樂頌〉。貝多芬的成長背景正值美國獨立革命與法國大革命，他深信啟蒙運動的價值[16]，對他來說，〈歡樂頌〉傳達的是愛與團結的極致感受，他覺得應該要好好譜寫，於是先後寫了兩百多個版本，都不滿意。

可是那幾年他日子過得並不好。一七九五年，他在給弟弟的信中提到了自己的好運氣：「我很好[17]，非常好，我的藝術創作為我帶來了朋友和尊敬，人生夫復何求？」可是後來他愛的女人不愛他，在成為姪子卡爾（Karl）的監護人後，兩人的關係很糟，最終卡爾自殺未遂，而且貝多芬還喪失了聽力。一八〇一年，寫給弟弟的信又更黑暗了：「我必須承認自己過得很悲慘[18]，這兩年我都沒有參加社交活動，因為我沒辦法告訴別人說『我聾了』。」

首演當晚，貝多芬也登台站在指揮旁邊。衣裝凌亂的他背對觀眾，對著樂團不規則地揮舞，希望能讓他們知道該如何演奏他腦中的音樂。後來有位演出的音樂家形容貝多芬「站在指揮席前面[19]，前後搖晃，像個瘋子一樣。前一刻才將身體挺直，下一刻又縮到了地板邊。他暴烈地揮舞四肢，好像是想要自己演奏所有的樂器、唱出所有合唱的小節。」

交響曲結束後[20]，音樂廳寂靜無聲，可是貝多芬並不曉得，因為他聽不到。他依舊背對著觀眾，跟著只有他自己聽得到的音樂打著節拍。二十歲的獨唱女聲卡洛琳．安格（Caroline Unger）輕輕幫他轉身，讓他看到聽眾，他們全體站起身來，臉上掛著熱淚，揮舞著手帕，或舉起帽子，運用肢體動作代替歡呼聲，向貝多芬致意，就是這個人譜寫出大家心中的想望。席勒的詩《歡樂頌》以歡騰聞名，可是聽眾會有這樣的反應是因為貝多芬的詮釋，音樂摻揉了悲傷的元素，至今大家還是可以在激昂的音符裡聽到悲傷的回音。

並不是說我們應該要悲傷，也不是說要讓自己聽不到，即使這樣的狀況可以激發出世紀難得一遇的崇高音樂。我們也並非要成為偉大的藝術家，才能讓自身的苦情昇華為創意。假如我們把自己無邊無際的痛苦，直接轉換為其他形式呢？我們可以書寫、演戲、研究、烹飪、跳舞、作曲、即興、勾勒新事業的藍圖、妝點廚房，有好多事情可以做，不用管做不做得「好」，或是有沒有特別突出。因此，就算不會真的去藝廊展示作品，「藝術治療」——藉由藝術創作來表達、處理情緒困境——依然可以如此有效。

其實，甚至不需要真的創作出作品。挪威科技大學的康羅德．庫伯斯（Koenraad

Cuypers）針對五萬名挪威受試者進行了研究，發現不管是創作者或是「消費者」，不管是透過演唱會、美術館或是其他媒體，只要讓自己沉浸在創作之中[21]，身體就會更健康，對生活也會更滿意，也比較不會焦慮或憂鬱。倫敦大學神經生物學家森默．席齊（Semir Zeki）的研究也顯示，光是看著美麗的藝術創作[22]，就能增加腦中愉悅回饋中心的活動。席齊說那感覺很像是墜入愛河。據藝術家馬克．羅斯柯（Mark Rothko）觀察：「在我畫作前流淚的人[23]，就經歷了我作畫時有過的宗教體驗。」

新冠疫情剛爆發時，我陷入了在推特「末日登入」的習慣，整天泡在線上的毒素裡，尤其我早上的第一件事就是滑螢幕。這樣的行為所造成的心境，和羅斯柯講的宗教體驗是完全相反的。於是我決定用追蹤藝術帳號來轉換我的網路成癮：剛開始只追蹤一點，後來愈追愈多。接著我就發現，動態上全部變成藝術文，精神也因此舒緩了。後來我發現，自己每天早上都會在社群媒體分享最喜歡的藝術作品照片，然後變成了我每天珍惜的習慣：有冥想修復的力量，還能建立社群感。藝術來自世界各處，徜徉其中志趣相投的群體也是遍地開花，而且還在日益擴大。

那麼就讓我們來修改一下剛剛的原則：「有什麼擺脫不了的痛，就化為創作素材吧——或是找個可以替你這樣做的人。」如果發現你會受到這些人的吸引，記得問問自己，為什麼會覺得受到召喚。他們幫你釋放出來的是什麼——帶領你的力量又是從何而來？

對我來說，李歐納·柯恩就是替我創作的人。幾十年前第一次聽到他的作品時，我就瘋狂愛上了他與他的音樂。感覺他就是那個讓我超級有共鳴的人，能夠用小調譜出我對愛與人生的所有感覺，讓你有了依托。他的歌曲有種特性，是我一生都想要觸及、但又無法具體說出是什麼的東西。

因此，他的音樂家兒子亞當·柯恩（Adam Cohen）打算舉辦一場紀念音樂會時，我們全家特地從紐約飛到蒙特婁參加。那是二〇一七年十一月六日，就在柯恩去世一年之後，許多知名音樂人也受邀前來演奏柯恩的作品，向他致敬。我先生一直鼓勵我去參加，甚至提議說可以把這趟旅行當作家族旅遊。

奇怪的是，登機時孩子緊跟在後，我卻感到有點抽離，有點荒謬。為了此行，我得將一場重要的會議改期，拉著全家人一大早搭機飛到另一個國家，只為了讓我聽一場音樂會，太奢侈、太放縱自己了。我一直帶著這樣的感覺，一路到飛機落地，一路到音樂會當晚，巨大的場地湧入一萬七千名李歐納．柯恩的粉絲，座無虛席。節目開始後，這樣的感覺愈來愈強烈。柯恩才是我很愛的音樂家，那其他這些歌手在這裡做什麼呢？我覺得有點無聊，所以開始做一些在這種時候會做的事：寫東西。我在手機裡打下：「他真的走了，他們都不是李歐納，也不該假裝自己是他。我寧可回家，自己一人聽著他的歌聲，彷彿他還在世那樣。」

然而，這時有位音樂家戴米安．萊斯（Damien Rice）上台，開始表演〈有名的藍色雨衣〉（Famous Blue Raincoat），這大概是柯恩陰鬱歌曲中最陰鬱的一首了，講述一段三角戀情，男人唱著自己老婆珍和自己最好的朋友出軌了。從此以後，他們的關係永遠變質了：珍成了「誰誰誰的老婆」，朋友成了「我的兄弟、我的殺手」。歌曲的形式是一封信，書寫的時間——很重要——是十二月底的凌晨四點，此時黑夜已深，白晝將近，秋天進入冬天。

萊斯的表演十分精彩。可是到了結尾，他延伸了一些個人色彩——一段哀歌，非常真切——用音樂傳達的悲號是如此赤裸、如此絕倫，讓觀眾忍不住起立鼓掌。萊斯傳遞了某種無以名狀的悲傷，將寬廣、冷冽的競技場（隔天晚上這裡要舉辦冰上曲棍球賽）充滿了愛與渴望。他提醒了我們，演唱場地雖是一座曲棍球場，可是我們真正嚮往的是伊甸樂園。

而我，又再一次被感動：那種從前心被打開的感官體驗，多年前我還在法學院宿舍時的感覺，每次聽到悲傷音樂都會有的感覺，蘇非思想筆下那種熱烈渴望的感覺。可是這一次，感受走得更深了。戴米安．萊斯演唱的那幾分鐘，也是我人生中深刻悸動的幾分鐘。我感覺有一種令人激動的美攫住了自己，那樣的美連結了戴米安、李歐納以及所有人。

飛到蒙特婁的時候我還覺得無聊，也不太感動，可是回程的時候，我彷彿是被下了咒語一樣，洋溢著令人舒暢愉悅的感官體驗，小孩出生後或是收養小狗後的那幾週，也會有類似的感覺。可是兩者並沒有到非常相似，因為這次還摻雜了哀慟。依照猶太傳統，父母過世要服喪一年，所以柯恩的兒子才會在父親走後十二個月舉辦演唱會。可是在聽了戴米安．萊斯演唱的〈有名的藍色雨衣〉後，我的哀悼才正要開始。在那之後的幾個星期，我很驚訝地發現自己只要一講到柯恩就會淚流滿面。在展演他作品的蒙特婁美術館結帳時，我得忍住淚水；在跟保母解釋為什麼我們要外出幾天時，我也得忍住淚水。不過我很感謝先生說服我走了這趟。假如我待在家，就會錯過這樣一場人生的重要體驗。

可是，究竟是發生了什麼事呢？這是我對自己提出的問題。這幾年來，李歐納．柯恩代我說出口的究竟是什麼？他的音樂到底是哪邊有力量吸引著我（還有那一萬七千位到場向他致敬的粉絲）呢？

我對他的認識主要都是透過音樂，而且這樣我就很滿足了。可是現在，我開始想去瞭解他的人生故事。他來自蒙特婁的猶太世家，即使他曾花了五年待在位於洛杉磯外博蒂山頂的佛教禪修院（聖安東尼奧山）；即使他曾短暫地皈依山達基，並在那裡遇見了他孩子的媽；即使他的歌詞曾探索過基督教的圖像研究，可是終其一生猶太教都在他的生活中。雖然他不認為自己很虔誠，可是他曾告訴過拉比[24]，筆下的所有作品其實都是一種禮拜儀式。我發現他有很多概念是取自卡巴拉（Kabbalah）——這個猶太思想經典教導大家，世界曾經是聖光充滿的容器，可是後來容器碎裂了，神聖的碎片遍布各地，存在於痛苦與醜陋之中，我們的任務就是要努力到各處收集碎片。我立刻就能完全領略這派的哲學思想。

李歐納的兒子亞當．柯恩在一場與音樂製作人瑞克．魯賓（Rick Rubin）的訪談中解釋：「他自己有部分的命題就是這點[25]，他整個人生就是關於破碎——破碎的哈利路亞以及萬物間的裂縫，建構這種經驗的整體概念就是挫敗、不完美與破碎。接著，與其單純提出哀愁的主張，不如用從未想過的方式來譜寫，才是真的寬容，可以寬宏大方地寫、柔美綽約地寫、創意迸發地寫，除此之外，他還能將這種主張融入旋律。就像尼古丁之於香菸，他的創作就是釋放尼古丁的系統。他就是釋出昇華能量的系統。這就是他每次創作都在努力的方向。」

多年來我熱愛柯恩的音樂，但這都是我不知道的事。可是我有感受到——尤其是從破碎通往昇華的那一段。

後來，我把紀念音樂會的事告訴了大衛・亞登（David Yaden），他是約翰霍普金斯大學致幻成分與意識研究中心（Center for Psychedelic and Consciousness Research）的教授，是該領域的超級新星。學術上，亞登承襲偉大的心理學家威廉・詹姆斯（William James），也就是《宗教經驗之種種》（The Varieties of Religious Experience）這本開創之作的作者。亞登致力研究他所謂的「超越自我的經驗26」。

亞登相信，「超越自我的經驗」這種瞬間的心理狀態，會和連結、喪失自我等感受有關。強烈的程度會形成一道光譜——從感激、心流與正念這些比較輕度柔軟的一端，一直到最大值或神秘體驗的另一端。他也相信，超越自我的經驗是一個人生命中創造力爆發的重大時刻。他也很訝異，我們人對於背後的心理和神經機制居然所知甚少。

許多人的職場生涯始於一個急切的提問（例如追尋自我），亞登的研究之路也是始於一件他困惑不解的人生事件，可是地點並不在演藝廳，而是在他的大學宿舍。他從一個住在家裡的高中生，突然成為必須自立的大學生，開始思考人生要做什麼。有天晚上，他躺在床上，頭枕著雙手，望著天花板。腦中浮現了「不管會發生什麼事」這句話，這時他注意到胸口一陣灼熱，好像火燒心，可是後來卻傳遍全身。心中有個聲音說：「這就是愛[27]。」

霎時他彷彿開啟了三百六十度的寬廣視野，看透身邊的景象，有種複雜難解的組織不斷延伸，成了永恆。雖然無法解釋，可是亞登知道自己就是其中的一份子。胸口的溫熱因喜悅而沸騰，感覺好像維持了有幾小時或幾天那麼久，實際上應該只有幾分鐘。他睜開雙眼，渾身充滿了愛，他哭著笑著，想要打給親友，告訴他們自己有多愛大家。好像所有事物都煥然一新，未來也在他的眼前開展。

最重要的是，他說：「我超想知道剛剛是發生了什麼事[28]。在那之後，我的心中就一直帶著這樣的疑問。」

亞登在大學期間一直想回答這個問題，到今天還全心投入心理學、神經科學、精神藥理學。他瘋狂嗑書：哲學、宗教以及心理學。凡是充滿儀式感的活動他都去體驗，從禪學冥想的避靜行程，到美國海軍陸戰隊的候選軍官學校（新訓中心只有少數人拿到資格），他都去體驗。他備受矚目的學位論文就是以成年儀式為主題，他認為短暫的、過渡的體驗就是他所追尋的核心宗旨。研究生涯早期，他與心理學大師強納森．海德（Jonathan Haidt）合作，探討上述活動參加者的心智狀態。

先前佛洛伊德派心理學家認為，這種浩瀚如海洋般[29]、沒有邊際的感受——例如亞登「超越自我的經驗」、法國作家羅曼．羅蘭（Romain Rolland）形容給佛洛伊德聽的「永恆的感官體驗」或「與外在世界合為一體」的感受——就是精神疾病的跡象。不過，海德與亞登的發現與上述論點恰好相反：這類體驗會降低憂鬱機率，降低對死亡的恐懼，增加自我尊嚴，還能增加得體的社交舉止，增加人生意義、對生命的幸福感與滿意度以及整體心理健康。於是，他們認為這類體驗屬於「人生最正向[30]、最具意義」的時刻，如同哲學家威廉．詹姆斯（William James）一個世紀之前假設的，這些體驗是在幫我們找到「最平靜狀態」的來源。

因此，對於我在柯恩音樂會現場的那一夜，亞登提出了很多想法。首先他告訴我說，人去聽音樂會期待的正是這樣的體驗。不管有沒有用宗教的眼光去看待，其實我們都是在追求這些狀態，大家都想要進入那完美且美麗的世界。此外，亞登還說，讓我們人喜歡悲傷音樂的部分特質——從「對體驗的開放心態」（對新概念和美感體驗的接受度），到「全神貫注的狀態」（對心理畫面與幻想的傾向）——和預測有沒有創造力與昇華的特質，其實是一樣的。

不過，亞登並不意外我那「海洋般」的體驗就發生在悲暖與無常交織的時刻——就在知名歌手的紀念音樂會上，就在描述關係結束的歌曲當中，那首歌的時間點就落在破曉前的冬至。

亞登發現，正是在那些時刻——包含轉換跑道、離婚、進入死亡的最終階段——我們更容易體會到意義、共存互通以及昇華超越。不管是經歷所愛之人的離世，還是面對自身的死亡都是如此。亞登說有很多人「就是在人生將盡的時候，經歷一生當中最重要的時刻31」。

亞登與同事做了心理計量的調查，請受試者思考並寫下深具精神意義的人生經歷，接著回答一些關於自己的問題。研究員可以藉由這些問答，將經歷分成好幾類。受試者形容的是「合一」的感受嗎？是與「神」的接觸嗎？是「聲音」還是「畫面」？具有「共時」的特性嗎？是「讚嘆」嗎？將經歷分類後，研究員會問受試者觸發他們的是什麼。在長長的答案清單上，有兩種主要的觸發點一再出現：「人生的轉換階段」以及「接近死亡的時刻」。（換句話說，會強烈地感受到時間的流逝——正是悲欣交集的標誌。）

亞登的研究解釋了為什麼像是李歐納．柯恩這類的「悲傷」音樂，其實一點也不悲傷：為什麼悲傷根植於破碎，卻指向昇華超越。

加州大學戴維斯分校知名的創造力研究員迪恩．基斯．塞蒙頓（Dean Keith Simonton）的研究也有類似的發現，他注意到創造力在中年以後會朝性靈發展，因為那時藝術家會處在生死交關的十字路口。塞蒙頓研究了八十一部莎士比亞與雅典的戲劇，歸納的結論是，隨著劇作家年紀漸增，主題會朝宗教、精神與神秘風格靠攏[32]。他也研究了古典樂作曲家，發現音樂學家會認為自己後期的作品「更有深度」。

偉大的人本主義心理學家亞伯拉罕．馬斯洛（Abraham Maslow）在自己身上也發現類似的現象，他在心臟病發的那段時間，「顛峰體驗[33]」比較頻繁，也比較強烈。二〇一七年，北卡羅來納大學心理學家艾密莉亞．歌蘭森（Amelia Goranson）帶領研究團隊，請受試者「想像」死亡會是什麼感覺，大部分的人會回答哀傷、可怕以及焦慮。同樣的研究也去找了絕症患者以及死刑犯人，也就是「真正」面臨死亡的族群，卻發現答案大多是意義、連結與愛。於是研究團隊的結論是：「遇見攜帶鐮刀的死神[34]，或許不像我們以為的那麼可怕」。

據亞登所說，我們還不是很瞭解背後的「科學」原因——心理機制與神經生物途徑——無法得知為什麼像是死亡這種顯然是痛苦的無常時刻，會有這般轉化的效果。不過，他的研究卻印證了許多文化的直觀感覺。好幾個世紀以來，許多文化都會將人生的轉折，視為通往性靈、創造覺醒的門路。作家埃斯特爾．法蘭克爾（Estelle Frankel）精彩的《神聖療法》（Sacred Therapy）書中，探討了許多社會利用宗教儀式來慶祝人生中的重要時刻[35]（初次領聖餐、猶太成人禮等），也討論了為什麼許多典禮會象徵童年結束以及成人新生。在某些文化中，會把孩子暫時埋入土中，然後再挖出來，象徵著成人。有時則會以刺青、自傷等形式，或是規定要達成某些功績，來象徵童年已經劃下句點，開啟新的成年自我。還有些時候，會以物理空間的分離來表現，可能會是啟蒙小屋、浸水禮，或是會在教堂或猶太會堂內。這些儀式的重點都是：甲的位置必須由乙取代，過程會有犧牲與重生（這是終極創造力）的意義，代表的就是昇華超越。基督教的基本進程——耶穌誕生、在十字架上犧牲、復活——講的也是同樣的故事。（犧牲的英文 sacrifice 源自拉丁文 sacer-ficere，意思就是「使其神聖」。）

因此傳統上，季節更迭（春秋分與夏冬至）之際會成為宗教典禮的時刻：逾越節和復活節就是在春分，非基督教的耶魯節與聖誕節就是在冬至時刻，中華文化的中秋節與日本佛教彼岸的習俗就是在秋分時刻。猶太教裡，即便是從白天轉換到黑夜都是神聖的，所以聖日「始於」日落，終於黎明——好像是在說，黑暗的起始並不是我們想像的那樣悲劇，這時反而是光明的前夕。

現代西方的敘事傾向認為人生是有限的直線：「開端」讓位，「結束」出現，結束會造成悲傷。你會怎麼訴說你的人生故事呢？從出生開始，到死亡結束；從喜悅中展開，在悲傷裡終結。你會用 C 大調來唱生日快樂歌[36]，用升 c 小調來譜寫送葬進行曲。不過，亞登近期的研究，以及悲欣交集的傳統，都點出了不同的思考觀點，讓人反而期待生命將我們推向一個又一個的轉折點。有時是喜悅的轉換（孩子出生），有時是悲喜交集（挽著孩子的手走上紅毯），有時完全是撕裂人生的巨變（想想你最怕什麼）。「結束」為「起始」開了路，正如「開端」會為「終局」開道一樣。祖先的生命結束了，你的生命正要展開。你的人生到了盡頭，孩子的故事正要成為台上主線。即使是在人生的歷程裡，有部份的自己也會不斷消失——失去工作、關係結束——而且，假如你已經準備好的話，會有新的工作、新的戀情在等待。未來的事，不一定會比之前的更好，可是我們的任務不只是要放下過去，還要將痛苦轉化為創造力——達到昇華超越的境界。

當然，李歐納．柯恩也很清楚這一切。瑪麗安．伊倫也心知肚明。他們分手後，再也沒有見面了——直到下一段美好旅程的來臨，終於再度接觸。二〇一六年七月，柯恩死於白血病之四個月前，瑪麗安有位朋友告訴他，瑪麗安也得了一樣的癌症，生命正在漸漸凋零。於是，柯恩寄出了一封道別信。

信上寫著：「我摯愛的瑪麗安[37]，終於到了我們都這麼老的時候了，身體漸漸失去功能，我想我很快就會追上妳的腳步了。現在妳知道我緊追在後了，如果妳伸出手，就可以碰到我的手。我從沒忘記妳的美麗與智慧，但我也無需多說，因為妳全知道。可是現在，我只希望妳可以展開一段美好的旅程。再見了，老朋友。無盡的愛，路上見。」

瑪麗安的朋友大聲唸出李歐納的信。他說瑪麗安笑了，還伸出了她的手。

二〇一九年七月，李歐納·柯恩紀念音樂會的兩年後，我又到了另一場音樂會的會場，這次是在蘇格蘭愛丁堡的愛丁堡會議中心，而這回我是台上的人（當然不是我最自在的位置）。那是一場TED演講，主題是渴望、昇華超越、悲欣交集的感覺。在台上的不是只有我，還有小提琴家好友金敏貞（Min Kym）。這個主題她已經很熟悉了：她過去的人生就是不斷在化痛苦為創造力。

她六歲開始拉琴，進步神速，人家要磨上幾年才能精熟的音階和奏鳴曲，她只需要幾個星期。七歲時她成為倫敦知名普賽爾音樂學校創校以來最年輕的學生。八歲那年有人告訴她，一年之內她的琴藝就會超越老師了。十三歲時初次登台，與柏林交響樂團共同演出。十六歲時，傳奇小提琴家黎奇（Ruggiero Ricci）誇她是他教過最有天分的小提琴學生。後來，黎奇免費教金敏貞拉琴，因為可以彼此學習，所以他覺得不應該收學費。

敏貞的天賦，讓她面臨到其他神童也需要面對的阻礙：她得人寵愛，受人尊敬，住在鍍金的籠子裡，別人對她的要求很高，尤其是老師嚴苛專制，照表操課的練習很硬。同時她還背負著世上眾人的期待。而對家裡的責任，更讓她喘不過氣：他們家在韓戰時期遭逢巨變，然後拋下長期舊傳統舉家離開南韓，好讓最小的女兒金敏貞可以在倫敦接受音樂教育。

儘管如此，她的天賦依然看起來有如魔術。她集所有的祝福於一身，但這樣彷彿還不夠似的，二十一歲那年敏貞獲得了另一個同樣金光閃閃的禮物——已有三百年歷史的史特拉底瓦里名琴。琴商當初的開價是四十五萬英鎊（近一千七百萬新台幣），當下她立刻就知道這把琴是她的靈魂伴侶[38]，就是「那個他」。因此敏貞不加思索，再度把公寓拿去抵押，就為了能買下名琴。

一夕之間，敏貞口中的「史特拉」成為她的一切：那把琴體現了她的成就，成為開啟藝術之國的鎖鑰。不只如此，還是她的愛人、孩子、分身與自我。這麼圓滿的際遇，是我們都想追求的，是我們渴求的神聖，像是終於找到的那雙合腳玻璃鞋。

敏貞寫下第一次遇見那把琴的場景：

> 拿起琴的那一刻我就知道了[39]，我就是仙度瑞拉，伸出腳，鞋子就自動合腳。太完美了，

這樣纖細，這樣自然……就好像是三百多年以前，史特拉底瓦里親手拿起這片木頭，為我量身打造了這把琴。我的史特拉一直都在等著我，正如我也在等著他……這是一見鍾情，是愛，是一切，是榮光、是服從、是信任、是所有的所有……我意識到，這就是人生帶領我前往的方向……我的過去就是一場彩排，有老師、有挫折、有孤獨、有喜悅的刺痛，所有的一切就是為了走到今天這一步，我終於可以遇見專屬於我的琴，而我們可以一起開始……這就是婚禮上的誓詞：生死永不渝。我在地球上找到了天堂，從此再也無所求了。

小提琴是很纖細敏感的東西，需要持續呵護與保養，細心雕琢，以符合小提琴家的特質。特別是敏貞的史特拉底瓦里名琴，已經歷幾百年的歲月摧殘，她花了好幾年調整琴的音柱、橋、弦，還花了三年不斷配對嘗試，才找到對的那把琴弓。敏貞把所有的收入都拿來讓琴更臻完美，自己住在小如鞋盒的公寓，不開名車，不買昂貴衣服。她堅信：走過了這些犧牲，彼端會有令人陶醉的魔法等待著她。

從精神動力的觀點來看，敏貞的執著可能就是少女心的綜合，家族迭遭戰亂與困乏，加上童年接受專橫嚴苛的音樂教育，在在造成了她的脆弱。這種說法，敏貞並不否認，可是她會說，這並不是完整的故事。我們必須先花一點時間來瞭解敏貞那把超凡名琴的故事，才能理解下一個情節的巨大重量。

對那些被名琴迷倒的人來說，小提琴象徵著人類的創造力與神聖的恩典——正如敏貞所說：「只有這種樂器可以直通天堂40。」琴身纖細柔美，木工泛著亮光，自帶神話。史上最有名的小提琴都是出自三位義大利工匠之手：三百年前的史特拉底瓦里（Stradivari）、阿瑪蒂（Amati）以及瓜奈里（Guarneri）。據傳史特拉底瓦里的木材取自有「音樂森林」之稱的多洛米堤山脈，他每個月都會在滿月之日上山，將頭靠在樹幹上傾聽，尋找珍貴難尋的聲音。歷世歷代無數的製琴師曾經努力過，至今還是沒有人可以做出像史特拉底瓦里那樣的小提琴。

他製的琴，今日動輒價值上百萬美元，盡數被金權巨頭買回家珍藏，安靜躺在玻璃琴盒裡。遭竊小提琴的黑市也很猖獗，心碎主人的名單好長一串。只要Google「失竊小提琴」，筆數多達幾十頁：「從十四歲起，這把樂器就是我的聲音，失去它讓我深受打擊。」、「我人生經歷了痛苦與心痛……一切都愈來愈糟……」、「我美麗的小提琴被偷了！」

敏貞也遇上了同樣的遭遇。雖然她二十四小時全天候守護著史特拉，不讓琴離開視線，那一天還是來臨了。就在倫敦中心尤斯頓火車站的一家咖啡店，她只是視線短暫離開了一下，史特拉就被偷了。就這樣。神不知鬼不覺。從此流入罪犯的地下世界，那裡充滿無價之寶。

竊盜事件登上了國際版面，蘇格蘭警場出面偵辦重大刑案，耗時三年終於找回那把琴，它曾在犯罪組織間幾經轉手。可是同一時間，敏貞已經用理賠的保險金買了另一把等級較低的琴，而原來屬於她的琴，現在成了公開競標的物品，現在價值好幾百萬美元，她已經沒有錢買回來。得標的是一位投資人，史特拉現在就躺在他的家裡。

敏貞陷入憂鬱，連琴都無法拉了。小提琴遭竊的時候，她正準備要發行重磅專輯，還要展開全球巡演。那一年，她本來應該要以天才提琴手之姿站在世人面前，可是她整個人破碎地攤在床上，就這樣持續了好幾年。關於她的頭條，只有樂器被偷的新聞。

有什麼擺脫不了的痛，就化為創作素材吧，敏貞一生都遵循著這則箴言。她甘願歷經千辛萬苦，希望能成為小提琴大師。可是如今，陷入了失去的迷霧，關於她的過去──以及未來──突然出現了新的故事篇章。她真實地看到自己對史特拉強烈的愛，可是別的事情也很真實：完美主義帶來的傷害、覺得自己不配、察覺到自己整個人生除了音樂天賦就沒別的了。然後她想到，其實還有其他可創作的東西，於是她開始撰寫自己的故事。

起初[41]，她以為自傳《一去不復返》（Gone）的主題會是關於史特拉失竊的故事。內容也確實是如此。可是她還寫了家族在戰爭時期的辛苦、自身想要服從的強迫性格、陷入憂鬱的困境，以及漸漸站起來找回生活的過程。她的創作是一本昇華超越的美。

我和敏貞本來不認識，但我們的編輯恰好是同一人，她的書出版前幾個月，編輯寄了一份書稿給我，書稿躺在 email 的附件裡，沒有迷人的封面設計，也沒有名人推薦的曠世簡介，只是筆電裡的一個 Word 檔案而已。當時我正在出差，忘了是在哪裡，只記得那晚在飯店通宵閱讀，令我著迷的文字就像音樂一樣抒情。讀完之後，我一如既往地沉浸在神遊文學的餘暉之中，開始想像敏貞的書會超級暢銷，世界各地的讀者會集結起來，幫她把小提琴從投資人手中買回來。假如我有那個財力，早就寫張支票寄給她了。

不久後我到倫敦做新書宣傳，和敏貞在小餐館共進晚餐，那是一家在肯辛頓大街的巴黎風餐酒館。她本人和書中所寫的那種心煩意亂的形象，其實差滿多的，相處起來很開心，她很歡樂也很好聊，講話時閃亮的黑髮會跟著擺動。那晚我們是最後離開的客人。我把自己的想像告訴了敏貞，以為她會欣然接受，結果不僅沒有接受，她的回應還讓我非常驚訝。

她說她不應該拿回史特拉。

因為那已經不是同一把琴了，自己也不是同一個人了。當年遇見史特拉時，敏貞還是個溫順的神童，走過數個世紀摧殘的史特拉也映照了那份不安。可是現在敏貞已經不是什麼音樂名家了，不過她身上有股新的創作能量。她看到了「失去」這個東西的光明面。

談到史特拉，她說：「我會永遠愛它，知道它在哪裡我就很高興了。我很開心它好好存在著，可是小提琴有自己的經歷，我也有自己的體驗。」

失去名琴後，敏貞有過幾段人間情愛：她愛上的人，愛她的人；她手上同時會有好幾份創作的案子，包含發行專輯、與作曲家及藝術家合作。失去名琴幾年後，她請人製作了一把新琴，仿製她老師黎奇的那把瓜奈里。

敏貞解釋說：「琴被偷的那一刻起，我的內心有某種東西就死了。之前有好長一段時間，我都相信可以把它找回來，可是都找不回來。我必須接受以前的那個自己——我從來沒有像和那把琴在一起那樣與別人在一起過——我花了很長一段時間，才接受『和那把琴在一起的自己』已經不在了這件事。」

「可是我重生了。一扇門關上，另一扇就會打開——關於重生的老調，其實都是真的。現在有個空間騰了出來，容納新的我，重新站起來。我不會主動選擇這樣，相反地，我會想要和我的琴幸福快樂過一輩子，可是從失去的陰影中復原的時候——在療癒的時候、從震驚中開始撫平靈魂創傷的時候——新的部分會長出來，也就是今天的我。可能我永遠都無法再獨奏了，可是我會帶著那份失喪，創造新的藝術形式。」

有一天，我和敏貞在義大利的克雷莫納碰面，這裡是史特拉底瓦里生長工作的地方，現在依然是小提琴愛好者非正式的首都與靈魂所在。我們一起到位於馬可尼廣場的小提琴博物館，一起聆聽語音導覽，最後來到了放滿玻璃琴盒的暗室，裡面擺著世界級的精緻小提琴。這些樂器珍貴動人，可是敏貞看起來十分震撼。她摀住嘴巴，小聲地說這些小提琴「被吊起來展示，就像是在刑房一樣，我覺得它們都被噤聲了」。

我們趕緊離開博物館，眨著眼走到陽光普照的廣場上。克雷莫納的鐘塔響了，騎著腳踏車的人經過。敏貞說：「看到那些樂器的樣子，我覺得好像跑了一場馬拉松，整個人喘不過氣，身體裡面堵住了。」

然後，敏貞又回到笑逐顏開的她。那天我腦中想了不下十次，覺得敏貞真的是很好的旅伴，人很輕鬆，個性很好，幾乎看不到《一去不復返》裡面描述的撕裂傷痛。如果你看到她本人，真的會看不出來。即使是我都還要提醒自己，傷痛依然存在，也因此意識到世界上到處都有像敏貞這樣的人。

那晚，在 TED 講台上，我說了塞拉耶佛大提琴家的故事——為本書拉開序幕的也是這則故事——搭配著敏貞拉奏的阿比諾尼《G小調慢板》。那晚她拉著借來的琴：是朋友慷慨出借的愛丁堡公爵史特拉底瓦里琴，完美選配，非常適合那個場合。敏貞站在我身旁，阿比諾尼的旋律悠揚動人，可以感受到聽眾正屏息欣賞。也許她不再是古典樂獨奏家了，也許永遠不會是，可是她已經超越了這一切。她的樂音當中，可以感受到她的失去與愛，也可以感受到我們自己的失去與愛，還可以體會到她的苦痛，以及苦痛的轉化。此外，在那一同聆聽樂音的時刻，還可以感受到在場的每一位聽眾都在昇華自己內心獨特的心理歷程，每顆心都揪著努力不要破碎，可是又瀕臨碎裂的邊緣。*

＊本章最後這段結語，就像書中許多內容一樣，都是受到魯米詩集的啟發。

第四章

失去所愛，怎麼辦呢？

該如何面對失去愛的時刻呢？

愛人會消失，但愛不會。1。

——詩人迪倫．湯瑪斯（Dylan Thomas）

我有個很早的記憶：四歲，在幼兒園的午後，我坐在橢圓形桌子邊，無憂無慮地著色。拿起繪兒樂彩色筆，亮亮的太陽塗上黃色，下面的草地填上綠色，中間就是藍藍的天。我抬頭看，媽媽來了，站教室後面，等著要接我回家。她的笑容充滿愛和無限的耐心，我滿心歡喜。在我眼中，媽媽的紅捲髮彷彿有一圈光環。

我童年的媽媽都是這個樣子：準備好一盤巧克力冰淇淋等我放學，開心地和我聊著小學四年級的社交生活，她的玩笑總是溫柔。哥哥姐姐年紀比我大很多，爸爸在醫學院當教授，長時間工作。我很愛他們，可是媽媽就是我的全部。世界上還有其他更慈愛、更美好的媽媽嗎？不可能，所有的朋友都說我很幸運，擁有這樣的媽媽。星期五晚上，媽媽會煮雞湯、燒燉肉，還會點上蠟燭。媽媽溫暖親切，從不提高聲量，除非是想鼓勵我。

我才三歲，媽媽就教我閱讀和寫字，我把牌桌下的地板當作我個人工作室，縮著身子在桌底下，在裝訂成冊的格線紙上寫我的劇本、編故事、弄雜誌。當時的我們都不知道日後寫作會讓母女兩人的關係破裂。我也不知道媽媽真實的複雜個性。

媽媽是獨生女，她從小就看見自己的母親長年臥病在床，面向牆壁。那會是什麼樣的光景？會對一個孩子造成什麼樣的影響？看著自己的媽媽背對你，日復一日，年復一年？我媽覺得一定是自己做錯了什麼，才會害自己的媽媽病得這麼重——所以內心很折磨，非常希望可以被看到。

我外公是猶太教拉比，慈愛歡快有智慧，對女兒呵護有加——可是長年飽受心痛。一九二七年，他隻身從東歐來到布魯克林結婚，才十七歲。結婚十年後，我媽媽五歲了，外公會叫她一起聽收音機裡希特勒的演講。納粹元首激昂響亮的語調入侵他們開著螢光燈的狹小廚房，外公會說：「記住，媽米（意思是小媽媽，意第緒語裡親暱的稱呼），這個人很壞，我們要好好注意。」不久後，這個壞人就殺害了外公在歐洲的媽媽、爸爸、姐妹、嬸嬸阿姨、叔叔伯伯、堂表兄弟姐妹以及所有他認識深愛的人。在大家眼中，外公的生活十分活躍，對會堂盡心盡力。可是在單房公寓的家裡，他老是唉聲嘆氣，家中氣氛凝重。

生長環境悲慘的情緒，成了我媽媽的一部分，後來幾乎成了她的全部，恐懼和無價值感將她吞噬。我還小的時候，媽媽努力將這些感受壓下去。回頭看，其實可以看出一些徵兆：逛超市時我只是離開了幾步，媽媽就會驚慌失措；她不准我參與很一般的兒童活動——爬樹、騎馬——因為覺得太危險了；媽媽會說，她想把我包在棉花裡，因為她真的很愛我。媽媽是認真的，這是她表達愛的方式。我也理解這樣其實代表的是在坐心牢。

我年輕的時候，我們母女對立在宗教鴻溝的兩岸。媽媽用正統猶太教的方式養育我——安息日不能開車、不能看電視、不能用手機。不能吃麥當勞、也沒有義式臘腸披薩。可是教誨的烙印都不深刻。我還記得很小的時候，在星期六早上偷偷摸摸地用靜音看卡通，也還記得第一次嘗到豬肉培根的滋味——一點也不符合猶太的飲食戒律，可是實在是太美味——那是在學校去滑雪郊遊的時候。我家算是各種影響力的匯聚：一方面我親愛的外公是拉比，媽媽是堅定的忠實信徒；另一方面，爸爸暗地裡不信神，他的神祇就是科學與文學。還有我，天生懷疑論者，一直到今天都是，如果你說「甲」，我很自動就會想：「那乙呢？」成年人有這樣的思考傾向，對智識很有幫助（雖然有時候會讓我老公很受不了）。但身為女孩，我不明白為什麼要為了一個真假不分的神而遵守猶太飲食戒律。

不過，我和媽媽真正的衝突是發生在我高中的時候。小時候只是小小的限制，這時變成了嚴格不讓的貞潔守則：不能穿有暗示意味的衣服，不能單獨和男生相處。甚至連剪頭髮媽媽都要跟去，假如設計師把她的天使寶貝剪得太煽情，媽媽就會教訓設計師。這些規範來自宗教與文化，可是實際的功能只是要把我這艘船用錨困在媽媽的港灣。如果聽媽媽的話，海浪會輕柔地拍打，船也輕輕搖晃。如果偏離軌道，如暴風般的盛怒會將我們兩個都擊碎。

以一九八〇年代的美國標準來說，我算是有禮、負責，甚至有點拘謹。問題是我老是犯規——穿錯衣服、交錯朋友、跑錯趴——然後就得面對驚慌失措、充滿敵意的指責，爆怒一陣又一陣，眼淚排山倒海，接下來冰冷的靜默從幾天延伸成幾週。在那些無盡無聲的日子裡，我覺得靈魂裡的愛好像都被抽乾了。我的腸胃翻騰，吃不下飯。可是減輕的體重都不及情緒上的飢餓——還有我惹媽媽傷心的罪惡感。

我朋友都不懂怎麼會衝突成這樣，也不能理解為什麼我反應這麼劇烈。在他們眼中，我大概是學校最守規矩、成績最好的女孩，我不抽菸不碰毒品，媽媽還要要求什麼呢？他們會說，如果妳想要在外面待到比較晚，「為什麼不要乾脆跟媽媽說妳在我家過夜就好了？」他們不明白我和媽媽有多親，她看我的臉就知道了，比任何測謊都還準確，他們也不知道我家的規矩和別人家不一樣，踩線代表的不是青春期犯個錯，那可是會摧毀媽媽脆弱的精神狀態。只要我選擇做對的事，我最愛的媽媽就不會不高興了。我也不會不高興了。

一次次創傷般的撕裂，我們又無法和彼此分開，所以最後總是會言歸於好，然後小時候那個慈愛的媽媽又會回到我身邊。我們會哭著擁抱，然後我會心懷感激放下身段，回去沐浴在那愛與舒適的溫暖懷抱。每次重回彼此身邊，我都相信兩人的戰爭永遠結束了。可是戰爭根本沒有遠去。時間一久，我不再相信休戰這件事，放學回家我就胃痛，進門時學會察言觀色，判斷媽媽的情緒。會覺得不要輕舉妄動，免得破壞媽媽微妙的平衡，或是觸發她極端的焦慮。我開始更能意識到她童年的傷痛，更能感受到現階段她的空虛深淵正張著血盆大口。於是我幻想著逃走——離開媽媽去上大學，擁有自由。

同時我也渴望能留下來。畢竟是我的媽媽，而且我強烈的想要，比過去現在未來任何事情都想要，想要帶走媽媽的傷痛，填補她內心的破洞。想到媽媽的眼淚——都是我惹出來的——我自己也會忍不住哭了起來。身為最小的孩子，我對她來說太重要了，重要到我的存在就像是太陽一樣。我長大成人，就是把她打入黑暗。當時我還相信這道謎題會有解，就是只要我都不要做錯事，應該就能同時又做自己又讓媽媽開心——就像小時候輕輕鬆鬆就能做到一樣，那時真是伊甸園。

在我家，上好的大學就是終極聖杯目標。媽媽雖然怕我離家，但她更希望我能成功。所以就在高三那年的四月十五日，我們母女倆放下歧見，一起等待重要的大學入學通知。信寄到家裡的時候，我還在睡覺，可是媽媽滿臉發光，拿著大大的厚信封到我房裡，上面印著普林斯頓大學的徽章。我們一起拿著寶貴的文件，就像六十年前爺爺盯著那張到美國最便宜艙等的輪船船票。我和那時候的爺爺年齡一樣。

這封錄取信並沒有在九月帶我抵達移民擁擠的艾利斯島，而是去了風光明媚、有歌德式庭園和寧靜的青草地。普林斯頓大學和我童年的家完全相反，這裡的學生家裡坐擁地產，總是無憂無慮。校園裡看到的同學體態優美：臀部窄小、四肢健壯、金髮光滑，這是我以前非常不熟悉的景象。那是一九八〇年代，多元還不是校園的常態，當時還可以在空氣中嗅到作家費茲傑羅（F. Scott Fitzgerald）的味道。學生管最受歡迎的人叫「好人」，在校園俚語裡意思是「好看的人」。就連秋天的空氣都顯得清新貴氣，所有的人事物都在閃閃發光。

一片意氣風發當中，美中不足就是：宿舍電話是我無法逃離媽媽的連結。一開始電話響的時候，只覺得有些突兀，她的聲音在另一端，從我遙遠的童年星球傳來。她想知道我在大學開不開心，我有沒有遵守規範，講的當然就是婚前守貞。我不自在地思索沉重的規條，一邊打量著普林斯頓年輕健壯的男生，他們划船訓練後大口吃下培根起司漢堡。對媽媽來說，這些同學不用說就是碰不得，可是在我眼中他們真是令人難以抗拒。我看著十七歲的同學們，想著他們就是未來的總統，大學生涯只是他們人生的插曲，而我們有幸與他們同學。未來他們會制訂國家政策，發動戰爭，長出大肚腩，開始養情婦。我覺得此刻我們享用的就是這些人最好的時光，此時他們身上還願意穿著死之華樂團的T恤，會在月光下的拱門甜蜜吻你，在藝術史課堂上聽到其他同學可以分辨林布蘭（Rembrandt）和卡拉瓦喬（Caravaggio）作品的差異時，還願意投以尊敬的眼光。

這些媽媽都察覺到了，她覺得我一定會搞大肚子，敗壞家門，畢業前就會染愛滋病死掉。大一這年過得好慢，她逐漸感受到無情的事實：我正在遠離她。她愈來愈心慌，好像真的相信，女兒會自願讓怪獸吃掉。如果說高中時期我們母女是在分分合合中度過，那麼現在就是我童年的媽媽已經完全消失了。取而代之的是個記仇的女人，天天打電話，控告我不檢點的行為，放假回家時，會在我房門口一站就是好幾個小時，威脅說如果我不「放聰明點」，就要把我從普林斯頓大學拉回家，嚴加看管。當時我害怕極了，倒不是說擔心會失去長春藤學位，而是擔心未來還要繼續活在媽媽的監控之中。

如果那時候她出車禍或是得了不治之症，我會三分解脫七分倉皇。到時我就會在告別式上用言辭來形容我的痛苦，其他人也可嘗試理解我的感受。即便如此，我還是不會難過。誰會想要緬懷一個現在還活繃亂跳、天天像蛇髮女妖那樣打電話到宿舍的媽媽？

於是，我在日記裡承認了這樣不齒的願望，寫了滿滿的一本又一本。字裡行間寫著我愛她但也恨她，又詳細地記錄了不該在大學做的事，也開始漸漸明白，我深愛的媽媽——她也深愛著我——並不是死掉了，而是消失了，而且很可能從一開始就不存在，所以從存在的角度來說，我是個沒有媽媽的孩子。這些我也都寫了下來。總之，現實世界裡無法告訴媽媽的所有事情，我全都寫了下來，因為告訴她無異於是情緒上的弒母。

我的大一生涯，就是這樣過的。走筆至此，接下來到了你可能難以相信的情節了。因為過了這麼多年以後，我自己也還是覺得不可置信。

學年的最後一天，我還需要在學校多留幾天，但想先把行李寄回家，於是爸媽來學校幫我帶回行李箱。我們在空蕩蕩的宿舍裡打招呼的時候，還聽得見回音。我感到很不自在，因為爸媽並不屬於這裡，這也提醒了我：我也不屬於這裡。走廊遠處住著另一位念建築的大一新生，我叫他雷克薩，整個衣櫥都是木炭色的衣服，他的朋友來自曼哈頓和歐洲各地首都，他們都好優雅，雷克薩說他們人都「很好」。我花了個幾個星期才理解到「很好」的意思是「有魅力」。於是我忍不住拿彼此的媽媽來做比較：我媽媽焦慮的臉龐，彷彿背負著整個世界的重擔；雷克薩的媽媽是電影製作人，前一天才來學校接他，身穿窄版皮外套，手上戴著滿滿的銀色手鐲。我恨自己注意到我和他的天差地別。

我和爸媽說了再見，然後事情就發生了，事前沒有多想，當下也沒有意識到這件事的嚴重性：我把日記拿給了媽媽。把日記拿給媽媽！回想起來，我真無腦！請她把日記帶回家——我說請幫我保管，我相信媽媽只是保管。在那個關鍵的當下，我告訴自己，媽媽還是我童年的那個天使，永遠不會做不對的事，像是去翻別人的日記。即使有人把日記拿給她她也不會看……只是保管而已。

想也知道，我親手遞給媽媽那疊筆記本的時候，遞給她刻寫著我們偉大的愛以及創傷崩壞的筆記本時，我等於是選擇切斷了母女關係。任何家長獲悉自己青春期子女心中怎麼想他們的時候，一定都會很難受，而我的媽媽一定也覺得難以承受。媽媽也確實證實了這一點，隔一個星期我回家的時候，她站在我房門口，拿著我的日記，用手勢比畫著刀鋒抹過脖子的動作。我覺得她講得沒錯，從心理的角度來看，我真的就是殺了媽媽的兇手。

童年總會結束的，可這並不是一般青少年會經歷的劇痛。這件事之後的幾十年，我們還是會講電話，還是會見面，還是會說「我愛妳」，可是她還是在我的夢裡揮之不去，夢中的她千變萬化，時而險惡，時而脆弱，我和她無法分離，我愛她，可也也希望躲開她。醒著的時候，我們小心翼翼地在彼此周圍盤旋，每次講話都像是一場擊劍，最好速戰速決。我不信任她，她也不信任我。我學會了保持距離，設下更強的界線，我和她立場不同：一邊是家長告訴孩子要嘛出去做自己，要嘛讓媽媽愛她，但只能擇一；另一邊是孩子相信假如答應永遠不要長大，就能永遠被愛。這時，孩子往往會陽奉陰違，一直到再也裝不了為止。

我花了很長一段時間，才原諒破壞親子協議的自己，而情感上我花了更久的時間才可以停止依附媽媽。不過，這樣長大的我也學會如何和這些後遺症共處：我不喜歡衝突，我不信任自己的現實，讓主張比較強烈的人替我做決定。有一個我是順著本性、自行己路的我；可是還有另一個我，會在和別人不同調的時候出現，會認為別人對事件的看法一定是對的，我該推翻自己的想法。我已經努力走到這裡了，也還在努力練習，我會一直努力進步的。

然而，還是有好長的一段時間，即是在我的人生已經往前，甚至是起飛之後；即使我有了自己的家，組織了自己的家庭，過著兒時夢想那樣有聲有色的人生的時候，談到媽媽，我的眼淚還是會流下來。甚至連很簡單的東西，像是「我媽在布魯克林長大」也都沒有辦法不要哭。因為這個緣故，我學會了絕口不提媽媽。那樣的眼淚我無法承受。媽媽這麼難相處，可是她還活得好好的，沒有道理要在這個時候因她掉淚。只是我一直無法接受，「在記憶中的媽媽」和「現在的媽媽」中間，存在著一道深深的鴻溝。記憶中的媽媽，會給我最好的陪伴、支持與愛。可是，那個記憶中童年的媽媽——如果當初真的存在的話——已經隨著大一最後一天給她的日記而遠去了，不管怎麼看，那天是我最後一次看到記憶中的媽媽。

到頭來，媽媽並沒有把我從普林斯頓大學拖回家。開學後，我選了一門創意寫作的課，寫了一則故事，描述女兒絕望地愛著她那難以讓人愛的媽媽，這位年輕的女孩渴望品嘗成年人的生活與情愛。我下的標題是〈最熱烈的愛〉（The Most Passionate Love）。

教授是一位壞脾氣的資深小說家，讀完後他說，我和素材的距離太近了。

他建議：「把這篇收進抽屜，等三十年後再拿出來。」

教授是對的。現在已經超過三十年了。

剛剛已經說明了我是怎麼愛媽媽，然後失去媽媽的，背後的原因並不是故事裡講的那些細節。其他人關於愛與失去的故事——關於苦澀與甜蜜的故事——不會和我的一樣。我也非常清楚，你們的故事很可能比我的創傷還要嚴重（但我希望不是如此）。但我決定分享我的故事，原因是媽媽就是愛的化身（如同我們從達爾文和達賴喇嘛那邊學到的那樣），雖然你可能會覺得，我的「失去」和世間所有的苦痛相比之下算不得什麼。我也知道，你曾失去所愛，或者未來注定要失去所愛。我自己花了好幾十年才搞懂上面說的那些經歷，更別說是大致撫平傷痛了。我想，或許我的經驗會對你有幫助。

我們被灌輸的觀念是，精神上和身體上的傷，乃是偏離了人間常態，這是不正常的，而且有時候還會給我們帶來污名。可是，發生在我們身上的失去與分離的故事，豈不是我們最基本的狀態嗎？失去與分離，和人生的常態如找到夢想工作、墜入愛河、生下孩子等體驗同時存在。這些至高的體驗——讚嘆與喜悅、奇蹟與愛、意義與創造力——正是源自於真實世界裡悲欣交集的本質。我們之所以會有這些經歷，並不是因為人生是完美的——而是因為人生並不完美。

你與什麼分隔了？失去的人事物又是什麼？你的摯愛背叛了你嗎？父母在你小的時候離異嗎？爸爸還在世嗎？你爸是個無情的人嗎？家人有沒有在發現你的性向後排斥你？你會想家，會想起你誕生的母國嗎？晚上需要聽著家鄉的音樂才能睡著嗎？你該如何調和悲苦與甜美？要怎麼再次找回完整的自己呢？

這些問題的答案無窮無盡，這邊我講三個。

第一：這些失去會形塑你的心理狀態，形成你與人互動的所有模式。如果沒有認清這點，積極培養情緒習慣，便會不斷陷入這些循環，人際關係會搞得一團混亂，而且還搞不清楚原因。有很多種方法可以面對問題，這本書中我們會一起探索一些方法。

第二：不管努力嘗試過多少治療，這些經歷依然可能會是你人生脆弱的阿基里斯腱：可能會害怕被拋棄、害怕成功、害怕失敗；不安的感覺可能會根深蒂固、對拒絕很敏感、覺得需要不斷證明男子氣概、完美主義；可能容易爆怒、或是可以感受到哀慟彷彿皮膚上突出來的硬塊一樣。即使掙脫了（是的，你可以掙脫），這些警示音還是可能會把你拉回原有的視角、思維以及反應。你可以學會在大多數的時候摀起耳朵，但還是得接受這些聲音老是在外面響著這件事。

第三個答案是最難掌握的，可是卻能救你一把。就是你失去的那份愛，或是想要卻未曾擁有的那份愛：都永遠存在著。愛的形狀會改變，可是一直都在。你的任務就是要認清愛的新形狀。

還記得「渴求」這個詞的起源嗎？受苦的地方就是在乎的地方。你會受傷是「因為」你在乎。因此，面對痛苦最好的回應就是深入在乎的事物之中。不過，這和我們大多數人想做的完全相反，人會想要避開痛苦：會讓自己不要那麼在乎暖甜的東西，來防止悲苦的感覺。然而，就像內華達大學臨床心理學家史蒂芬・海伊斯（Stephen Hayes）講的：「對痛苦打開心門[2]，就是對喜悅打開心門。在你的痛苦中，你會找到價值[3]；在價值中，你會看見痛苦。」

影響深遠的「接受與承諾療法」（Acceptance and Commitment Therapy，ACT）就是海伊斯創建的[4]，這種療法鼓勵人擁抱自身的想法與感受：因為面對生命中的難題時，面對自己的難關時，會有這些想法與感受是很合理的。同時，也鼓勵我們將痛苦化為資訊來源，讓我們知道什麼才重要——然後採取行動。換句話說，接受與承諾療法要我們去審視自己的痛苦，然後投入生命中的甜美。

海伊斯解釋：「當我們連結於自己非常在乎、能使自己振奮的事物時[5]，就是連結於可能會受傷之處，以及曾經受過傷之處。如果愛對你來說很重要，那麼你會如何看待過去遭到背叛的經歷呢？如果與人連結的喜悅對你很重要，那麼你會如何看待遭到誤會或是無法理解別人的時候呢？」

海伊斯與同事仔細審視上述面向，理出七種技巧可以處理「失去」[6]。三十五年來相關的研究超過千份證實，會不會這套技巧[7]，將決定人在遭逢失去變故的時候，會不會陷入焦慮、憂鬱、創傷、藥毒品濫用——還是會浴火重生。

前五種技巧和「接受苦痛」有關。第一，我們要承認：「失去」這件事發生了。第二，要擁抱隨之而來的情緒。與其試圖去控制痛苦的感覺，或是用食物、酒精、工作等讓自己分心，不如直接去感受傷害、難過、震驚與憤怒。第三，我們需要接納自身所有一切的感受、想法、回憶，甚至是意料之外、看似不恰當的反應，像是解脫、大笑、鬆一口氣。第四，要知道，有時候人就是會垮掉。第五，要提防無益的想法，諸如「我應該走出來了」、「都是我的錯」以及「人生就是不公平」。

確實，接受負面情緒的能力——不只是觀察、忍受這些情緒，而是要真的不帶批判地接納這些很難處理的情緒——和能不能長期好好走下去很有關聯。二〇一七年，多倫多大學教授布列特·福特（Bret Ford）找一批受試者發表即席演說[8]，向想像中的工作面試官說明自己的溝通技巧。在實驗開始之前的篩選階段，有些受試者被歸類於「較習慣面對負面情緒」的人——包含近期遭逢重大壓力事件如失業或被劈腿，這些人在演說時比較不會焦慮。另一項研究發現，習慣接納負面情緒的人，比其他人的心靈更加富足[9]，甚至是在與伴侶爭執，或是接到入獄服刑兒子打來的電話時，心靈狀態也是比同樣遭遇的人更好。

不過，真正能將我們的苦痛轉化為美好，把失去變為愛的，是七種技巧中的最後兩項——與重要的人事物連結、堅定採取行動。「與重要的人事物連結[10]」意味著我們要理解，「失去」的痛能幫我們看清重要的人與原則——也就是人生的意義。「堅定採取行動」就是去實踐這些價值。海伊斯說明：「失去，或許意味著機會之門開啟了，幫你帶著最有意義的東西，活出有價值的人生。找到真正貼近內心的東西後，就採取行動吧。」

現在再問自己一次：*我和什麼分開了？失去的人事物又是什麼？*還有，問問自己：分離的痛苦，將我指引向哪裡？對我來說最深刻、最重要的是什麼？要怎麼實現它呢？

這些連結與行動的技巧有很多種樣態。建築師兼工程師巴克明斯特·富勒（Buckminster

Fuller）經歷了事業失敗，以及四歲女兒於一九二二年死於腦膜炎之後，他被擊垮了，很想自殺。後來，他徹底反轉腦中生無可戀的執念，自問究竟什麼才會讓人生有價值——區區一個人可以做些什麼，來貢獻全體人類呢？結果發現，可以做的事情很多。於是富勒發明了穹頂建築，還有其他許許多多的建築設計，人稱「二十世紀的達文西[11]」。

至於詩人作家瑪雅・安吉羅，她失去的是自己的聲音，連帶失去了尊嚴以及對自己的愛。可是後來她又開口了，重新連結到自己的聲音，堅定行動，堅強而有力。她的文字成為自己的救贖，也救贖了別人。她的回憶錄《我知道籠中鳥為何歌唱》（I Know Why the Caged Bird Sings）深入人心[12]，記錄了她早年的故事。她和哥哥還很小的時候，兩人被送去阿肯色州和奶奶住。五歲時，原本應該在教堂會眾面前背誦復活節的詩，可是她覺得自己體型太大，感覺好彆扭，也不配念出那些字。她說這是一場「黑色醜陋的夢」，她無法醒來，於是邊哭邊跑離教堂，還尿濕了褲子。八歲那年她被媽媽男友強暴，她上法院作證，後來加害者被憤怒的暴民活活踹死，造成當時的她以為，別人和自己講話就有可能會死掉。

於是她不講話了，只願意和哥哥講話。整整靜默了五年。

這段期間，她在閱讀中找到了慰藉。十三歲那年，伯莎・福勞爾斯（Bertha Flowers）小姐邀請瑪雅到她家作客，福勞爾斯小姐溫柔優雅，受過教育，在瑪雅眼中她好完美，可是她一定有自己的傷心和渴望的事物——瑪雅寫道，因為她雖然很常笑，可是從來都沒有開朗大笑過。福勞爾斯給了瑪雅一本詩集，叫她回去熟記一首，下次來背誦給她聽。不過，福勞爾斯小姐先念了《雙城記》（A Tale of Two Cities）給他聽，「那是最美好的時代，也是最糟糕的時代……」福勞爾斯小姐念著這些字，可是瑪雅覺得她的聲音好像在唱歌。其實以前瑪雅讀過這個故事了，可是現在她想好好細讀每一頁，很想知道：「這和我之前讀到的是同一本嗎[13]？還是哪邊有音符和音樂藏在字裡行間，像是詩歌集那樣？」

於是她再度開口說話了。起初先說別人說的話，後來開始說自己的話。有詩集、散文、回憶錄。不久後，她開始為別人發聲，包含一位比她小二十六歲的年輕女孩，在密西西比長大，非常喜歡閱讀，十五歲時偶然翻到安吉羅的書，驚訝地在書頁中看見自己——她就是知名主持人歐普拉（Oprah）。歐普拉在《籠中鳥》的序寫道：「作者瑪雅·安吉羅怎麼會和來自密西西比窮困的黑人女孩——和我——有著一樣的人生經驗以及一樣的感受、渴望還有體悟呢？……我也是需要背誦復活節詩節的女孩……我也是那位熱愛閱讀的女孩。我也是那位被南方奶奶帶大的女孩，我也是那位九歲被強暴的女孩，而且也對這件事默不作聲。我能理解為什麼瑪雅·安吉羅會有好幾年不說話。」

一位年輕女孩訴說了她的真實傷心事，一個世代後的另一名女孩因此受到了激勵。還有其他人和我一樣。別人也有一樣的故事，我並不孤單。

要參與這樣的療癒過程，並不需要經歷同樣的人生故事，正如歐普拉寫的：「籠中鳥唱起歌的時候，我們都深深感動[14]。」開口說話這個動作——或是唱歌——有股力量，那是最坦率的悲傷、渴望語言。美國學者杜博依斯（W.E.B. Dubois）為何會把美國南方奴隸唱的〈悲歌〉（Sorrow Songs）形容為「自從誕生於海洋的這一頭以來，人類際遇最美的表達[15]」？為什麼歐普拉會認為安吉羅的文字不只是像鏡子般反映了她自己的人生，更是具有啟示的意味呢？在閱讀安吉羅的回憶錄時，歐普拉寫說她「滿心敬嘆」，那本書後來成了她的「護身符」。十年後歐普拉有機會見到安吉羅時，她覺得那彷彿是「天意[16]」，這不是一般的粉絲語言，這是轉化蛻變的語言。失去的自我，用另一種形式回來了。

如同安吉羅的故事顯示的，人在面對失去時，有時因為看見他人也經歷過同樣的苦難，於是會在他人的傷口中療癒了自己。安吉羅透過書寫療癒自己，但這樣的過程還有很多種形式。確實，心理學家卡爾·榮格（Carl Jung）一九五一年提出「帶傷的療癒者[17]」的說法，即是人十分古老的原型。希臘神話裡，人馬凱隆身中毒箭[18]，帶來巨大的痛楚，可是同時也帶給了他治癒的力量。薩滿文化中，療癒者的啟蒙程序必須包含巨大的慘事。猶太教裡彌賽亞的力量來自自身的苦難，身邊圍繞著窮病族群，因為他自己就身為窮病族群的一份子。基督教的故事裡，耶穌就是帶傷的療癒者，他會治癒患有血漏的女人，擁抱痲瘋病人，為了拯救全人類死在十字架上。

時間來到現代，帶傷的療癒者以更好辨認的姿態出現。青少年女兒在高速公路上送命，傷心的媽媽創立了「母親反酒駕聯盟」（Mothers Against Drunk Driving，MADD）[19]。九歲時爸爸死於腦癌，於是小孩長大後成為悲傷諮商師。大規模槍擊事件的生還者選擇發起槍枝管制組織[20]。

研究中也可以看到帶傷的療癒者的身影。親身經歷過心理疾病的心理健康諮商師[21]，會更加投入工作。九一一恐攻事件這種國家級創傷發生之後，申請成為消防員、老師、心理照護工作者的人數打破了記錄[22]。據《紐約時報》報導，九一一事件的六週後，「為美國而教」組織（Teach for America, TFA）的申請人數增為三倍[23]，其中有半數申請者表示是受到這樁災難的感召。紐約消防局裡的一位消防員告訴《時代雜誌》說原本他一直「很猶豫」要不要加入消防隊[24]，因為這會花掉他很多時間，「可是就在九一一之後，我滿腦子想的都是要幫助別人。」演員艾咪・汀（Amy Ting）差一點就死在世貿中心[25]，後來選擇離開電影產業，加入空軍醫療服務單位。接受美國空軍官方雜誌《空勤人員》（Airman）訪問時她說：「九一一後，我看待人生的角度改變了，而且我本來就很喜歡幫助他人，所以決定回去追尋醫療志業。」

還有其他帶傷的療癒者。作家兼公設辯護人芮妮・鄧費爾（Rene Denfeld）就是發人深省的一例[26]，她寫下了童年受到的性虐待和忽視。小時候她的媽媽有酒癮，繼父是皮條客，家裡簡直是戀童癖的溫床。她曾試圖舉報受虐，可是沒有人相信她。於是她逃家了，流落奧瑞岡州的波特蘭街頭，那裡有各種恐怖的掠食者向她伸出魔爪。

這種成長環境會引發很多種可能的反應。芮尼的媽媽自己就是強暴與暴力的受害者，被「無法保護孩子」而產生的罪惡所擊倒，最後自殺。芮妮的哥哥不想歷史重演，於是極度強調正常，將自己弄成「正常之王」[27]，這個故事就見於芮妮感人心弦的文章〈失去的另一面〉（The Other Side of Loss）裡。哥哥會身穿正式的扣領襯衫，帶著保護襯衫胸前口袋的筆袋，一心想要抹掉童年留下的污漬。他努力過了，可是沒有什麼用，最後也自殺。離開之前，哥哥說：「我只是想當個好男孩。」

如果芮妮走上同樣的路，沒有人會感到意外，可是她卻成了波特蘭公設辯護人的調查長

28，幫助強暴受害者逃離人口販運份子，幫助遭到指控的人免於死刑。她寫了三部小說，角色各自帶有創傷。她也收養了三個曾被寄養的孩子，他們的過去就像她自己的童年那樣可怕，都曾活在沒有愛的地方。剛開始收養的時候，孩子會對她大發脾氣，面無表情地盯著她。可是她堅持了過來，二十多年以來，她都愛著自己看似組不成的家庭。她寫道：

我的孩子帶給我喜悅和救贖29，還有人生目標，每次我們一起大笑、觸碰到彼此的時候，都是在提醒我說，現實真的可以改變。從創傷中升起的會是靈魂，那樣活潑明亮，那樣完美。它一直在那裡，等著我們去擁抱。

療癒自己的最佳方式是什麼？就是療癒別人。

我不相信人可以逃離過去。我的哥哥和媽媽努力過，但沒有成功。我們要帶著悲傷去交朋友，我們要將失去的放在自己身邊，就像是帶著鍾愛的孩子一樣。只有在接納那些可怕的痛苦時，才可以明白，跨過去就是走出來。

我們大多數的人都沒有經歷過巴克明斯特·富勒、瑪雅·安吉羅、芮尼·鄧費爾那樣的人生過往。就算有相同的經歷，可能也無法設計出穹頂建築、寫出帶有轉化力量的回憶錄，或是真切地愛著受虐兒組成的家庭。不過，有很多人確實都是帶傷的療癒者，我們積極展現愛的舉動，也未必要如此具有英雄氣，或是這麼有創造性。或許我們可以收養一隻狗，對牠澆灌無盡的呵護；或許我們可以成為老師、助產士或消防員；或許我們可以暫時放下手機，把心思專注在親友身上。

又或許，就像是我最近開始的，我們可以開始練習慈心禪。

慈心禪[30]——巴利語的意思是「慈心」——要練的是對他人安好的祝福。美國頂尖的老師雪倫·薩爾茲堡（Sharon Salzberg）告訴我，在很多人的耳裡，這個名稱「聽起來很假、很感傷、很沉重」，也可能因此使得慈心禪在西方社會沒有正念冥想那麼流行。可是在古老的佛教概念裡，慈心這種禪修有很多好處，可以增加讚嘆、喜悅、感激之情，可以減少偏頭痛、慢性疼痛以及創傷後壓力症候群。這種積極展現愛的方式，從很古老的時候就開始了。如果你失去了所愛之人，發現愛對你來說非常重要，那麼慈心——套用接受與承諾療法的語言——就是「堅定承諾採取行動」以及「與重要的人事物連結」。

如今，雪倫是世界級的慈心觀權威。她將這樣的修行引入美國，出版過十一本暢銷書，包含《慈心禪》（Lovingkindness）與《真愛》（Real Love）。她在麻州的巴瑞與人共同創立了「內觀靜心協會」（Insight Meditation Society），是頗具影響力的冥想中心。

不過，她也曾經是個飽受分離撕裂的孩子。這要從她爸爸說起，她很崇拜爸爸，因為爸爸是「跟我一國的人」。可是爸爸在她四歲時精神崩潰，離家出走。雪倫九歲時媽媽過世，她只好去和爺爺奶奶住，可是和他們非常不熟。爺爺在她十一歲的時候過世。後來爸爸回來了，卻只帶給了她短暫的喜悅，因為接著他又安眠藥過量，最後死在精神照護機構。雪倫十六歲時，已經待過五組家庭，每次都是以突發的創傷、失去或死亡作結。

她覺得自己和別人不一樣、不如人、很丟臉。家裡沒有人會提起爸爸發生了什麼事，只會假裝安眠藥的事件是場意外。學校同學問起「你爸爸是做什麼的」，她也不知道該怎麼回答。同學的家庭都很完整，家裡有愛他們的人。認識的人當中，只有她自己曾有失去和拋棄的經歷，而且她知道，這些經歷在她身上烙著「不一樣」與「低一等」的印記。她也從來沒有質疑過這樣的結論。若不是大學時偶然選了一堂亞洲哲學的課，她可能永遠也不會質疑自己是否真的低人一等。

她並不是想學習東方智慧，只是想找門課把課表填滿。沒想到雪倫學到的東西改變了她的一生，也改變了受她教誨的上千名學員。她學到，每個人都會面臨分離的痛苦，無人可倖免，真正的問題是要如何面對這不變的真理。

當時她還不太相信：難道是說，人「應該」要有這種感覺嗎？意思是說這樣是正常的嗎？意思是說不會因為你很痛苦，就代表你很奇怪，或是就代表你找不到歸屬嗎？

後來她去印度靈修了四年。經歷有過家庭秘密的童年之後，她愛上了在印度找到的開放與透明。她追隨著備受敬重的導師蒂帕嬤（Dipa Ma）學習[31]，蒂帕嬤代表的是「蒂帕之母」——蒂帕是老師唯一活下來的孩子。蒂帕嬤自己也有痛苦的過去：十二歲就接受媒妁之言，可是有好幾年都生不出孩子。後來三個孩子相繼問世，但是兩個孩子和丈夫又接連離世：所有人都離她而去，只有小蒂帕還在身邊。蒂帕嬤悲慟萬分，無法好好養育小蒂帕。蒂帕嬤有心臟病和高血壓，醫生說再這樣下去她會因為心碎而死，於是勸她學冥想。當時的蒂帕嬤實在是太虛弱了，到附近的寺廟時只能爬著登上階梯。可是她學得很快，很快就知道要如何化哀慟為憐憫。她將小蒂帕拉拔長大，搬到加爾各答，成為印度偉大的導師。

蒂帕嬤眾多的學員中包含了雪倫，她教導雪倫練習慈心禪，對自己慈悲，把愛傳送給他人和世人。還教導了他佛教經典的芥菜種故事[32]。從前有位母親失去了孩子，傷心欲絕之際，她蹣跚地抱著兒子的遺體求醫，希望能找到醫生或賢者可以讓他起死回生。最後她遇到了釋迦牟尼佛。祂說可以幫這位母親實現願望，只要給他芥菜種就可以了。他補充說，還有一件事，那就是種子必須是長在沒有人過世的家裡，那家人必須從未經歷哀慟或失去。失去兒子的媽媽精神一振，立即啟程，敲了一家又一家的門。這個故事的意義，雪倫很快就學到了，這也是她在亞洲哲學課學到的意涵：失去就是人生的一部分，沒有人可以免受此事。於是那個媽媽埋葬了兒子，出家獲得了啟蒙。

雪倫準備離開印度時，蒂帕孃告訴他，回到美國就輪到她教導別人了。可是積習一時難改，雪倫的反應是：「誰？我嗎？我算什麼？我能教別人什麼？」

蒂帕孃說：「妳理解受苦這件事，所以妳應該去教別人。」

雪倫告訴我：「而那是我第一次覺得受苦也是有一些價值的。」[33]

我們母女失和之後，我一直不知該怎麼跟那些會欺負人、操縱人的人相處，我抓不到界線。等到我終於學會設下合理的界線，卻發現維持界線的方式是武裝自己，冷漠或憤怒以對。這種感覺我不喜歡。我覺得應該有更好的處理方式。因此，有朋友跟我提到慈心禪，還說可以介紹雪倫給我認識時，我立刻就抓住機會。

有天我去找她，她那明亮樸素的工作室俯瞰格林威治村的下第五大道。她的嗓音低沉圓潤，儀態平靜開放，她靜靜聆聽我的故事，還有情緒上的後遺症。我覺得好彆扭，因為得坦承自己悲傷的那一面，而且這和雪倫代表的一切完全相反。可是她並沒有顯出訝異的樣子，只是聆聽。對啊，她用一種公事公辦的口吻說，彷彿這種事她聽多了：對啊，她說，妳可以處理得更好。

我沒有被批判的感覺。我覺得很安全。

並不是說我已不是原來那個很有懷疑精神的我，我只是覺得很有意思，雖然還是想著慈心禪這整個概念到底有沒有用。慈心的傳統認為，人可以泛愛世人，就像母親愛著孩子一樣。可是我並不覺得自己有能力像愛兒子那樣去愛隨便一個其他的人。我甚至不確定是不是應該要這樣去愛其他人。我們應該要讓孩子覺得，在你眼中他們是最重要的，不是嗎？比起其他人，你更願意為孩子付出生命，不是嗎？如果是虐待狂和精神變態呢？難道要我像愛我孩子那樣去愛這種人嗎？聽起來不對吧。

面對這些問題，雪倫的回覆非常合理。她說，你不可能邀請所有的人搬到你家，你還是需要保護自己，並非所有的人都會變成朋友，但你可以用愛祝福所有的人。

她舉了個例子，有位朋友因為媽媽心理狀況不好，還有肢體暴力，於是便和媽媽斷了聯繫。這位朋友在和達賴喇嘛學習的期間，恰好她媽媽希望能再度見到她。雪倫的朋友很怕媽媽，很不想見，可是還是不禁會有罪惡感，有時會想「我把時間都花在達賴喇嘛身上，可是卻不願意花時間在自己的媽媽身上。」

於是她問達賴喇嘛該怎麼辦。達賴喇嘛建議，向媽媽傳送慈心禪——但要保持安全的距離，因為一顆充滿愛的心，並不一定需要本人出現。達賴喇嘛還說，假如今天媽媽是小孩，而妳是家長，責任就不同了，妳必須親自到場。但今天妳是孩子的角色，即使物理上沒有在一起，愛依然能夠傳遞過去。

我帶著一貫的懷疑精神，問雪倫這樣真正的意涵是什麼。我說：「也許這樣只是讓那個女兒感覺比較好而已，因為她只要坐在那裡想著慈心禪，媽媽遠在千里之外，完全不曉得發生了這些事，只知道女兒不願見她，所以這樣到底哪裡好呢？」

雪倫回答：「讓自己感覺良好，並非全無收獲。」

我從來沒有這樣想過。

她補充：「這樣還是可以培養連結，也許她可以寫信給媽媽，告訴媽媽女兒正在想念她；也許她可以告訴媽媽：她希望媽媽一切都好；也許有一天會準備好去見媽媽，可以約在感覺比較安全的公共場所。」

雪倫認為，「祝福他人」這樣簡單的行為，就能改變我們與對方以及世界的連結。賣場結帳的時候你是不是只會自顧自地想事情，從沒正眼看收銀員呢？也許可以從現在開始好好看著他們，問問他們的生活過得如何。你會不會常常感到害怕呢？愛就是害怕的解藥。恐懼會讓你退縮抗拒，愛會讓你把心打開。你會不會一直注意著自己的過錯和缺失呢？也許可以改變一下，把重點從一件事實（「我有很多缺點，今天也犯了很多錯誤」），放到另一件事實上（「我有很多缺點，也犯下很多錯，不過我很有價值，明天會再努力試試」）。或許你可以開始把更多的時間放在後面那件事上面。

知道要去接納這些想法、有意願想要實踐慈心是一回事，真正用行動實踐又是另外一回事。即使雪倫散發著聖潔的光輝，我卻發現自己竭盡所能在拖延、在避免展開冥想。我有錄音我們的會面，逐字稿看起來超爆笑：每次要開始練習冥想的時候，我就會拿出另一個理論問題來問雪倫，她也樂於解說佛教關於憐憫的喜悅、寧靜、悲憫的傳統，一次都沒有催過我。

可是我的理智也只能撐到這麼久而已，最後她終於開始教我如何冥想。

雪倫第一次在緬甸修習「慈心」的時候，導師請她重複下面的字句：

願我能遠離兇險。願我能遠離心理苦難。
願我能遠離身體苦難。願我能安適幸福。

這樣的用意是要先祝福自己能享有這些狀態，接著再不斷擴大範圍，遍及他人：所愛的人、認識的人、處得沒那麼好的人，最後延展至眾生。（有些人會覺得，從自己開始好像有點不自在，也可以自行調整適當的順序。）

剛開始，可能你會覺得這種練習只有溫馨甜美，沒有悲苦，可是人生的核心就是二元並存。因為我們知道安舒的日子得來不易，所以也會希望他人遠離兇惡；因為我們知道愛與失去永遠並存，所以會希望大家都擁有愛。

一九八五年，雪倫開始在新英格蘭教學，當時的學員都可以接受細甸的那些句子。後來她到加州擔任講師，大批學員抱怨說他們不想要講像是「兇險」和「苦難」這類負面的字彙。他們想要正面、輕快的語彙。既然慈心禪並沒規定非講哪些字眼不可，加上雪倫心胸寬大，於是在加州，那些句子變成了願我安全。願我快樂。
願我健康。願我安適生活。

我可以理解加州人的訴求，但在我看來不太對勁，這樣好像是想否認現實，就好像是要忽略悲欣交集裡面「悲」的這一塊。

我告訴雪倫，我比較喜歡緬甸版。然後我們一起閉上眼，念出那些魔法字彙。

之後我斷斷續續在練習慈心。有時候——好吧，是常常——感覺很公式化、很刻意。不過，只要有持續練習的時候，我都比較可以維持平靜友善的界線，也比較不會因為多年前說過的蠢話而尷尬退縮，反而更能像是照顧心愛的孩子一樣對待自己。最重要的是，我可以不再侷限於愛的特定形式——對我伴侶的愛、對我孩子的愛、對我朋友的愛——反而更可以理解，愛是永恆的本質，在不同的時間會有不同的樣貌。同時，我也更可以理解愛會以出乎意料之外的形式出現。我們可以把愛變出來。

卡夫卡（Franz Kafka）是歐洲二十世紀偉大的小說家。這邊要講的故事不是卡夫卡寫的，而是一則關於卡夫卡的故事。[34]

故事描述卡夫卡在公園散步時遇到了在哭泣的小女孩，因為她的娃娃不見了。卡夫卡幫忙她找，可是找不到，於是他告訴女孩，娃娃是去旅行了，而正巧他就是娃娃郵差，會幫忙傳遞娃娃的訊息給小女孩。次日，他給女孩帶來了一封信（是他前一晚寫的），娃娃在信中寫道：不要難過，「我踏上旅程，去看看世界了。我會寫信跟妳分享我的冒險。」從那天起，卡夫卡給了女孩很多類似的信，信中的娃娃有去上學，認識許多奇妙的新朋友，而且娃娃有了新的人生，現在不能回來，但依然愛著小女孩，永遠愛她。

卡夫卡最後一次去見女孩的時候，送給她一個娃娃，上面還有一封信。他也知道這個娃娃和原本的娃娃長得不一樣，所以信中有寫：「我的旅程改變了我。」

女孩很珍惜這個娃娃。幾十年以後，她發現了第二個娃娃身上有個很不起眼的縫隙，裡面塞著一封信，信上寫著：「妳終將失去所愛的事物，但它們會以不同的形式回到妳身邊。」

故事裡的卡夫卡角色是虛構的，透過娃娃的嘴巴，他教會了女孩從自己的想像力中汲取力量。同時，他也透過他創造的娃娃郵差，讓女孩看到愛可以有很多種樣貌——包含他創造的那一種。

無論這件事是真是假，故事的本質是真實的：有時愛會以不同的姿態回到你身邊，雖然這不代表當愛遠去時、當愛沒有來臨時你可免於遍體鱗傷，也不代表當愛不見時你可免於崩潰。你所渴望的愛，並不會以你最初期待的樣貌回到你身邊，這個事實或許很難令人接受。父母可能會在你七歲時離婚，永遠不會復合。即使他們破鏡重圓，你也不再是當初他們離異時的那個孩子了。假如你重回母國，也會是以陌生人的身分回去，可能會發現記憶中的那片檸檬林園香氣依舊，可是現在已經變成了停車場。你可能再也找不回失去的地方或是人或是夢想了。

不過，你會找到其他東西，或許只是驚鴻一瞥，可是依舊非常重要，那是屬於你對自己完整而美麗世界的一種完整而美麗的描繪。假如有興趣想試試我的慈心禪，我的網站 susancain.net 上有引導實作的版本。

媽媽八十歲那年患了阿茲海默——她不吃東西，不梳頭，常很困惑現在是哪一天，還會重複問同樣的問題。就在我撰寫本書的時候，媽媽身體裡還是有一些原來的她。在這段反反覆覆的期間，在她即將離開人生舞台之前，還是可以看到：她忘記了——真正忘了——我青春期那段黑暗時期，還有後面我們母女關係緊繃的那幾十年。她變得更甜美、更好相處了：在一起的時候會很興奮，講電話的時候會喜出望外。她想要別人抱抱她，她會一次又一次告訴我說我是多好的女兒，說我「從來不會讓她操心」，說著她有多愛我，會永遠愛我。

碰到這些時候，我會回她說，我的小時候媽媽真的很棒（我還是謹慎選字——要說是「小時候」——因我覺得說實話很重要，覺得似乎會有某個看不到的人會聽見我和媽媽的對話，會知道我的讚美並不包含青春期的那幾年，所以說實話很重要）。我想讓媽媽知道，小時候那些年她澆灌的呵護和慈愛，給了我好多愛與力量，支撐著我後來整個人生。

不過每當我這樣講，媽媽只會既不耐煩又親切地說：「我不是要討讚美。」而且她真的不是想要討讚，「我只是想讓妳知道，妳是個多棒的女兒。」她會急切地說：「就只是想讓妳知道而已。」最近幾年，每次打給她或是去探望她的時候，媽媽都會不斷重複這些話。以後我沒辦法再告訴妳這些了，所以請記得我有多愛妳。好棒的女兒，好棒的女兒，妳一直是個好棒的女兒。我相信，她一直對我說的這些話，就是她渴望從她媽媽嘴裡聽到的話。

有一次，我試著開玩笑那樣隨口告訴她：在她眼中，我這個女兒並非一直很乖的。可是媽媽聽了之後，是真的很困惑的模樣——她逐漸失靈的記憶，修改了她腦裡那幾年的記錄。

還有一次，她從一片茫然的迷霧中盯著我看，說：「有時候我會擔心自己有沒有做錯什麼，希望我沒有，可是如果有，我跟妳道歉。」她說這些的時候，我會生起那股熟悉的愛與罪惡感，只是這次的罪惡感是因為：雖然她在為很久以前的罪惡道歉，而且她已經不記得了，我還是知道自己要犯下的罪孽，就是把她寫進這本書，就像當初我把日記本拿給她一樣。媽媽很注重隱私，所以我才會等到她的人生謝幕之際，才寫出我們母女的故事。

可是我還有些說不出來的感覺。過了一段時間後，我才知道這種感覺是解脫：那就是，我長久以來的認知是對的。這些年來，我一直懷疑自己記錯童年時光了，童年不可能像伊甸園那樣一直都很美好。可是現在聽到媽媽這樣說——不只是她的話，還有她那無盡地甜蜜和疼愛的講話方式，還有她那圓滿與寬廣的心——這一切都是如此熟悉。此時此刻，我知道那一切都是真的，記憶中的媽媽確實存在。曾經她就像這樣，曾經我們就像這樣。就在時間的洪流裡，就在媽媽的記憶永遠洗刷殆盡之前，我們再度回到了以前那樣。

並不是說這就是完美的狀態，不，一點也不完美。現在媽媽還是會挑戰別人的忍耐極限，老實說，她的聽力變差時我覺得鬆了一口氣，因為她聽不懂我在說什麼，所以也無法質問我。但她還是會強迫式地重複著那些警告，當她覺得自己會被拋棄的時候，還是會用恐慌和控制來面對：「妳要去哪裡？妳要去哪裡？哪裡都不准去！」

我還是會希望媽媽的人生可以不一樣，還是會希望她可以愛自己，哪怕只是多愛自己一點都好，就不需要折磨自己（還有我）了。可是我無法改變她的過去。而現在，我知道無論我們帶給彼此多少傷口，她都以自己的方式成為了成功的媽媽：我從來都不會像她那樣覺得自己沒有價值。恰好相反，從小媽媽就一直告訴我，我和哥哥姐姐出生後的日子是她人生最美好的一段，而我相信她。到現在還是。

萬事萬物都是破碎的，也都是美麗的。萬事萬物都是，包含愛也是。最後，沒有什麼可以拿走媽媽對我的愛，也拿不走我對媽媽的愛。

第二樂章

贏家與輸家

如何在「強調樂觀的暴政」之下真實活著

Untitled, © Safwan Dahoul (Instagram: @safwan_dahoul)
無題。版權所有，莎福萬 ・ 達霍（Instagram: @safwam_dahoul）

第五章

為什麼要強迫我們微笑面對？

一個建立在血淚之上的國家，為何發展出「強迫微笑」的文化？

如今大家說「失敗者」這個字眼的時候1，心裡都充滿鄙夷，鄙夷到可能讓大家都忘了曾經帶給自己寶貴教訓的那些失敗經驗。

——作家加里森・凱勒（Garrison Keillor）

前幾章已探討悲傷與渴求這兩種情緒鮮為人知的好處，我們現在回頭看看這個社會，為什麼我們會這麼害怕這兩種情緒？接下來兩章我會探討現在蔚為主流的正能量文化，包括其歷史以及如今在不同社會層面的體現，從宗教到政治都會討論到。此外，我也拿美國的正能量文化和其他社會做比較。我們會從美國的經濟發展為起點，追溯正能量文化的根源，接著我們會看到一個強迫大家展現正能量的文化，如何形塑現在的職場，而我們又要如何超越或超脫現況。在探討過程中，我會引用知名學者和實踐家的真知灼見，包括哈佛醫學院心理學家兼管理思想家蘇珊・大衛博士極具開創性的研究成果。

蘇珊十五歲的時候，她四十二歲的父親就被驗出罹患大腸癌。當時每個人都告訴她：「樂觀一點[2]，一切都會沒事的。」

所以，即使看著父親飽受病痛折磨，即使一切看起來根本不像沒事，蘇珊還是表現得一如往常，好像真的沒事一樣。她漠然看著父親日漸衰弱，直到五月某個星期五早上，去上學之前，她母親悄悄跟她說：該道別了。蘇珊放下書包，來到父親臨終的床前。父親的雙眼緊閉，但她確定父親還聽得到她說話，於是她跟父親說她非常愛他，會永遠愛他，然後她就拿起書包去上學了。一整天，她上了數學課、歷史課、生物課，一如往常做筆記、跟同學聊天、吃午餐。等她回家的時候，父親已經走了。

蘇珊家裡頓時陷入愁雲慘霧，不只心情大受打擊，經濟也陷入困境。蘇珊的父親本是理性且謹慎的人，但就在他短短的生病期間，他居然認為只要他夠樂觀堅強並堅信上帝，就會得救；如果他不夠樂觀堅強、對上帝不夠有信心，他就會病死。他甚至取消自己的壽險來證明自己夠樂觀、對上帝夠有信心，那份壽險還是他從成年以來就持續繳納保費的保險。結果在他去世大約二十週以後，家裡就負債累累。

父親去世後的幾個月，蘇珊每天還是帶著微笑過日子，因為她知道大家希望看到她很開朗，很堅強，最重要的是，蘇珊沒事的！有時候老師和同學會特別問她還好嗎，她總是回答：沒事啊！她一直是個開朗活潑的女孩，她是「沒事」大師。從來沒有人問她：妳「真的」還好嗎？而她也從來沒告訴別人她真實的感受，她甚至沒向自己坦承自己真實的感受。她只有透過大吃大喝來抒發悲痛，所以她陷入不斷暴食、催吐、再暴食的惡性循環中。

她原本有可能永無止盡卡在這樣的循環裡，還好她八年級碰到一位英文老師，那位老師有一天在課堂上發給大家空白筆記本；很巧的是，那位老師也在很小的時候承受過喪親之痛。

「把你們真正經歷過的事情和感受寫下來。」老師這樣告訴全班同學的時候，用一雙溫暖但又似乎能看穿一切的眼睛看著蘇珊。「想寫什麼就寫吧！假裝完全沒有人在看你寫的東西。」

蘇珊知道，老師的這番話其實是在對她說，現在回想起這段往事時，她說：「就因為這樣，我終於來到我真實的悲傷和痛苦面前。」

於是她每天寫每天寫，寫下她心中巨大的失落感，寫下她心中難以承受的痛。她讓那位老師看她的日記，老師也會寫下一些回饋，但都是用淺色鉛筆寫，彷彿在說：我聽到妳說的話了，但這是妳的故事。對於蘇珊的感受，那位老師不批判，也不鼓勵，就只是靜靜看著。

但對蘇珊來說，這些情書（沒錯，蘇珊就是用「情書」來稱呼這本日記）「無疑是一場革命」——一場發生在空白筆記本上的革命，一場拯救她內心世界的革命，讓她能真正堅強起來，從打擊中恢復、重新感到快樂。而這場革命，甚至影響了她往後一生的志業。

但問題來了：美國文化裡的「正能量威權」（蘇珊的說法）到底哪來的？*為什麼她父親會這麼盲目樂觀地相信自己必須和癌症「奮戰」？為什麼她都已經失去父親了，還一直覺得自己應該要微笑給大家看？

這些問題的答案可以從美國文化中對「自我」的認知找到。我們承襲的文化鼓勵我們深信，人只有兩種：贏家或輸家，並鼓勵我們用樂觀、甚至強悍的態度來證明自己是贏家。這樣的態度影響了我們生活的每個層面，我們甚至完全不自覺。

但蘇珊的故事——從她勉強展現出樂觀堅強，到她在筆記本上發動心靈革命——也是源自於我們當代文化的故事。我們可能都有過類似的經驗，或者未來可能會碰到類似的故事。

這個故事訴說著我們每一個人，尤其是有悲欣交集傾向的人，要如何在一個否定負能量的社會中活出更健康的人生。

最近我回顧了一下我在少女時期的照片，無論在高中舞會還是在大學的狂歡派對，照片裡的我都掛著燦爛的笑容。然而我還記得很多照片中的我，在拍照當下的心情：有時候我真的和照片一樣開心，但也有很多時候臉上的燦笑只是擠出來的。你可能會想：青少年拍照不都這樣笑嗎？但我曾有個在東歐長大的男友，他給我看他十幾歲的相簿時我嚇到了，每一頁的照片裡，不管他、他朋友或高中女友，都是皺著眉頭或噘著嘴，對他們來說，這種表情才叫潮。而我也是因為這位男友才接觸到悲觀主義桂冠詩人科恩的音樂。

* 這個詞是蘇珊一位已逝朋友所發明的。蘇珊在華盛頓郵報的一篇訪問中說，她朋友的意思是「如果只要靠著樂觀，就可以把病情控制住，那麼朋友的乳癌病友群組裡每一位癌症患者，到現在應該都還在人世才對。」

後來我發現，美國人微笑的頻率比世上其他社會文化的人還要高很多3。根據波蘭心理學家庫巴．克里斯（Kuba Krys）的研究，在日本、印度、伊朗、阿根廷、南韓和馬爾地夫等國家，你若動不動就微笑，別人會認為你不是很蠢就是不老實4，不然就是又笨又不老實。很多社會都認為時常展現快樂只會帶來厄運，而且會被視為自私、膚淺、無趣或邪惡的象徵。知名廣播節目《看不見的力量》（Invisibilia）曾說道：麥當勞在俄羅斯開第一家分店的時候，麥當勞主打的「快樂活潑」員工精神讓當地員工覺得很莫名其妙，他們都在問：這種「美式微笑」是怎麼回事？一名員工還說：「我們嚴肅看待人生，因為人生有很多不如意。對於這種美式微笑，我們其實都有點怕5。」

我想他們會怕，是因為知道這樣的微笑並非發自真誠，也不可能出自真心。有件事已是公開的秘密：事實上，美國人比其他國家的人更不快樂，也比美國人自己想呈現的樣貌要不快樂得多。甚至在新冠疫情爆發之前、在美國的政治問題成為眾人關注焦點之前，就已有三成美國人飽受焦慮之苦6，有兩成美國人則是不斷遭受重度憂鬱症的折磨，這些數據皆來自美國國家精神衛生研究院以及《美國醫學會雜誌》7，還有超過一千五百萬名美國人服用抗憂鬱藥物超過五年8。

但在美國的文化裡，節慶都是在慶祝「新生」的事物或概念（像七月四日獨立紀念日、跨年夜、生日快樂），不是在教導我們接受人生的無常和悲傷。墨西哥人會在亡靈節當天緬懷逝去的祖先；西藏僧侶會在夜晚傾倒玻璃水杯，用以提醒自己生命隨時終結，說不定明早已無法醒來了[9]；日本人會在稻荷山上寫下自己的願望，將自己的願望展現給大自然的神靈看；納瓦霍人（Navajo）在編織毯子或製作陶器的時候會都故意留下一些瑕疵[10]，而日本人也有以「接受無常和不完美」為核心的侘寂美學[11]，但這些我們都沒有，甚至連我們的慰問卡似乎都不允許我們悲傷[12]。德國的慰問卡都是以黑白色調為主，上面會寫著「哀痛至深」或「再多文字都無法撫慰一顆悲痛的心」這類字樣，但美國慰問卡大多色彩繽紛，而且上頭寫的都是些加油打氣的話，像是「愛是永不止息」、「回憶能帶來慰藉」。耶穌基督死在十字架上，但我們心心念念的是祂的誕生和復活。

我曾在書上讀過：在某個偏遠部落裡，族裡的母親每年都必須捨棄某個自己很珍惜的東西，這是為了做好心理準備，好讓自己在兒子青少年時期離家時不會太難過[13]。我寫這本書的時候，我兩個兒子分別是十二歲和十歲，如果我也學該部落的母親練習捨棄某個珍愛的東西，我會在我大兒子要滿十三歲的時候捨棄什麼呢？我的手機嗎？還是我最喜歡的那件洋裝？那件超方便不用熨燙、陪著我出席每場演講的洋裝？這可不是什麼沒意義的問題，我兩個兒子都超棒的，我可以想像，看著他們長成獨立、自主的年輕小夥子，我會多開心。

但我連手機和洋裝都捨不得放棄，我真的能做好心理準備放我兒子離開嗎？

我思考這種問題很久了，我想我最終的答案是「可以」。不過，即使我在思考過程中獲得了某種內心平靜，那也不是因為我們文化所鼓勵的正能量所致，我反而還要慶幸，自己在大力鼓吹正能量的文化當中，居然還能找到內心平靜。

歷史上，美國自認為是資源富饒之地，創意無限之邦，黃金遍地之國。至少，風塵僕僕前來美國的移民們是這樣夢想的。

然而，在榮耀輝煌的表面下，埋藏著沉痛的生命經驗。大家熟悉的歷史大多是非常激勵、正能量爆棚的版本，然而，在這個版本的背面是另一段歷史。當開國先烈們簽下獨立宣言的時候，其實是冒著背叛母國的死罪，許多簽署文件的先烈皆「在戰爭中失去了生命、失去了摯愛、失去了財富[14]」，芭芭拉．艾倫瑞克（Barbara Ehrenreich）曾經在《失控的正向思考》一書中這樣描述。但後人津津樂道的卻總是華盛頓砍倒櫻桃樹、領軍橫渡德拉瓦河奇襲敵軍的英勇事蹟。沉痛版的歷史裡還記載著無數原住民慘遭屠戮、其傳統文化被摧毀，同時也記錄了無數奴隸的辛酸血淚。這些都是美國國家級的悲劇，也是整個國家的罪孽，受害者的眼淚所匯聚成的汪洋，其海浪至今仍沖刷著我們的海岸。還有別忘了內戰的殘酷。根據哈佛歷史學家德魯・吉爾平・福斯特（Drew Gilpin Faust）的說法，南北戰爭造成的傷亡是美國前所未見、後所難及的規模——此戰爭的死亡人口比例是第二次世界大戰的六倍15。如果按照當今人口來算，等於造成了六百萬人死亡。然而，這個版本的歷史似乎被刻意從我們的靈魂中抹去，或者至少從眾人的記憶中抹去。除了以上這些駭人事實以外，美國還有許多移民當初是為了逃離飢荒或種族滅絕，千里迢迢飄洋過海來到美國定居後，卻避免談論自己曾經歷的苦難，彷彿這是一種不成文的規定。

這些苦難的記憶仍舊在美國社會中代代傳承，融入了人們的心靈、家族、乃至整個民族。根據近年來表觀遺傳學領域的進展（參見第九章，此說認為後天事物可以影響基因），有些人將自己的苦難，透過 DNA 傳承至下一代，於是神奇的事情發生了：許多在美國出生的嬰孩的基因組中，明明帶著祖先的辛酸血淚16，但卻從小被教導要保持樂觀開朗。

美國社會之所以出現「正能量威權」，部分是因為大眾並未正視歷史中的苦難。一開始，美國的主流文化是由一群來到新英格蘭的白人移民所建立，反映的是加爾文主義（Calvinism）的教義：真的有天堂，但只有神選之人才能上天堂17。地獄也是真的，關於地獄的描述可怕到足以把小孩嚇到做惡夢。不過因為加爾文教義強調「預定論」之說，所以人對於自己將來是上天堂還是下地獄沒有什麼決定權，但你還是可以藉由辛勤不懈的勞動向他人展現自己是屬於會上天堂的那一批人，因此你必須勤奮耕作、保持廚房清潔、切勿追求享樂。你的人生不是用來感受悲傷或喜悅的，而是要想盡辦法展現你是「贏家」，是擁有天堂門票的人。

到了商業快速發展的十九世紀，加爾文主義已無力繼續控制美國文化[18]。著名的早期移民威廉·布拉德福德（Gov. William Bradford）曾說他們這些最先來到美國開墾的人，看到的是「一片醜陋荒蕪的化外之地，到處都是野獸和野人[19]」。到了十九世紀，美國人看向窗外的時候，已經開始看到鋪好的道路和鐵路。著名思想家愛默生（Ralph Waldo Emerson）在一八四九年問道：「我們為什麼要在過往的枯骨中尋找[20]？今日依舊陽光普照，我們產出了更多的羊毛和亞麻，我們有新土地、新人民、和新思想。」

此時加爾文主義漸漸被一種名為「商業」的全國性宗教取代。在這個新興宗教裡，人們不再關心自己會上天堂還是下地獄，而是關心自己是獲得俗世的成功，還是慘遭失敗——依照作家瑪麗亞·費許（Maria Fish）的說法，這是「新版本的預定論[21]」。費許在評論文化歷史學家斯科特·桑德奇（Scott Sandage）最出名的著作《天生輸家：美國的失敗史》（Born

Losers: A History of Failure in America）時指出：成功變成了眾人渴望獲得的聖杯，商業鉅子則像過去地位崇高的牧師，成為眾人尊崇效仿的典範。「人」這個字的意思逐漸等同於「商人」，一八二〇年《北美評論》就曾警告，連農夫「都必須積極參與買賣22，必須精於各種商業交易」，如果做不到，「就會成為下場淒涼的失敗者」。

輸家（loser）一詞在英文裡已存在幾百年，但現在它被賦予新的意義。十六世紀時，輸家單純指「遭受失敗或損失的人」；但根據桑德奇的說法，在十九世紀的美國，「輸家」已明顯帶有貶義，定義也逐漸變成「一個時運不濟、總是無法獲勝的人」。然而，一個人的不幸應該要引起他人的同情才對，正如第一章所說，「同情心」的意思是能「感受他人所受的苦」，但現在人們看到輸家一詞，所引發的情感卻不是同情，而是鄙夷。失敗，變成了大家避之唯恐不及的情況，每個人都拼命培養所謂贏家該有的心態和行為。

商業掛帥的文化有個莫名其妙的中心思想，就是認為一個人的內在價值和外在擁有的財富密不可分。不過就算你極為富有，手握眾人垂涎的聖杯，你又能拿多久？十九世紀資本主義蔚為風潮，經濟景氣興衰起落不斷循環，每次經濟起飛都造就了新的一批成功商人，但也有許多人在一八一九、一八三七、一八五七、一八七三的經濟恐慌中瞬間從天堂掉入地獄，一夕夢碎，有些人甚至走上絕路。這個國家經歷了這一切之後，整個社會開始不斷思考一個問題：人為什麼會破產？是要怪國家的經濟制度嗎？還是怪苦主自己做了錯誤的商業決策？還是直接怪命運？還是說，一切失敗和夢碎的原因，都出自於失敗者本身的性格缺陷？

後來，大家漸漸相信，經商失敗的主因是失敗者的性格或心態有缺點。有立法者曾認為「有些人失敗的原因，非人力所能掌控[23]」，但「這類人相對來說少很多」。用桑德奇的話來說，「輸家」變成令全國人民膽寒的詞彙[24]，愛默生在一八四二年的日誌裡還寫道「不該失敗的人就不會失敗[25]。一個人的運氣好壞跟他本人性格絕對有關，而一個人賺不賺得到錢，同樣得看他是否擁有贏家該有的特質。」一位波士頓的演說家在一八四六年說道：「因為無法避免的厄運，而導致失敗的案例，其實沒有大家想像的那麼多[26]，經商失敗的原因大多是自己犯錯，而這些錯誤源自於性格上的缺點。」

如果誰是贏家、誰是輸家要看的是「性格特質」，那麼我們自然會開始思考：哪些性格特質能引領我們創造財富、獲得勝利，我們會努力逼自己培養出贏家具備的樂觀、積極、有活力的性格。

後來出現了新思想運動（New Thought Movement）[27]，這個運動一開始是倡導以心靈的力量戰勝身體疾病，到了十九世紀末，目標卻變成追求俗世的成功。過去信奉加爾文主義的清教徒相信，有個慈愛的天父在照顧我們，塵世外還有一個美好的新天新地等待著我們，在那裡，被神預定而揀選的人不再有病痛眼淚，全是安祥和樂。但新思想運動取代了加爾文主義成為社會思想主流，認為人只要一直樂觀積極，保持正能量，就能成功。偉大的心理學家威廉·詹姆斯（William James）雖曾秉持科學的懷疑精神認為，新思想運動是一種「狂熱的樂觀主義[28]」，但他仍舊肯定新思想是一種「健康的心態」，而且還在他一九〇二年出版的重要著作《宗教經驗之種種》大力讚賞新思想把「樂觀積極帶回無數家庭」。

詹姆斯發現，新思想運動不只大力提倡樂觀積極的心態，同時也摒棄像悲傷這類的負面情緒。他寫道：「常會聽到有人喊著『別擔心運動（Don't Worry Movement）』的『放鬆準則（Gospel of Relaxation）』口號，很多人也會在早晨梳洗的時候不斷給自己打氣：年輕、健康、活力！漸漸地，很多家庭裡連抱怨天氣都不行，愈來愈多人覺得表達負面情緒，或者太過在乎生活中的煩心事或小病小痛，都是很糟糕的事情。」

連孩子們也被訓練要隨時隨地保持樂觀開朗。一九〇八年，美國童軍的前身組織就已經開始訓練成員「凡事往好處想[29]，樂觀積極面對一切挑戰。」他們甚至告誡孩子要隱藏悲傷情緒：「（悲傷的時候）立刻強迫自己拿出笑容[30]，吹口哨哼首曲子，你就會覺得好多了。身為童軍要隨時保持笑容，常常用口哨哼歡快曲調，這麼做不僅能鼓舞自己，也能鼓舞他人，尤其在危難時刻更是如此，因為這麼做能讓大家時刻感受到正能量。」

然而，保持正能量最重要的目的，就是為了追求財富。一九一〇年，有個函授自學課程的廣告上畫著一個垂頭喪氣的輸家，寫著：「邊緣人，是你嗎？[31]」有些廣告則是主打贏家該有的形象，例如在某廣告上就寫著「勇往直前的男人[32]，都穿 Kuppenheimer 牌衣服。」到了一九三〇年代，許多提倡正能量以及教導如何致富的書籍都成為超級暢銷書，大賣上百萬本，拿破崙・希爾（Napoleon Hill）所著的《思考致富》就是很好的例子[33]。諾曼・文森・皮爾（Norman Vincent Peale）在他的無敵暢銷著作《正向思考的力量》（The Power of Positive Thinking）裡面鼓勵讀者「每當你對自己的能力產生負面想法[34]，你就想辦法用另一個正面想法來抵銷負面想法。」

這種大力推崇正能量的觀念，甚至撐過了一九二九年的股災和經濟大蕭條[35]。一九三三年，美國失業率飆升至百分之二十四點九，全國有近兩萬間企業倒閉，超過四千家銀行關門大吉，但即使在這種時候，「失敗是因性格特質而導致」的觀念仍舊屹立不搖。一九二九年一份報紙頭條標題寫著[36]：華爾街輸家選擇自盡；一九三七年有一篇文章報導了一起在車內自殺的案件：「萊利的遺書中寫著他這一生『都很失敗』。」一位精神科醫生回憶起當時的中產階級患者時說：「每個人或多或少都為自己的過失、缺乏才能或運氣不佳而自責。

當時普遍認為失敗都是自己的錯，大家會因為個人的失敗而感到羞愧。」

到了一九五五年，「輸家」一詞大量出現於青少年用語[37]、流行文化以及學術研究。失敗者的形象也透過各種人物角色顯現出來，像是《花生漫畫》的查理布朗、或像威利．羅曼（Willy Loman）那樣的非正統英雄式主角、以及像藝人伍迪．艾倫（Woody Allen）演出的瘋癲角色。社會學家和記者也寫了不少關於失敗者的書，例如大衛．里斯曼（David Riesman）和威廉．懷特（William Whyte）都寫過這類暢銷書。音樂人也開始在自己的歌曲裡加入失敗者的元素，從法蘭克．辛納屈（Frank Sinatra）的《獻給失敗者》（Here's to the Losers）到披頭四的《我輸了》（I'm a Loser），多年後歌手貝克（Beck）甚至在歌詞中直白地寫道「我是個廢物啊寶貝，你為何不乾脆殺了我？」《花生漫畫》的作者查爾斯．舒茲曾說[38]，這部漫畫裡的角色其實代表他自己不同的面向：包括小哲學家奈勒斯、蠻橫露西、無憂無慮的史努比，還有憂鬱的查理布朗。雖然查理布朗是故事的中心，是漫畫的主角，但很多人絕對不會承認自己就像憂鬱的查理布朗。「我不曉得這世界上有多少個查理布朗，」舒茲說：「我以為我是唯一的一個[39]。」

時至今日，我們的社會仍習慣將人分成勝利者和失敗者，且兩者之間的界線變得更加鮮明，正如記者尼爾．蓋布勒（Neal Gabler）二〇一七年在《沙龍》網路雜誌所說[40]：「美國人明顯被劃分為兩類，一類被眾人或自己認為是人生勝利組，另一類就是這些勝利組眼中的『失敗組』。失敗組變成了美國文化裡的賤民——就像印度最低等的『穢不可觸』的賤民一樣。你要先成為贏家，才有可能獲得他人尊重，甚至才能獲得自己對自己的尊重。」成功神學的教義雖然隻字未提加爾文主義[41]，但也宣稱上帝會賜予財富給「值得的人」，並從「不值得的人」手中收回財富。時代雜誌在二〇〇六年做的一份調查顯示[42]：受訪的基督教徒中只有百分支十七支持成功神學，而有百分之六十一認為上帝希望所有人都能成功。然而，Google 搜尋結果顯示[43]，自一九六〇年代以來，「輸家」一詞的使用次數急速增加，尊敬贏家、蔑視輸家的思維蔚為主流。眾所周知，美國前總統川普就是忠實奉行此思想，他多次嘲諷戰爭英雄、參議員馬侃（John McCain）為失敗者，僅因馬侃曾在越南淪為戰俘[44]。很多人都不敢苟同川普這種說法，但川普其實只是充分體現了我們文化精神而已。

這類例子顯示，尊崇贏家、蔑視輸家的精神已經反映在公共生活的大多層面，從宗教到政治皆深受其影響，下一章會探討這樣的精神如何影響當代企業文化，而我們又要如何超脫這種強迫大家樂觀積極的正能量文化。不過，供應企業人才的大學校園，同樣受到正能量文化的荼毒。達特茅斯學院和南加州美國公民自由聯盟的研究顯示[45]，早在新冠疫情爆發之前，許多大學院校裡飽受焦慮和憂鬱症所苦的學生比例急速攀升[46]，而學生們也因為「必須表現得像快樂的人生勝利組」而面臨更大的壓力。近年來，《費城雜誌》和 ESPN 等媒體皆曾報導，有些大學生表面上看起來快樂且成績優異，但內心卻承受著不為人知的折磨。賓州大學曾有一位女學生麥迪森・霍勒蘭（Madison Holleran）47，在 IG 上傳了一張看起來很開心的照片後就自殺了。還有另一名賓州大學的學生也差點走上自殺一途，《紐約雜誌》報導說「一直要逼自己展現樂觀開朗的壓力，讓她再也受不了了48」。

每次我看到這類報導，都會想起很多年前聽到的故事。還記得我在普林斯頓大學念書的時候，每個同學看起來都過著完美無瑕的人生。他們不會有神經質的老媽每晚打電話來問東問西，不會為了過去的遺憾感到失落，也不會對想像中的未來感到迷茫不安。他們已經走到他們應該到達的位置，事實上，他們的人生似乎一直都這麼順利。當然，我知道還是有些例外。我在普林斯頓讀書的時候恰好碰上女性爭取夜間外出安全的「奪回夜晚（Take Back the Night）」遊行活動剛開始發起，我聽到好幾位同學的故事，例如一位室友在原住民保留區長大，她講述了她在普林斯頓要融入人群、適應環境所歷經的種種困難，當然也看到一些人經歷了我們社會認為會造成傷痛的事件，像是和情人吵架分手、父母離異等。

然而，我還是想知道在普林斯頓光鮮亮麗的表面下到底藏了什麼？我過去那些同學真正的感受是什麼？他們平時是否也經歷過遺憾和悲傷，就是那些我們覺得自己不可以擁有的情緒——也就是現在心理學家所謂的「被剝奪的悲傷」（disenfranchised griefs）[49]？過去很少人討論這個話題，而我那些看起來像人生勝利組的同學們曾經有過這樣的感受嗎？

我決定一探究竟。雖然我無法坐時光機回到過去問我同學，但我可以跟現在的學生談談。如果我能讓他們不設心防，想說什麼都可以，他們會怎麼描述自己的真實生活呢？

畢業將近三十年後，一個晴朗涼爽的二月早晨，我回到了普林斯頓大學校園。校園裡依舊矗立著高聳的尖塔，好幾輛七段速自行車仍斜倚在爬滿常春藤的拱門邊上。景色如舊，但我這次不是被我父母開車載過來的，也不是坐在後座和一堆行李箱及音響設備擠在一起，我是自己開車過來，後車廂內也只放了一個輕便的行李袋。當然，我住的也不是那間每天晚上跟我母親通話的宿舍，我住在離校園幾個街區外的孔雀旅館。這輩子有機會成為普林斯頓的學生讓我覺得很幸運，但讓我更加覺得幸運的是，我有機會成為普林斯頓的校友。

從畢業到現在重回校園，中間這些年我嫁給了我老公肯恩、生了兩個兒子、過著我夢想的寫作生活。雖然生活中還是有許多挑戰，但我每天早晨起床仍心懷感激。肯恩很少有瘋狂念頭，但他這次建議我寫封信給以前那個剛上大一的我，告訴她一切都會很好的，跟她說，妳現在已經有了自己的家庭，出版了自己的著作。我點點頭，很喜歡這個建議。

我畢業後，普林斯頓有些地方好像變了，有些地方還是一樣。校園週邊的小鎮裡，和以前一樣有多家高級精品店聚集在帕瑪廣場附近，完全沒有一般大學城鎮的髒亂感。不過現在校園內可以看到更多不同膚色、不同國籍的學生，可看到更多印度菜和壽司餐廳。在十九世紀的哥德式建築裡也出現了幾棟由玻璃和鋼鐵構成的當代大樓。但如果查理布朗來到這裡，大概還是會覺得自己格格不入吧！

我約了幾個學生在展望大道上見面。普林斯頓的學生通常把它稱為大街，大街上有一排像百萬富翁住的豪宅，但這一間間豪宅其實都是普林斯頓著名的「餐飲俱樂部」，是大三和大四生吃飯和辦派對的地方，也是他們校園社交生活的主要場地。我前往加農俱樂部，約了路克和他一群朋友進行訪談（所有人名皆為化名）；路克那時是普林斯頓大三生，我認識他是因為他高中曾有段時間在我手下實習。

加農俱樂部的建築擁有學院哥德風的石頭外牆，還有一座加農砲停在俱樂部前面的草坪上。走進俱樂部，映入眼簾的是深色木質壁材、好幾幅古老的紳士油畫，一陣啤酒香撲鼻而來。大家都知道，在加農俱樂部出沒的主要是務實的運動員，因此不意外地，穿著緊身斜紋棉褲和V領毛衣的路克帶我上樓到交誼廳後，我就看到一張會議桌、幾張沙發、幾個身材魁梧且穿著隊服的運動員坐在會議桌旁邊，很放鬆地把腳放在桌上。聰明體貼的路克告知他們這間交誼廳已經預訂了，運動員們聽聞後立刻站起來，還很有禮貌地問我們介不介意他們繼續待在旁邊的陽台上。路克跟他們說沒問題，他們就走到外面陽台抽起雪茄。

接著路克一一介紹他帶來的朋友：佩吉、海瑟和尼克。四人除了佩吉是越野跑選手，其他人雖然不是運動員，不過挺會社交的。尼克來自羅德岱堡、主修歷史，戴著很潮的眼鏡和好幾條掛繩手鍊。我們坐下的時候我心裡閃過一種熟悉的擔憂，可能是我的社交焦慮，也可能是我擔心的事：如果我大老遠開車來普林斯頓做訪談，結果根本是白跑一趟。說不定這些學生根本不願敞開心胸跟我聊，又或者他們會覺得我的問題很怪，畢竟，我希望他們做的事情是說出一些平常根本不會跟別人聊的話題。又或者他們的內心世界真的和我過去那些同學的外在一樣，表現出燦爛光明的模樣。

訪談大概進行兩分半後，我就發現情況出乎意料地順利：這些學生完全不覺得我的研究很奇怪，而且他們都很懂得內省，也很樂意表達想法；此外，對於我在普林斯頓就讀期間所好奇的現象，他們也能表達很具體的見解和分析。他們把「學生們光鮮亮麗的表象」稱之為「不費力的完美**50**」，意思就是大家都認為自己應該要表現得像個勝利者，而且還要看起來不費吹灰之力。而且這種不費力的完美還要展現在生活的各個面向。以學業為例，尼克說：「你必須看起來根本沒在讀書，然後讓大家看到你明明沒有準備，但成績還是超好。你可以一直說自己還有好多事要做，但不能讓任何人真的看到你很努力。」

在社交上，要達到「不費力的完美」，你必須看起來從容自在，似乎憑藉天生的魅力就輕輕鬆鬆進入別人削尖了腦袋也鑽不進去的餐飲俱樂部。尼克說：「你必須酒量好、談吐風趣，但又不能搞笑到讓別人覺得你有點蠢。你必須永遠妙語如珠，各種話題都能聊；你可以有些怪癖，但又不能太怪；你必須與眾不同，但你的獨特還是要在大家能接受的範圍內；你要花很多時間社交，但同時課業又得兼顧得很好；你要有能力談論很有深度的話題，同時你也得當個派對嗨咖，會用最潮的方式一口幹掉整瓶啤酒。如果這世間有『人生勝利組演算法』，你就必須剛好符合這則演算法——無論是靠天賦異稟還是後天培養。」尼克在講述這段話之前不久，才剛榮獲普林斯頓最知名的「常春藤餐飲俱樂部」錄取為會員，他說這段話的語氣就只是在陳述事實，完全沒有炫耀的意味。

不費力的完美也意味著，所有的失落、失敗、憂鬱跡象都必須隱藏起來。海瑟表示：「你會一直擔心自己的名聲，擔心別人是怎麼看你的。」如果你跟尼克一樣最近跟老爸大吵一架，你會「盡量別讓人家知道你和家人吵架，別讓你臉上的表情洩露真正的心情，盡量表現得一如往常」。又或者，如果你跟路克一樣，無法順利獲選進入自己首選的餐飲俱樂部會員，你也不能讓別人看出你的痛苦。「很多人因為無法進入理想中的俱樂部而非常難過，」佩吉說：「名單是公開的，大家都知道哪些人成功進入某個俱樂部，哪些人沒有獲選，但我不認為大家會顯露自己真正的心情，被拒絕的人不會去談這件事情，這不是大家會公開談論的話題。今天早上已經公告了每個俱樂部錄取了多少人，但大家談的都是數字，不會談到心情感受。」

對很多學生來說，要適應這些不成文的社會規範是很困難的，很多青年學生都因此飽受壓力、憂鬱和失望的心情[51]。但就算你心裡苦，你還是不能說。後來我訪問了普林斯頓諮商中心的心理師安娜．布瑞佛曼（Anna Braverman）[52]，她說很多私下去找她諮商的學生都因某些求而不得的事物而感到煎熬。

「有些人無法從父母那裡獲得支持，」她說：「或者他們父母本身就有很嚴重的問題，然後這些學生就會忍不住一直想『要是我成長過程中有能支持我的父母，那該有多好』或者希望『也許有一天我們家裡的問題可以解決，到時候我就擁有一個正常的家庭』。逢年過節時，別人都會跟他們說：『終於能回家一趟一定很開心吧！』這時他們也只能說：『對啊，很開心。』但他們其實一點都不開心。他們常常因為『求而不得』的事而感到煎熬，總是想著『要是我可以開開心心跟家人一起過節該有多好』。這種煎熬帶來的痛苦，可能不亞於喪親之痛。」

但是我們的社會規範卻要我們把這一切藏在心裡，布瑞佛曼說：「你就是必須告訴別人『喔我一切都很好啊』。」

問題是，就算這些學生終於鼓起勇氣，找學校諮商師傾訴自己隱藏在心裡的感受，諮商師卻必須遵守職業倫理，繼續將自己聽到的故事保密。「很多老師就像我一樣，只要我們有開放師生晤談時間，那麼研究室裡一整天都會有學生要跟我們聊心事。」前副院長塔拉・金賽（Tara Kinsey）在「普林斯頓展望計畫（Princeton Prospective Project）」的廣播訪問中說[53]：「我們會和學生討論他們碰到的狀況。我們發現，很多很焦慮、很掙扎的學生都以為自己是極少數的異類，別人都不會焦慮掙扎，但我們會告訴他們：如果你十分鐘前也坐在這張沙發上，你會聽到另一個人說出跟你一模一樣的感受。」

「不費力的完美」一詞並非普林斯頓大學首創[54]，而是誕生於二〇〇三年的杜克大學。一開始這個詞彙是專指年輕女性面臨的挑戰：要聰明、要美麗、要苗條、要高人氣，而且還要看起來輕鬆辦到。但這個概念很快就傳播開來，其他學校的學生也都紛紛創造特別的詞彙來指涉類似的現象。例如賓州大學有所謂的「賓大表情」，意指學生無論真實感受如何，永遠掛在臉上的那抹自信微笑；史丹佛大學則稱呼這種不費力的完美為「鴨子綜合症[55]」：就像水上的鴨子一樣，水面上看起來一派從容悠哉，但在水面下的雙蹼其實拼老命划水。不費力的完美成為許多大學生必須遵守的社會規範，造成極大的壓力，有學生創建了一個臉書私人群組，名為「我在史丹佛大學哭過的地方」，但在其群組首頁卻很巧妙且諷刺地寫著「向世上最快樂的地方致敬」（史丹佛大學曾被評選為全美最快樂的大學）。我上次查看這個網頁時，該群組已擁有兩千五百名成員。其實另外還有個群組名為「我在史丹佛大學微笑過的地方」，但這個群組在解散前也只有四十名成員。

「不費力的完美」一詞會出現在菁英大學並非偶然。在這些名校裡，年輕的人生勝利組都希望能繼續衛冕下去。當今校園裡飽受焦慮和憂鬱症所苦、甚至試圖自殺的學生比例節節攀升，「不費力的完美」也正是誕生於這個時代。但其實大家追求的並不是完美，而是勝利；大家想要成為符合贏家特質的那種人，想要高高在上，因此會盡量避免提及人生痛苦的那一面；大家心心念念的是不要成為失敗者。雖然「不費力的完美」是近年來菁英名校裡的流行詞彙，但事實上，它也是整個文化的產物，我們所有人都被這種文化緊緊束縛。贏家為尊的文化造成巨大的壓迫感，再加上社會不平等日益加劇、衝突也不斷增加，在這個愈來愈少人能成為贏家的社會裡，想成為勝利者的我們肩上的壓力愈來愈沉重。

我在想，當我跟普林斯頓大學諮商師安娜·布瑞佛曼談話時，她是否有查覺到她其實在跟過去的我對話？她有沒有發現，我就是希望能回家跟家人開心過節、卻求而不得的學生？她有沒有發現我就是其中一個會坐在她沙發上訴苦、而且不相信十分鐘前也有另一個同學跟我一樣在沙發上訴苦的學生？她知不知道，就算我聽到有人跟我一樣煎熬，我也不會覺得好過一點，我反而會覺得那人大概也有毛病，大概「自己本身」也有些問題？

這些學生——或者說我們所有人——邁向成年、邁入職場、成家立業、甚至走向人生其他階段之後，會發生什麼事呢？我們要怎麼做，才能停止把悲傷和渴求當成不值一提、必須隱藏在心裡的祕密，而是把它看作人生必經的心情呢？我們要怎麼做，才能認清只有逐漸敞開心房、一視同仁地擁抱我們內心世界的輸家和贏家——擁抱人生的苦難與甜美——我們才能超脫輸贏的框架，創造充滿意義、創意和喜悅的人生？

我們這章開頭提到的心理學家和管理思想家蘇珊大衛博士，傾注了所有心力尋找這些問題的答案。

第六章

可以放下正能量嗎？

我們要如何超脫在職場及其他領域蔚為主流的正能量文化？

我原本打算買一本《正向思考的力量》來看[1]，但後來想想卻覺得：這樣做有啥好處？！

——脫口秀喜劇演員羅尼．沙克斯（Ronnie Shakes）

蘇珊博士的客戶包括聯合國、Google、安永會計事務所，她向客戶講授「情緒彈性」的重要[2]。所謂情緒彈性，蘇珊的定義是：「雖然擁有負面情緒或想法，卻不會鑽牛角尖，而是以勇氣和同理心面對負能量，最終可以超越這些負能量、為人生帶來美好的改變。」然而，她觀察當今全球職場文化後發現，很多人困在一種狀態裡，有點像她十五歲喪父後的情況——那時她在人前總是掛著微笑，但單獨一人時會因為情緒問題狂吃又暴吐。她認為今日我們所在的職場，正受到「正能量威權」的統治：職場上千萬別哭，就算真的忍不住，拜託躲到廁所裡小聲哭謝謝。

就蘇珊來看，這可是個大問題。原因在於，人必須坦然面對人生中的悲欣交集，這樣比較健康。但更重要的是，如果我們強迫自己壓抑負面情緒，例如悲傷或渴望，那麼每一次的壓抑都會對我們造成傷害。「有關情緒壓抑的研究顯示[3]，如果刻意忽略情緒，這些情緒只會變得更強烈。」蘇珊在她一場知名的TED演講中說：「心理學家稱之為『情緒放大效應』。想像一下冰箱裡放了一塊美味的巧克力蛋糕，你愈刻意忽視它，它愈會吸引你的注意。你刻意忽視負面情緒時，可能會以為自己成功控制了這些情緒，其實是你被負面情緒控制了。內心的痛苦總有一天會爆發出來，一定會的，屆時付出代價的是誰？就是我們自己，還有我們的孩子、我們的同事、我們的社會。」

蘇珊強調，自己雖然鼓勵大家擁抱負面情緒，但她並非「反對快樂」，事實上她很喜歡「快樂」。我跟蘇珊是很好的朋友，她天生開朗、溫暖、親切，非常愛笑，笑起來一邊臉頰上還有個小酒窩。她寫電郵給我的時候永遠都是用「嗨，大美人！」來開頭，感覺像用文字給我一個親切的擁抱；她總是抱持著非常樂觀積極的態度看待人生和愛情。我想就是因為蘇珊是這麼一個朝氣蓬勃的人，大家才這麼願意聽她說話。很多人對她敞開心胸，暢談他們不想要擁有的感受，有人說「我不想要心碎」，也有人說「我不想要失敗」。

「我懂。」蘇珊回答說：「但你這目標只有死人才能達到，只有死人才能永遠沒壓力、永遠不會心碎、永遠體驗不到失敗帶來的沮喪。」

蘇珊畢生致力於協助他人接受且擁抱悲傷、渴望和其他各種「負面」情緒，且她並非孤軍奮戰。雖然今日企業文化將「非贏即輸」的觀念深植於大家心中，但現在職場上也慢慢出現了一種新觀點。組織心理學家彼得・弗洛斯特（Peter Frost）曾在一篇名為〈同情心為何如此重要！〉的著名研究中提到，大多宗教致力探討的核心議題就是人生的苦難，但我們在工作時卻不准表達心裡的苦。他寫道：「如果正如佛陀所說[4]，苦痛是因人的選擇而生，也是人生難以避免的課題，那我們就應該把苦痛視為群體生活非常重要的一部分，我們的各種理論想法都應該多少呼應這點。」他的振臂一呼，鼓舞了一群組織心理學家，這群人在密西根大學組織心理學家珍・杜頓（Jane Dutton）的帶領下創建了一個特殊的「同情心實驗室」（CompassionLab），致力提倡「在各種社會組織內積極表達同情心」的新概念。

該協會目前由密西根大學的學者莫妮卡・沃琳（Monica Worline）領導5，她曾和杜頓共同撰寫了一本關於職場同情心的重要著作。

同情實驗室裡的兩名管理學教授傑森・卡諾夫（Jason Kanov）和蘿拉・梅登（Laura Madden）曾做過一項非常出色的研究：先前卡諾夫在研究社會脫節（social disconnection）問題時，曾對一些公司的員工進行訪談，於是這次卡諾夫與梅登兩人把這些訪談的逐字稿拿來進一步分析，發現了兩件事情。第一，受訪者在訪談過程裡道盡職場辛酸，他們時常感到恐慌、人際關係緊張、自己不受重視。第二，受訪者大吐苦水的時候，卻很少用到「痛」或「苦」這類字眼，他們明明很焦慮卻表示自己很生氣，他們明明很悲傷卻說自己很受挫。「在職場上大家都承受著各種痛苦6，」卡諾夫跟我說：「但我們卻覺得不應該坦承自己的痛苦，於是我們承受了遠超過我們應該承受、以及所能承受的痛苦，因為我們低估了否認情緒可能造成的影響。」

卡諾夫在電郵中告訴我，在職場上，因為特定因素而展現負面情緒，這是可以接受的。「如果激起負面情緒的原因是突發的嚴重事件，或是大家公認會造成極大痛苦的事件（例如至親逝世、天災人禍），那麼在工作的時候承認並顯露痛苦，就不足為怪。問題是，大家每天都在承受的慢性痛苦，其實是來自於人際關係的挑戰、經濟壓力、工作壓力、辦公室的勾心鬥角、爛老闆爛主管、以及各種死不了人卻很磨人的病痛或煩惱，這種慢性折磨才是職場上大多數人不斷忍耐、且無法言說的痛苦，而且這種痛苦在職場上尤為常見。」

所幸，除了同情實驗室，漸漸有些企業高層也開始鼓勵員工在職場上表達情緒。「帶著完整的自我來工作」和「失敗能帶來最好的禮物」的新觀念開始逐漸成為主流，作家潔西卡·拉海 Jessica Lahey 有本精采著作即名為《失敗的禮物（The Gift of Failure）》。《哈佛商業評論》時常刊登文章讚賞富有同情心的領袖，管理學學者甚至開始強調具憂鬱型性格的領袖所擁的獨特優勢。

學者很早就知道：領導者展現的情緒會影響我們對他們的觀感。遇到問題時大發烈怒的領袖，通常看起來會比遇到挑戰表現哀傷的領袖更有力量。的確，我想找幾個著名的、具備「悲欣交集」特質的名人案例，找到的大多是創意才子，沒什麼商界領袖。不過我想原因不是企業領袖缺乏憂鬱性格，而是這些領袖極少在人前展現自己的憂鬱特質而已。然而，管理學教授胡安·馬德拉（Juan Madera）和布蘭特·史密斯（D. Brent Smith）在二〇〇九年發表的一項研究指出[7]：對領導者來說，表現悲傷有時比展現憤怒更能帶來想要的結果，包括與下屬建立更牢固的關係、能力獲眾人認可等等。

為什麼呢？這就是慕尼黑工業大學學者譚雅·舒瓦茲穆勒（Tanya Schwarzmuller）想找

的答案。長期以來，組織心理學家研究的主題，都是企業領袖可以發揮的各種力量：有些領袖很喜歡運用「職位」所賦予的力量（任意賞罰下屬），有些領袖時常發揮來自他們「個人」的魅力（引導他人來認同自己、與自己站在同一陣線）。研究也顯示，經常表現出憤怒的領袖，通常給人自信、強悍的印象，而憂鬱型領袖則看起來較膽怯、優柔寡斷——然而，也比較親切、富有同情心、且討人喜歡。

根據以上的現象，舒瓦茲穆勒和她的團隊假設：憤怒型和憂鬱型領袖之間的差異不在於他們擁有**多少力量**，而在於他們運**哪一種力量**[8]。為了驗證這種假說，他們設計了一系列實驗，讓受試者在影片裡看到一些衣著打扮像企業老闆的人，正在針對公司差勁的年度業績發表談話。憤怒型的老闆動不動就皺著眉、瞇起眼，雙拳緊握外加破口大罵；憂鬱型老闆則是雙手自然下垂，以緩慢沉重的語氣說話。研究人員發現，憤怒型領袖常被認為擁有賞罰下屬的能力，也就是說，他們比憂鬱型領袖擁有更多來自**職位**的力量；但憂鬱型領袖「個人魅力」較強，**他們更能激起下屬對他們的忠誠，他們的下屬不僅比較不會扯老闆後腿，也比較容易覺得自己受到肯定和重視**。[9]

雖然影片裡的老闆和下屬都只是演員，不是真正的企業人士，但這項研究仍告訴我們許多事情。它讓我們看到憂鬱型領袖特有的力量，雖然在某些情況下（例如，突然面臨外在強大威脅），展現憤怒也許比較能處理危機，但在其他情況下（例如，企業必須召回瑕疵產品），憂鬱型領袖的處事態度和方法反而比較合適。事實上，馬德拉和史密斯在二〇〇九年的一份研究便顯示，在這種情況下，同時具備憤怒和憂鬱特質的混合型領袖可能最有機會解決危機。「如果下屬搞砸了一項重要專案[10]，」舒瓦茲穆勒接受Ozy雜誌訪談時說道：「也許你可以說『發生這種事讓我很難過』，而不是『發生這種事讓我很生氣』。」個人魅力能讓別人為你賣力工作，為共同目標打拚，因為他們喜歡你。

我們常被教導要重視自己的優點，別強調自己的弱點，但我們不該把憂鬱傾向或是像悲傷這類負面情緒誤認為弱點。事實上，很多非常瞭解自己的領袖都願意正視自己的悲傷、自身的限制、以及自己真正的性格，並且將這些特質整合起來，創造更完整的自我。

以下我們來談談創業投資家張提姆（Tim Chang）的例子：提姆參與創建了好幾家在矽谷的優秀新創公司。多年來，他看到創業者建立的企業不僅反映出創業者的價值觀和優點，也反映出他所謂的「內心傷口」[11]。他跟我說，人要偉大，必須先培養出一種超能力，這種超能力能讓你勝過那種足以毀滅你的打擊，不過，急切想要從輸家變成贏家的渴望也可能帶來負面影響。「在矽谷[12]，你可以看到很多過度補償的案例，」他說：「也許這是推動人類創新的力量，我們常會對自己最渴望、卻求而不得的事物展現最強烈的熱情，這樣的心態也會出現在我們組建的公司或團隊。如果你曾經被霸凌，那你可能終其一生都在拼命證明曾經傷害你的同儕或家人是錯的；如果你是個極度缺乏安全感的人，那你可能會傾向雇用不管你說什麼都會點頭稱是的員工。」

提姆曾經認真地進行一場自我探索，除了參與輔導諮商課程，還接受了來自主管、同事、下屬全方位的三百六十度意見回饋。不過最後結果卻相當勵志。他說，自己成長的過程「就是不斷接受虎爸虎媽的思想灌輸，認為人生最重要的事情就是要努力獲得他人肯定，只要拿到好成績，這個世界就會善待你。你一直拼命尋求他人的認可，你獲得自我價值的方式就是在別人設計的評分制度裡盡可能拿高分。」提姆知道父母愛他，只是他們從來不說，他們也不曾態度輕鬆地擁抱提姆，他們想要讓提姆成為心智堅韌的男子漢，認為只有如此才能在這個殘酷的世界立足。甚至在他長大成人、成為專業的創業投資家後，他父母還是懷疑他：你連自己的錢都管不好，你怎麼管別人的錢？提姆回憶道：「我還記得在我登上《全球最佳創投人》榜單那天，我的父母才終於說：這小子真行耶！」

提姆非常善良、有創意、也很敏銳，十足是個具有悲欣交集特質的人（他的悲欣特質測驗結果也顯示這點，在十分裡面獲得六點五分）。他小時候會躺在山坡上，看著天上的雲思考人生；他曾經想當演員或音樂家，但他父母絕對不可能允許，於是有很長一段時間，他雖然進入了商業界，卻覺得自己格格不入。

只要觀察提姆的性情和成長背景，你會發現他是個極富創意、同情心的大好人，他能夠迅速與他人建立交情，深具個人魅力；然而，你也會發現他是個渴望獲得愛和認同的領袖，總是努力避免衝突，盡可能與他人維持和諧的氛圍和關係。創業家喜歡和提姆合作的原因不只是他聰明絕頂，更是因為他很有同理心，樂於助人。不過提姆也發現，最吸引他的並非那些前途大好的企業，而是急需他伸出援手的新創公司，因為他們才能回饋給他最渴望得到的認同感。

只有在深入瞭解自己的性格和思維模式後，他才能做出最正確的投資決策，並擁抱自己的天性，允許自己找一些時間和方法，來做自己依然熱愛的事情。他跟我說：「無論對錯，我都要勇敢去嘗試，然後我才能獲得一些內心的平靜。」

拉拉．努爾（Lara Nuer）曾與人共同創辦一間名為「領袖學習」企業，身為企業領導人的她，也勇於面對並整合自己過往的生命史與負面情緒，以創造一個更完整、豐富的自我。和提姆一樣，拉拉也曾自認是個很體貼、很有同理心的領袖，是她一心想要成為的領袖類型。然而，當主管幾年後，她就發現自己有個問題：每當她必須批評員工的表現時，她就會一拖再拖，一直告訴自己責備員工之前必須蒐集更多資訊，結果有時她根本沒講出該講的話。可是真相最終仍會顯現，於是接下來她可能會開始對表現不佳的員工異常冷漠，或很明顯在生悶氣，或甚至開除闖禍的員工。不過對她的員工來說，平時溫和的老闆突然反應這麼激烈，實在莫名其妙，於是他們感到手足無措，也開始不信任她。也就是說，之前這個白臉拉拉，總希望對所有人好，希望為企業建立一個溫馨互助的工作文化，但後來又蹦出個黑臉拉拉，所作所為卻帶來十足的反效果。

巧的是，拉拉的公司剛好就是在教授如何解決這類領導問題，協助團隊和個人改變「自我限制的行為」以及「長期失衡的現象」。於是，她按照公司的教程走了一遍。首先，她檢視自己的童年經歷：她在上小學前，家人就帶著她從巴黎搬到蒙特婁，進入新的學校，她當時非常渴望被大家接受、被大家喜歡，但是她那時的外表很土──頂著一頭厚厚的捲髮，腳上還穿著扁平足專用、鞋口高至腳踝的奇怪鞋子。於是，在這個小學校園內的階級社會，她成了次等公民。

雖然我們都很清楚童年經歷會深刻影響成年後的人生，但我們不一定知道是怎麼影響的。雖然拉拉很早就知道，是她在小學的痛苦經歷讓她成為富有同理心的領導者，但她卻花了很長時間才瞭解這段經歷如何也讓她成為不是那麼善良的人。她唯一能夠做的事情就是勇敢面對完整的自我，包括面對讓她感覺自己像「失敗者」的部分。唯有如此她才理解到，她多年來一直認為自己是因為「人太好」才很難開口責備員工，但「人太好」其實不是唯一原因，更重要的原因是她很害怕，她害怕她指責別人後，人家就不喜歡她了，也很害怕自己再度變成眾人眼裡的怪人。

她跟我說：「如果我評論員工表現的時候只說好話13，我會覺得大家很喜歡我，接受我。這是我真實的感受，這並不是說員工會真的更喜歡我，只是說我自己是這樣感覺的。問題是，當我努力招人喜歡的時候，我反而製造了更多隔閡。」

拉拉必須明白，要當個「好心」的領導者就必須坦率，不僅對員工坦率，也要對自己坦率。更重要的是，她必須認清自己不是「失敗者」，而過去那個頂著捲捲頭、穿著扁平足治療鞋的小女孩也不是。

現在的商業媒體很喜歡教主管怎麼給員工反饋，不意外地，它們都在提醒主管要重視「接收反饋的人的心態」：為了員工好，我們說話要直接、要提出有建設性的批評。但拉拉的故事提醒我們，在所有的互動中，雙方都必須擁有情緒彈性，不要只聚焦於某一方的感受。我們都有自己的過往，也有某些情緒上的地雷；我們和他人進行不愉快的對話時，這些經歷和地雷有可能讓我們失控。但若我們愈能接受完整的自我，我們就愈有可能掌控自我。拉拉評論員工表現時，如果她無法維持自己內心的穩定平衡，她又怎麼可能顧及員工的心理平不平衡？

也許有人會說，這種坦承脆弱、擁抱負面情緒的做法或許在某些較文雅的職場上會有很好的效果，但在男性員工比例高、重視強悍堅韌的職場環境，恐怕就行不通了，例如鑽油平台上那些粗漢大概就不吃這套。如果你是這樣想，那請聽我說說瑞克．福克斯（Rick Fox）的故事。瑞克長期擔任殼牌石油公司墨西哥灣鑽油井的負責人，備受屬下信服與愛戴。廣播節目《看不見的力量》曾介紹這個鑽油井14，指出在這樣的工作環境裡絕不能談論自己心裡的傷悲，絕對不能問出蠢問題，絕對不能讓自己看起來很弱，就這麼簡單。

有一次我剛好有機會和瑞克通話，初次聽到他聲音時我嚇了一跳，低沉有磁性，聽起來像鄉村歌手又像預言家，但他的話很少，就像鑽油井上的那些大漢一樣。他四十歲那年面臨兩個艱鉅的挑戰：第一，他當時正要帶領團隊前往一個更大、更危險的深海鑽井平台，但他對於員工沒什麼把握。第二，他青少年兒子羅傑不跟他說話了，父子之間勢同水火，更糟的是瑞克不曉得為何兩人關係會惡化至此。

於是他採取了他所謂的「大冒險」：他請來一名顧問叫克萊拉．努爾（Clara Nuer），剛好就是拉拉．努爾的母親，也是拉拉公司的共同創辦人。瑞克告訴克萊拉，他很擔心鑽探計畫的進度與產量，但克萊拉叫他先別管這些，他應該先正視最重要的問題——也就是他的恐懼。他的工作很可怕、要管理這麼多人很可怕、要保障這麼多人的安全更是超級可怕。克萊拉說，他愈早承認自己的恐懼，他才能更妥善解決管理方面的問題。

於是瑞克決定參加克萊拉的輔導課程，他還帶了其他人一起參加，包括他的上司、團隊，甚至把他兒子都帶來了。密集課程從早上六點進行到晚上十一點；期間，克萊拉鼓勵這群男人敞開心房和其他人對話，於是有些人談起自己不堪回首的童年、傷痕累累的婚姻、重病難癒的孩子。有些人講到哭出來，但也有人很抗拒這個課程，很討厭這種毫無保留的內心談話。不過課程結束時，很多人都覺得心裡輕鬆不少。

就瑞克來說，他發現自己過去對自己的期望根本是錯的。他以前一直期許自己當個無所不能的領袖、無所不知的父親，在他的字典裡沒有脆弱這兩個字。然而他愈努力展現強大的自己，他的團隊和他的兒子反而更自卑。因為他的員工和兒子都沒有他表現出來的那麼強大、那麼無所不能，所以他們都認為自己比較像失敗者，而不是勝利者。瑞克後來才發現，他過去一直拼命扮演不知痛苦為何物的強大領導者，但事實上，他只是把自己的痛苦傳給了他的員工——和他的家人。

瑞克從來不知道父親是誰，母親一人獨自辛苦拉拔他長大。他從來不談自己的成長背景，而這種自我否定的行為也在潛移默化中悄悄影響了他的兒子羅傑。羅傑從小到大都很自卑，覺得自己怎樣都比不上看似無所不能的父親，很多事情都讓他覺得很丟臉——他為自己的脆弱自卑感到丟臉，也為自己跟爸爸比起來好像什麼都不懂而感到丟臉。他接受《看不見的力量》的採訪時說：「我還記得我第一次聽到『十字螺絲起子』這個名詞的時候。」他父親叫他去店裡買支十字螺絲起子，「而我完全沒想到我應該要跟他說『欸……爸，我不曉得十字螺絲起子是什麼』，所以我就乖乖到店裡去找那個我完全不曉得是什麼的東西，不知道該怎麼辦，又不敢問，因為我不想讓自己看起來很廢。」

經過一段時間的練習之後，「以平常心看待悲傷」策略在瑞克的團隊中收到很好的成效。這些鑽油井上的男子漢開始建立起真摯深厚的交情，工作時也比較願意承認碰到問題並交流意見。最後，他們不僅生產效率飆升，意外發生率也大幅降低了百分之八十四。由於成果實在太驚人了，哈佛商學院教授蘿賓．艾利（Robin Ely）和史丹佛教授黛博拉．麥爾森（Debra Meyerson）還以他們的故事為主題，進行了非常著名的案例研究15。我對瑞克的描述有部分就是取材自這份案例研究，除此之外還有廣播節目《看不見的力量》的人物報導以及我自己和瑞克的對話。

對瑞克來說，他的家庭也發生了奇蹟16，他和兒子的關係逐漸修復，現在兩人已經是彼此最好的朋友。瑞克在《看不見的力量》的專訪中表示，還好他兒子（現在是精神科醫師了）不用等到四十歲的時候才跟他這個老父親真情告白。瑞克說：「我兒子是個非常棒的人，我真的恨不得能有更多時間跟他相處。」

當然，私底下正視並探索自己的內心世界是一回事，在公開場合或在老闆同事面前敞開心房又是完全不同的另一回事。對有些人來說，瑞克和這麼一大票人一起探索並分享自己的內心世界，聽起來實在有夠恐怖，至少，對我這種十足內向的人來說，感覺這種作法也是無法接受。事實上，同情心實驗室另一名成員、同時也是巴布森學院的組織心理學家凱莉．吉布森（Kerry Gibson）在二〇一八年曾發表一篇名為《當分享造成傷害》（When Sharing Hurts）研究，指出上司若對下屬坦承自己碰到的煩惱17，也有可能會降低他們在下屬心中的地位，削弱自己的影響力。也就是說，當我們在職場上對抗正能量威權的時候，還是要注意自己扮演的角色，採用適合自己地位的情緒表達方式，也要注意公司的企業文化。

然而，我們真的有辦法讓大家能夠不著痕跡地超越正能量威權的職場文化嗎？我們能夠在現有職場文化中融入「生而為人，悲傷難免」的觀念嗎？我們能夠說服大家抱持同情心來看待別人的悲傷嗎？

二〇一一年，同情心實驗室有一群學者共同發表了一個針對某優秀組織的研究：密西根州傑克遜市低收入社區醫院內的帳務部門18。該部門員工每天都得執行一個最乏味、最沉重的工作——跟病患追討醫療欠款。實在很難想像還有什麼工作會比這份工作更讓人心累，因此，其他醫院類似部門的員工流動率都很高。然而，這間社區醫院內的帳務部門「中西部醫療帳務服務」卻建立了獨特的職場文化：他們都認為每個人的生活都會出現一些煩心的事，也會產生負面情緒，這是很正常的，所以大家不會因為某人表現出負面情緒，就對這個人扣分。事實上，他們反而認為這正是對同事展現同情心的好機會。每當團隊中有人母親過世、婚姻破裂、遭受家暴，大家都會互相照顧；就算只是感冒了，都馬上會有人來關心你需不需要幫忙。有一位員工曾經這樣描述這個團隊：「如果你剛來這裡工作，還沒有像其他人那麼熱情洋溢，你首先會體會到這裡的工作氛圍真的很棒。你會看到大家樂於互相幫忙，然後久了之後，熱情溫暖、樂於助人也會變成你的工作常態。即使以前你不是這樣的人，但只要你常常這麼做，就會變成常態。」另一位叫克琳娜的員工說：

我母親突然過世。我一直跟她生活在一起，從來沒分開過，所以她過世後有段時間真的是我人生中最悲慘的一段日子。我記得我跟我叔叔說「我要快點回去工作，這樣才不會一直想著讓我痛苦不堪的事，不過我想回去工作還有另一個原因，因為那裡有一群好姊妹會給我溫暖。」不過即使到今天，我還是很感謝拉蒂夏，因為我還記得我母親過世後我回來工作的那一刻，她看著我的表情實在令人難忘，我從來沒有想過我能從同事身上得到這麼多的同情和愛，真的，想不到的。

事實證明，與他人一起分擔煩惱不只有益心理健康[19]，也有助提升工作成效。這個研究展開之前的五年期間，中西部醫療帳務服務收取欠款的效率是過往的兩倍，遠超業界標準。該部門的員工流動率也極低，只有百分之二。相形之下在美國同個地理區域醫療系統的人員流動率平均達百分之二十五，而全國的醫療帳務業界的流動率更高。

對於大衛．蘇珊來說，前面提到的研究可以告訴我們清楚的訊息。「企業常想為自己打造安全、創新、合作、包容的形象[20]，」她告訴我：「但有安全就有恐懼，有創新就有失敗，有合作的地方就一定有衝突，而包容與差異更是一體兩面。企業能獲得多少成就，端看他們是否能用開放的態度來接納悲欣交集的特質，也就是說，應該讓職場上的『悲欣交集』成為新常態。」

然而，即使你沒有緣分在像中西部醫療帳務服務這麼好的職場裡工作，你自己還是可以透過某些方式去超越正能量威權，擁抱自己內心完整的情感如悲傷、怨憤等負面情緒。一九八六年，德州大學社會心理學家詹姆斯・潘尼貝克（James Pennebaker）開始了一系列具有重大意義的研究21，而這些研究的成果不只呼應蘇珊・大衛一輩子研究的成果，也反映了蘇珊的人生故事。潘尼貝克大學畢業沒多久就結婚，夫妻之間沒多久就頻頻出現爭執，於是他抽菸、酗酒、罹患憂鬱症、自我封閉。直到有天，他開始把心裡的話寫下來，寫的不是短文或散文或單純想到什麼寫什麼，他反而就像蘇珊以前在筆記本中仔細寫下心事一樣。接著他發現，他寫的愈多，他的心情就愈舒暢。後來，他再度對妻子敞開心房，也重回工作崗位，他的憂鬱症也不藥自癒22。

潘尼貝克決定好好研究這個現象。他接下來四十年都致力於此，而他的研究成果極為驚人。在一個研究裡，他把受試者分成兩組，其中一組每天要花二十分鐘寫下人生中碰到的種種困境，連續寫三天。這些人寫的內容包括遭到性侵、歷經分手、被父母拋棄、患病或面對死亡。而另一組也要寫東西，但寫的只是日常瑣事，例如他們當天穿了什麼鞋子。

潘尼貝克發現，跟書寫日常瑣事的受試者比起來，寫下困境的受試者明顯情緒變得比較穩定[23]、比較快樂，甚至在幾個月後，寫下困境的這些人連身體都變得健康了，血壓降低了，看醫生的次數也更少了。此外，他們也與身邊的人相處得更融洽，工作也更順利。

在另一項研究裡，潘尼貝克找來一群失意的資深工程師作為實驗對象，這些人四個月前剛被某間電腦公司集體裁員，他們大多都超過五十歲了，而且在那家公司工作了一輩子，被裁員後還沒有人找到新工作。

潘尼貝克再次把這些人分成兩組，一組要寫下心中真實的感受，像是憤怒、羞恥、對未來的恐懼，而另一組同樣只寫些日常瑣事。研究結果再次令人驚嘆，甚至難以置信——就在短短數月內，寫「內心感受」的那組人找到新工作的人數是另一組的三倍[24]。

我剛聽說潘尼貝克的研究時感到非常震驚，大概因為他的研究成果幾乎反映了我的個人經驗。雖然我十幾歲時寫的那些日記讓我和我母親近乎決裂，但它們卻救了我。我的日記成為我理解自己的地方——不只是瞭解當年的我，同時也幫我瞭解我未來想成為什麼樣的人，而我最終也沒有辜負自己的期望。

我整個大學生涯和接下來幾年的年輕時光，我一直把我的日記本放在一個紅色的舊背包裡，還用密碼鎖牢牢鎖住。那段時期我經常搬家，常常要從某個宿舍搬到另一個宿舍，或從某個公寓搬到另一間公寓，但不管我去哪裡，我都會拖著那個舊背包一起走。直到有一天，可能是某次搬家的時候，那個背包被我弄丟了，可能是我不小心放在哪個公寓衣櫥裡忘了帶走，也可能我就天生健忘，也或者是因為我再也不需要這些日記了，所以它們就自然地功成身退。

潘尼貝克剛開始做這系列研究的時候，可能沒想到加爾文主義或它的影響——它讓我們深信自己若不能成為幸福的贏家，就會淪為落魄的輸家，但他的研究結果也默默駁斥了這種非贏即輸的二分法。「表達性書寫」（Expressive writing，把心事寫出來）鼓勵我們不要把自己的不幸視為阻礙我們追求俗世成就（或未來天堂）的絆腳石，而是要看作是我們自身成長的種子。潘尼貝克還發現，藉由書寫心事而改善身心狀況的人通常會用「我學到……」、「我才想到……」、「我現在領悟到……」和「我瞭解了……」這類詞彙。也就是說，他們並不是「喜歡受苦」，但他們學會了帶著智慧生活。25

如果你也有興趣嘗試表達書寫，那我會建議你每天這樣做：拿一本空白筆記本，翻開後就開始寫，可以寫生活的苦，也可以寫生活的甜。

不過如果你今天過得很開心，不想要寫些悲傷的東西，那也沒關係，你就寫讓自己開心的內容就好。我在我的書桌前貼了一張便利貼，上面寫著：「生活，就是要時時被美好的事物吸引。」這句話出自葡萄牙作家瓦爾特．雨果．梅（Valter Hugo Mae），我也以此提醒自己要常常關注美好的事物。

如果你今天過得很糟，那你就把所有煩心事寫下來，把問題的前因後果寫下來，確切寫下自己的感受及原因，寫下你為什麼覺得失望，覺得遭到背叛，或者寫下你在怕什麼。如果你想寫下可能的解決辦法，那也沒問題，若想不出辦法也沒關係。另外，也不用在意自己文筆好壞，你唯一要做的就是寫出心裡真實的想法和感受，就像蘇珊．大衛十五歲喪父後對著筆記本傾訴，她如今也一直教導別人以這種方式正視完整的自己。

時間是十月，我和蘇珊來到里斯本參加「美麗企業之家」大會，該組織由思想家和夢想家帝姆．萊貝雷希特（Tim Leberecht）共同創辦，他是德裔美國人，旅居葡萄牙，撰寫過知名著作《浪漫企業家》（The Business Romantic）。大會的宗旨是要提倡一個重要理念：在智慧型機器和演算法無處不在的時代裡，「展現人性，是證明我們是人類的關鍵指標」。

大會在一幢十九世紀的豪宅舉辦，裡面的房間還為了呼應為期一週的大會活動，而被賦予新名字，例如真情告白室、內心調查局、人性探索辦公室，而蘇珊也來到這裡舉辦她的招牌工作坊。

大會的活動五花八門，包括「向瑪丹娜敬十二杯酒」、「喪葬三月」、「無聲派對」等。大會於周六夜晚拉開序幕，當晚有一個沙龍聚會，主題是「被重視的慾望，被忽視的關鍵：如何將憂鬱、悲傷、沉痛等禁忌話題，轉變成促進企業發展的巨力。」這場沙龍開幕時還會有一場「法朵」表演——法朵是一種葡萄牙特有的音樂類型，又稱葡萄牙怨曲，以悲慟的曲調和歌詞為主要特色。

因為我常到處演講，努力讓更多人瞭解內向者在職場上擁有的潛力，所以我已經參加過無數大大小小的商業會議，但我從來沒有看過哪一個企業活動能這樣公開探討憂鬱、悲傷和沉痛的情緒。不過如果你真的想探討悲傷、憂鬱在人的心靈中扮演什麼樣的角色，那麼里斯本真的是絕佳地點。這個城市的街道鋪設著鵝卵石，別有一番韻味；因為鄰近大海，空氣中一直有股鹹鹹的味道，令人不禁開始想像：幾個世紀以來，這個城市許多人出海後死於船難，而他們的妻子流著淚、盼著丈夫歸來。哀怨地望著大海的女人——這一直是法朵樂曲的核心主題，法朵樂派想表達的是一種被稱作 saudade 的情感，葡萄牙語以此獨特詞彙指稱一種帶有一絲喜悅和甜蜜的深情哀怨（見第二章），saudade 成為這個城市的一大特色，在這裡你會看到無數咖啡館、糕點店和音樂酒吧皆以 saudade 為名。saudade 就是葡萄牙之魂的核心。

帝姆也在這場聚會發表了一小段演說。他高大挺拔，親切優雅，他說自己天生就屬於「能與悲傷自在共處26」的類型。「你多常感到開心？又多常感到難過？」接著他自己說道：「我們大多數人悲傷的頻率都比開心高出很多。」

在美國，這種言論大概會被歸類為鼓起勇氣後的「真情告白」，但根據帝姆的說法，在歐洲「大家從小到大都會不斷接觸這樣的想法，例如當你看法國導演楚浮和安東尼奧尼執導的電影，你就會不知不覺培養出人生本來就是悲多於喜的觀念。我最近去了一趟洛杉磯，在公路上聽著巴哈的音樂，然後就覺得在洛杉磯聽巴哈真的是挺奇怪的。」

這場探討憂傷的聚會一開頭，帝姆先分發給與會者「悲傷籤餅」，這些籤餅看起來就像一般的幸運籤餅，但其中一面印著「美麗企業之家」，另一面則印著憂傷風格的籤文。

我拿到的籤餅上寫著：「願意讓眼睛適應黑暗的人，就能在黑暗中看到東西。」

蘇珊辦過很多次工作坊，參加過的人都表示蘇珊的工作坊帶給他們極為寶貴的體驗。當然，在工作坊裡發生的一切都要嚴格保密，但因為我已經參加過太多次，所以我想我可以在不透露任何人秘密的情況下，描述一下蘇珊的工作坊是如何進行的。

請想像在一場盛大的矽谷會議中，科技巨擘齊聚一堂，蘇珊就站在會議廳中央，穿著紫色絲綢上衣，講究地搭配紫紅色的唇彩。她訴說了自己的故事，然後要我們也想想自己的生平，帶著我們做各式各樣的活動，而大多活動的關鍵素材都是——一張黃色便利貼。

我們每個人都拿到自己的便利貼，然後我們得用「我」開頭的句式寫下自己的狀況，內容必須讓自己覺得不舒服的一段回憶或想法：

「我是騙子。」某人寫道。

「我很自私。」

「我貪心。」

蘇珊建議我們選擇某個能夠自在與人分享的話題，找個夥伴聊一聊。不過她也鼓勵我們可以聊得更深入一些，她說我們在談自己的問題時「不是在說自己心裡有毛病，也不是身體有什麼異常，而是在表達我們是人而已。歡迎來到人類的世界。」

我們寫完便利貼後，蘇珊要我們把便利貼貼在自己的胸前，接著她說：「現在我希望你們好好想想，當你把自己內心的掙扎公然擺在胸前示人，你感覺如何？我們平常不會這麼做，我們平時在人前都會穿上盔甲，我們會穿戴珠寶、鞋子、西裝外套，但不會把內心的掙扎顯露給別人看，所以我希望你們能認真想想現在的感受。」

接著陸陸續續有人說出自己現在的感受，幾乎都是用喊的，而且還很著急，好像迫不急待想要分享答案。

有人說：「我覺得很不自在。」

「我覺得很刺激。」

「我覺得好像被人看光光了。」

「好沉重喔。」

然後，出現了一個我永遠不會忘記的答案：

「很真實。我覺得很真實，現在要我談自己內心的掙扎感覺容易多了，比我之前在這個大會裡談的事情都更加容易。」

接著蘇珊要求我們脫下鞋子、整齊放在自己的座位前面，再把我們寫的便利貼放在鞋子旁，然後我們起身走到別人的座位，閱讀別人的便利貼，認真想想眼前這雙鞋子的主人經歷過的掙扎。蘇珊說：「想想他們曾經覺得需要武裝自己的時刻；想想他們連面對所愛的人都說不出口的真心話。你眼前放了一雙鞋，而旁邊的紙條上寫著鞋子的主人可能對最親密的人都無法分享的話語。」

「接著把便利貼翻面，」蘇珊繼續指示：「現在，寫下你想對這個人說的話。」

所有人在換位子的時候都很安靜，看著他人的鞋子，閱讀著陌生人用潦草字跡寫下的內心感受。

有張便條上寫著：「我被拋棄了。」

「我一直很焦慮。」

「我太拘束了，放不開。」

接著蘇珊問我們：「你們讀這些便條的時候感覺到了什麼？」

「我好想哭。」有人說。

「我發現原來我不孤單，」另一人說：「所有人的心裡都有自己的苦。」

在這個特殊的工作坊裡，參加的人大多數是業界赫赫有名的大人物。相信我，當你看到這些人意氣風發地走進董事會時，你絕對不會想到他們心裡居然覺得自己沒有歸屬感、覺得焦慮、覺得放不開或是覺得孤獨。

接著，蘇珊要我們想想人生中某個曾鼓勵我們或給我們力量的人，可能是朋友、父母、配偶，這人也可能已經不在人世，但如果要這個人針對你便利貼上寫的東西給予建議時，他們會說什麼？他們看到你寫的內容之後，還會愛你嗎？

我在腦海中快速搜尋，然後我突然想到一個大學時期的老友，他當時就注意到我和他人意見不合的時候，我會傾向放棄立場，覺得別人是對的，而我自己一定是錯的。這位朋友這麼跟我說：「有人反駁妳，不代表妳一定就是錯的。」然後，他彷彿預料到我幾十年後會參加這場工作坊似的，他建議我隨身帶一張黃色便利貼，上面要寫著：「媽的，很可能我才是對的！」

每次想到他給我的建議，我都會笑出來。有時候，我會覺得他說得真有道理。

在里斯本的行程快結束時，我和蘇珊一起前往參加美麗企業之家辦的另一個活動：里斯本巡遊，這趟巡遊主要目的是介紹里斯本最著名（同時也具有強烈憂鬱特質）的詩人費爾南多・佩索亞（Fernando Pessoa）。在里斯本，詩人的地位超級無敵重要！你在別的城市紀念品店買東西時，收銀台旁擺的都是地圖和鑰匙圈，但在里斯本，收銀台旁擺的是一疊疊詩集；和許多歐洲國家首都不同的是，里斯本許多大廣場上矗立的大理石雕像紀念的都不是什麼戰爭英雄或政治領袖，而是備受景仰的詩人，其中最受推崇的就是佩索亞。這位詩人曾說：「一艘艘船駛入一個個港口27，但沒有一艘船駛入沒有痛苦的地方。」這句話和《佛陀與芥菜籽》的寓意有異曲同工之妙。（見第四章）

我當時正在寫這本書，所以我感覺有必要參加這趟巡遊，這也是我來參加這場大會的主因之一。

雖然蘇珊對佩索亞沒什麼興趣，但她還是答應陪我一起參加。我們本來要跟其他團員在里斯本某個偏遠的地方集合，但我們的手機定位好像不太靈光，而且我和蘇珊一路聊得太開心以至於沒有專心找路。所以等我們到集合地點的時候已經遲到半小時，團員早就離開了。此時又正好開始下雨，還是滂沱大雨，我們又都沒帶雨傘。不過還好外面天氣還算暖和，巡遊團的工作人員給我和蘇珊一張地圖，好心告訴我們路線，妳們很快就能趕上大家了，他們說：只要找一群撐著橘色雨傘的人就對了，到時妳們就可以跟別人一起撐傘躲雨。

我和蘇珊冒著大雨，穿過一條條小巷和大道，但就是沒看到一群撐著橘傘的遊客。我們中途停下查看地圖，但地圖瞬間被大雨打糊，此時蘇珊突然大笑起來，而我也馬上瞭解雨中看地圖的可笑，然後我倆就在下著大雨的街角一起笑彎了腰。我們再走了幾個積水的街區，但就是找不到。我們跑到遠近馳名的巴西人咖啡館（Café de Brasiliera）躲雨，一個世紀前這裡可是葡萄牙巨匠詩人們的集會處。高高的天花板上布滿油畫，吧台由大理石雕砌而成，地上鋪著黑白磁磚。一到門外，你就可以看到佩索亞的雕像，他坐在咖啡桌旁，戴著紳士帽，繫著蝴蝶領結，旁邊一直有遊客排隊等著跟他拍照，即使下著傾盆大雨也不例外。

我們在雕像旁邊的戶外傘下喝著熱可可，其實我心裡還是抱著希望，動不動就伸長脖子張望，希望我們錯過的旅行團會奇蹟似地出現。我心想，要是我們能早一個小時出發，要是我們沒有迷路，要是我是獨自來參加，身邊沒有這個超級好玩又好聊的蘇珊陪著，那我現在一定是好好地跟著旅行團遊覽了。我忍不住心想：我千里迢迢飛來里斯本，竟然錯過了這趟旅程裡面最重要的行程。我在心裡唸唸叨叨到傍晚，才終於釋懷，因為我發現雖然我錯過了深入認識佩索亞的遊覽行程，但我和蘇珊卻因此有機會暢談一下午，而我們的交情也因為這一下午的深談而昇華到「畢生摯友」的境界。蘇珊對朋友大方不藏私，她有超級好看的飛機包，不只搭飛機可以帶，平時提著也很優雅，而她會很熱情地跟你說在哪裡可以買到類似的包包；她也是那種可以讓你傾訴任何事情的朋友，你可以跟她分享你最尷尬的說錯話經歷，或者曾經做了什麼違背道德的壞事，她聽完後會給你一個壞壞的、卻又表示理解的微笑，然後瀟灑地向你舉起酒杯。所以這下午雖然我有所失，卻也獲得了更重要的東西。

讀完上面的內容，你也幾乎算是參加過蘇珊的工作坊了，再加上之前提過的表達性書寫——源自於她的研究成果。現在，你是否可以也用「我」為開頭的句式，寫下你心中一道坎的某段回憶或想法？我就是沒辦法專注，我是個薪水小偷。而且我不敢挺身為自己辯解，我愛講八卦結果傷到很多人。然後，問你自己幾個蘇珊常問的問題：

愛你的人如果看到你寫的內容，他們仍會愛你嗎？你還會愛你自己嗎？你現在還愛自己嗎？

但願以上這些問題的答案都是肯定的。但如果你不確定，或者目前你的答案是否定的，請記得蘇珊說過：你不是在說自己心裡有毛病，也不是身體有什麼異常，你只是在表達我是人而已，歡迎來到人類的世界。

第三樂章

永生、短暫與悲傷

既然知道我們所愛之人終將逝去，那我們該如何生活？

My paternal grandparents, photographer unknown
我的爺爺奶奶。攝影者不知名。

第七章

永生是什麼？

我們是否應該努力追求永生？

若有一天1，人類後裔已經在別的星球定居，他們將不會太早告訴孩子們人類祖先生活在地球上的遠古歷史，孩子們必須要足夠成熟、堅強，才能聆聽這段古老的故事。但他們聽到這段故事時仍會忍不住流淚，因為此時他們會知道，原來「死亡」這種東西曾經存在過。

——人工智慧理論家伊利澤．尤考斯基（Eliezer Yudkowsky）

我哥以前是紐約市西奈山醫院的腹部放射科醫師，他在二〇二〇年四月死於新冠肺炎併發症。他過世後那幾天，我時不時感到反胃，可能是真的想吐，也可能是心理作用。為什麼當親人離世的時候，很多人會有這種類似的感覺？甚至就我哥的例子來說，其實已經有很長一段時間我們各忙各的，但即使如此，他的離世還是讓我感到頭暈目眩。

我認為這種感覺並非源自寂寞，我不像我的嫂嫂，晚上看著空蕩蕩的床鋪，床頭櫃上還擺著丈夫生前未讀完的書，想著今晚沒有人可以說話、可以擁抱，而且不只今晚，還有明天晚上，後天晚上，以及往後無數個夜晚……我的頭暈目眩並非來自這種深刻的寂寞。我雖然很想念我哥壞壞的幽默感，也想念他願意為我們上了年紀的老媽跑三家超市只為了找她要的香蕉，不過我的暈眩感並非來自思念所產生的悲傷。當然，也不是因為我打電話通知父親「哥哥走了」的時候，聽到一向很少表露情緒的父親，在電話裡悲傷到不斷啜泣。（不過，到了年底，父親也死於新冠肺炎。）

這種令我暈眩反胃的感覺，也許跟以上這些悲痛的情緒有些關聯，但我覺得真正的原由，大概跟我兒子在小學三年級最後一天大哭的原因是一樣的：曾經擁有過的，將不復存在。再也不會是這個老師來上課、再也不能和同樣這批同學一起在同個班級裡、再也無法體會初次學直式除法的感受（即使你不喜歡數學，也還是可能感到失落）——曾經擁有的、曾經存在的，再也不會出現了。

我哥過世時六十二歲，在他過世前七年，認識了他此生摯愛寶拉。他倆從一開始就全心全意愛著對方，在新冠疫情爆發前幾個月剛步入禮堂。這是他第一次結婚，在他們的婚禮上，有些親朋好友都在說「遲來的幸福總比沒來好」，對他來說，他和寶拉的愛證實了「幸福值得等待」。

他過世後那幾天，他醫院的同事跟我說了一些他的事蹟。他曾經大半夜帶著一台行動超音波跑到病房為病人再次確認複雜的診斷結果，對他來說，三更半夜跑來工作不算什麼，他說「病人才是他的唯一考量」。還有，他最近才獲頒卓越講師獎，還獲得年度優秀教師獎，這可是他工作部門的最高榮譽，但因為他一向謙虛，所以我不意外他從來沒跟我提過這些成就。如果我早點知道，我會很想跟他說聲恭喜。

我哥比我大十一歲，是他教我學會騎腳踏車，他還曾經發明一個遊戲，要是我違反了某條他制定的荒謬規則，他就要把我送去「專門管教壞小孩的學校」——我似乎還能看到他在廚房裡拿著電話筒，假裝在跟那所不存在的學校裡的老師說我的壞話。他離世後有段日子裡，過去的回憶會在清晨五點猛然襲上我的心頭，這些事情雖然發生在好多好多年前，但仍是我曾經擁有過的，而未來我再也不可能擁有了。

你可以努力說服自己「所有事情原本就都會過去」；你可以多讀些斯多噶（Stoic）哲學家的著作，這些著作常會教讀者如何接受「死亡乃是必然」，你也可以照這些哲學家所建議的「勿忘人終有一死」（記得因為有死亡，生命才如此珍貴）；你還可以透過冥想，思考人生的短暫無常。這些事情我都常做，多少能讓我對死亡有些心理準備。然而，「無常」

的淒美，遠遠超過我們所能負荷；在我們的盛年時期，尤其在我們欣賞莊嚴肅穆的藝術作品、音樂或大自然時，我們能理解「無常」的悲壯，但在其他時候，我們則得親身經歷「無常」所帶來的難以承受之重。

然而問題是：我們如何面對人生的短暫無常？在接下來的章節裡，我們會探索這個人生最迫切的問題，並看到與多數人認知截然不同的答案。

二〇一七年八月，在聖地牙哥的一個豪華旅館與國際會議中心，長生不老聯盟（Raadfest，以下簡稱長生會）的第二屆年度大會即將展開——這是積極追求長壽者的年度節慶。這些追求長生不老的人有很多稱呼，包括反死人士、基要派延壽擁護者[2]、超人類支持者、極度長壽追求者等，而我則統稱他們為「永生信徒」。長生會網站首頁是這麼說的：「在這場對抗衰老和死亡的革命中[3]，找到你的位置！蒞臨本會的演講者都是世界知名的科學家、思想領袖和夢想家，他們都追求長生不老……這些人是耀眼巨星——是我們這個時代真正的超級英雄。」

永生主義是一股逐漸壯大的潮流，愈來愈多人開始相信人類可以、也應該獲得永生。科學家奧布里．德格雷（Aubrey de Grey）曾說，如果我們能達到「長壽逃逸速度[4]——醫療科技延續生命的速度，大於衰老的速度」，那麼即使是五十多歲的中年人，也能繼續健康生活很多很多年。奧布里蓄著一把長至肚臍的鬍子，有如聖經中最長壽的人物瑪土撒拉那樣。他這個人古里古怪卻又很有魅力，是永生主義的思想領袖。他宣稱人類的醫療科技若能達到長壽逃逸速度，我們的壽命可延長兩百至三百年，到最後我們甚至再也不會死。與其花時間去對付像阿茲海默症這類人類晚年易罹患的疾病，不如直接對抗衰老，因為衰老本身就是人類最大的敵人。

我來參加長生會的年會，是為了探究人類對抗死亡的進程。關於人生中最為「悲欣交集」的課題——既然知道終有一死，我們該如何活——長生會這個組織是如何看待呢？當人類渴望永生，心中真正想追求的又是什麼？真的只是想追求永遠不會終止的生命嗎？還是其實有別的、更真實的目標？很多哲學家認為，死亡讓生命有了意義，如果這樣的話，那沒有死亡的人生又有什麼意義？我非常渴望從已經思考過這些問題多年的人口中問到他們的答案。

我到聖地牙哥機場時傳了簡訊給我朋友拉菲拉．德羅莎（Raffaella de Rosa），她是羅格斯大學紐瓦克分校哲學系系主任，個子嬌小，留著一頭超短金髮，穿著大膽性感、對生活充滿熱情。她對長生聯盟的年會抱持著相當懷疑的態度，她認為：「我完全贊同『老而不衰』這種想法，畢竟我們都會老，而且變老真的很可怕！但是『反對死亡』也太扯了！哲學家海德格（Heidegger）說，是死亡形塑了我們的人生！是死亡給我們一種迫切感，推動著我們完成人生的目標。妳認為長生會的這些人真的相信自己講的嗎？」

然後，她又發了一則訊息過來：「真希望跟妳一起去，聽聽正反兩方的論戰。」

不過我一到達會場就發現，根本沒有論戰。這裡的人不歡迎任何質疑，這裡的氛圍比較像是：「真好，我們一群同溫層聚在一起，我們所有人都認為死亡很愚蠢。」史丹福大學超人類主義協會的網頁上有人這麼寫道：「如果你認為是死亡賦予了生命重大意義[5]，那麼你等於也認為，把你的胃從體內扯掉這個動作，也能讓『擁有胃』這件事具有重大意義。」

長生會的人說，與其從哲學層面來思考對抗死亡之法，不如好好發展二十一世紀的科技，努力追求健康的生活。在咖啡時間有人開玩笑說：大會的會員如果想抽菸的話，可能得偷偷跑到大老遠的地方才敢哈上幾口菸。聽到這裡，我突然覺得我喝拿鐵配餅乾，實在太不健康了，然後我又想到我有輕微的自體免疫疾病，而自體免疫疾病也是長生會的活動常提到的議題，畢竟人的免疫系統和人能否長壽息息相關，想到這裡我心裡又襲上一股罪惡感：

是不是我太愛巧克力才讓身體出問題？還是我的《安靜就是力量》新書發表會給我太大壓力，才危害到我的健康？還是我一向選擇的書名讓我覺得待在這裡有點尷尬？各位讀者，看看你現在手中這本書的書名就知道，我一向不會選擇太正能量的書名。在長生會的年會裡，諸如渴求、辛酸、喜悅、悲傷等詞彙，大概不會獲得認同。這裡的會員們可能不需要悲欣交集的人生。在這裡，會員們並不重視生命裡的脆弱，脆弱那份神秘的美，他們反而認為這是需要處理的問題，要用樂觀開朗的心情和令人驚嘆的科技一起克服的問題。

我一走進會場，就聽到喇叭大聲播放一九八〇年電影《名揚四海》的主題曲——接下來我還得在這裡待三天：

我要永生不死！
我要學習飛翔，高飛
要翱翔天際！
寶貝記得我的名字。

追求生命延長的各界人士，對於長生會的褒貶不一。有人告訴我這個組織龍蛇混雜，有進行開創性研究的科學家和發明家，也有水晶能量愛好者、蛇油銷售員、拼死命想多活幾年的老人。組織成員大多為白人男性，還有少數上了年紀的嬉皮，以及一些看起來像時尚模特兒的年輕人。你很容易就看得出來哪些人是科學家，有些科學家不修邊幅，有些則打扮得休閒有型，男性多穿著牛津紡襯衫和斜紋棉褲，女性大多穿著精明幹練的女裝襯衫。

我左手邊坐著一對老夫妻，我問他們是什麼吸引他們來這裡，他們回答：「我們希望自己還有很多年可活。」他們是從一本叫做《延年益壽》（Life Extension）的雜誌知道這場大會，然後老太太問我：「那妳呢？妳是在生命延續的領域工作嗎？」當我回答說我不是，我是個作家，他們就沒興趣再跟我交談了。

接著，一個叫做「活生生的證明」的樂團上台表演，成員是三個中年吉他手加一個老年鍵盤手，演唱了一首關於長生不死的歌，「從灰燼中破土重生，我們注定永生不朽！」樂團放聲高歌，觀眾全都起立鼓掌。

「他們今晚的表演超棒！」坐在我後面的女士跟她身邊的人稱讚台上的表演，說話的口氣像是鐵粉在誇獎自己喜歡很久的樂團。顯然，他們彼此是藉由這類活動熟識，看起來都很開心有機會再次相聚，他們兩人之間的氛圍就跟會場群眾所展現出來的一樣正向歡快。

然後，我轉頭問我右手邊那位七十幾歲、文質彬彬的退休英文教授，是什麼吸引他來參加長生會的年度大會。

「是恐懼，」他很嚴肅地跟我說。

大會活動熱烈展開。接下來有許多專業人士依序上台演說，包括低溫生物學家與生物老年學家格雷格．費伊（Greg Fahy），此人曾用人類的生長激素來再生胸腺，胸腺可是我們免疫系統中非常重要的腺體；還有哈佛醫學院的遺傳學家蘇克諦博士（Sukhdeep Singh Dhadwar），他的研究包含試圖讓已經絕種的長毛象重生，以及努力尋找造成阿茲海默症的基因；另外還有著名的多領域專家麥克．偉斯特博士（Mike West），他是首次分離出人類胚胎幹細胞的科學家之一，他創辦的生技公司則致力於治療因老化而導致的退化性疾病。

第一場演講人的名字是伯娜狄恩（Bernadeane），這位女士只有名字，沒有姓氏，她和舊情人詹姆斯．斯特羅爾（James Strole）共同創立了一個名叫「無限人類」（People Unlimited）的公司，該公司位於亞歷桑納州，他們兩人是長生會的製作人兼贊助商。伯娜（大家都這麼叫她）穿著一襲黑色長洋裝，頭戴黑色貝雷帽，她將一頭閃亮耀眼的白髮剪成知名演員路薏絲．布魯克斯（Louise Brooks）的招牌鮑勃頭，再搭配艷紅的唇彩。她已經八十歲了，但這樣的打扮就算以年輕女孩的標準來看，她也絕對稱得上時尚尤物，甚至有人覺得她美到難以置信。（隔天，她再度站上舞台，穿著迷你裙搭配一雙踝靴，大方展現修長美腿。）

伯娜說她出生於一九三七年，但到了一九六〇年她二十三歲時，「我才聽到有人在廣播節目中說，人類的肉身未必會死。從那天起我就不斷努力對抗衰老和死亡，我沒打算死，我打算活得一天比一天精彩。我覺得死亡爛透了，而且我認為大家都不應該死。我很感恩我有機會獲得永生，我的身體真的給我一種我不會死去的感覺，我講這話一點都不覺得尷尬，我走出了死亡的宿命，正如同走出監牢一樣。」

伯娜一方面像個勵志演說家，另一方面又像蠱惑人心的洗腦大師。她說：「你們到了更年期的時候不要覺得自己快死了，相信我，這時人生不過剛開始而已！我們要爭取長生不死的權利！我現在非常興奮，因為我看到我們的生命沒有盡頭。我們要去感受這樣的可能，我們要去創造這樣的可能！我現在非常享受人生，當你到達一個歲數但知道人生還很長，這感覺真的很棒，而我現在已經八十一歲了（此時觀眾熱烈歡呼），我知道我的人生還沒走到盡頭。我不認為八十幾歲這個年紀會讓我各方面走下坡，相反地，我認為八十幾歲的我愈活愈好！我看到人類擁有前所未見的未來！」

我一直以來都覺得我八十幾歲的時候，各方面應該都蠻慘的，如果我真有機會活到八十幾歲的話。但聽了伯娜的演講，感覺我們一般對老年的悲觀預測似乎都是自己嚇自己，老年根本不是這樣。

「一個嶄新的世界即將在我們眼前展開！」伯娜大喊：「我不會放棄！大家都別放棄！我們要活下去！」

「是啊！沒錯！」觀眾跟著大喊：「喲吼！說得好啊，伯娜！」「革命萬歲！」

這些人都是誰啊？他們的腦袋沒問題吧？他們真的都是聰明又有遠見的人嗎？還是昧於事實？他們是當代「非贏即輸」文化之下的產物，一心想要「打贏這場永生之戰」？他們真的想長生不死，想大幅度延長壽命嗎？這是邪教吧？我也見過有的邪教教育網頁模仿詹姆斯和伯娜一樣，清楚記錄每場研討會的收費。但詹姆斯和伯娜認為他們的做法一點問題也沒有，他們就是靠販賣「壽命」賺錢，收點錢何錯之有？

不過，這個組織有些科學家是認真地想要喚醒處於「麻木接受衰老」狀態的一般大眾。「麻木接受衰老」一詞是由那位和瑪土撒拉一樣留著超長鬍子的科學家德格雷所創，他說：「人都喜歡假裝自己不希望發生的事情——也就是死亡——不會發生，這樣想的話好像就能繼續安心過著自己短促的人生。但懷抱這種想法的人該醒醒了，也該勇敢一點了！人總愛說：『死亡其實是福非禍』，然後就輕易接受自己終將老死的事實。但問題是，若一個人已經預知在遙遠的未來會發生某件可怕的事情，他其實有兩個選擇：要嘛一輩子不斷思考如何對抗可怕的命運，要嘛什麼都不做、把這件事情拋諸腦後，或者還試圖從這個可怕命運悟出什麼讓人覺得頗為受用的道理。因此，選擇什麼都不做的人會催眠自己相信死亡是福非禍、無須擔心，這就一點都不奇怪了。」

我聽到這個觀點的時候非常震驚，我一向以為自己並沒有特別怕死。比起自己的死亡，我還比較害怕親朋好友離世。不過就在前一陣子，我以為我得了乳癌，雖然後來證實只是虛驚一場，但在等檢驗結果的時候，我其實比我預期的還要害怕。

所以，也許永生信徒和我們之間最大的差異，不僅是他們有信心憑藉科技獲得永生，還在於他們敢於直接面對死亡。雖然我們都知道人終有一死，但大多數人總是自我催眠死神不會那麼快降臨。不過，永生信徒們不會這樣自我催眠，他們也不願假裝沒看到生命的短暫。他們認為生命的短暫是世間最大的傷口，而他們會窮盡畢生之力來治癒這個傷口。

人工智慧理論家伊利澤．尤考斯基曾寫道：「若有一天，人類後裔已經在不同星球上定居，他們不會太早告訴孩子們人類祖先生活在地球上的遠古歷史，孩子們必須要足夠成熟堅強才能聽這段古老的故事。但他們聽到這段故事時仍會忍不住流淚，因為此時他們才知道原來『死亡』這種東西曾經存在過。」這段文字展現了科幻小說對人類未來的熱情嚮往，但在這份慷慨激昂裡面，卻蘊含著深刻的溫柔。每次讀到這段文字，總讓我打從心裡感動。

的確，很多長生會的科學家開始演講時都會先播放一些引人落淚的畫面，像是某人哭倒在自己所愛之人的遺體上，接著他們會分享自己因為失去了母親、父親或孩子而悲痛欲絕。他們會很激動地呼籲觀眾「救救我們的長輩」，這個簡單的詞從他們的口中喊出來，變成了一種號召眾人的口號。他們會訴說自己因親朋好友離世而心碎的經驗、分享那些因悲痛帶來轉變的重大時刻——以及描述自己在努力對抗造成這一切的元兇時所感受到的無上喜悅。第一個分離出人類幹細胞的專家偉斯特博士說他是在二十七歲那年頓悟的，那天他一邊吃著漢堡，一邊看著對街的墓園，他說：「突然之間6，大概就像佛陀頓悟一樣，我也覺醒了。在我眼前突然出現我所有朋友和所有我愛的人的墳墓，上面還寫著他們去世的年份和日期。我彷彿看到了太陽在眼前升起，然後我說：『我不會讓這一切發生的。』我當時並不曉得我們是否真的能夠對抗死亡，但我下定決心要傾盡畢生之力來解決造成人類壽數有限的最大問題。」

其實我第一次認識永生信徒，是在參加長生聯盟年會之前的幾個月。基斯．克米托（Keith Comito）是生命延長基金會（Lifespan Extension Advocacy Foundation）的主席，有一張瘦長但親切的臉，褐色的眼睛週遭都是笑紋。我們第一次碰面的地點選在他最喜歡的格林威治村咖啡館，他穿了一件印有漫威英雄週期表的T恤。他等我的時候手上拿著綠茶，他後來跟我解釋說他讀大學的時候覺得咖啡對身體不好，所以就戒掉了，但講到這裡他的臉上又漾起帶著酒窩的微笑，他承認：加班趕工到凌晨三點對身體也不好，但他想完成的事情實在太多，尤其是長生不老，對他來說長生不老就是他的終極目標。

基斯非常推崇《吉爾伽美什史詩》[7]，這是世界上最早的文學鉅作，講述一個追求長生不老的國王。基斯講述這個有名的故事時，整個人手舞足蹈，雀躍不已，他說追求長生不老的國王發現了一朵永生之花，想要把這朵花帶回去給他的子民，但他在旅途中睡著了，給了一條蛇可趁之機，結果那條蛇吞下了那朵永生之花。基斯說，所有英雄踏上旅程的最終目標都是永生，《星際大戰》和《奧德賽》其實也在闡述人類長久以來對永生的渴望，只是這兩個故事寫得更加曲折離奇。基斯自認為自己也是踏上追求永生之旅的主角，只是他的故事沒那麼神奇。

基斯是那種完全「做自己」的人，對人直率，毫無心機。他在講述國王的故事時，是真的很興奮地說：「講到這裡我都起雞皮疙瘩了[8]！」在我們談話的兩個小時內，他至少有三次因為談到永生而喊著自己都起雞皮疙瘩了。他還說，雖然知道自己終究難逃一死，但他還是充滿動力，因為「我能為人類做出重大貢獻、療癒世人」讓他充滿力量。「有機會活著完成文學史上第一位英雄的目標，實在太棒了！我們有機會把那朵永生之花帶回來，實在太令人興奮了！我們不是要找尋生命的意義嗎？長生不老就是最重大的生命意義啊，它就是人類最早的故事啊！」他口沫橫飛，激動到比手劃腳，還動不動撞到我的筆電，但每次撞到他都會停下來真誠道歉。我心裡想，高中時代的基斯一定是個標準宅男，但因為渾身散發著難以抑制的熱情，所以大家還是很喜歡他。「你有機會把花帶回來耶！」基斯興奮地說道。

然而，如果你更深入探究《吉爾伽美什史詩》和其他關於永生的文學作品——永生這個主題總是能激起作家們的想像力，從《格列佛遊記》到《飛翔的荷蘭人》都是跟追求永生有關的著作——你會發現這些故事幾乎都在告訴我們：追求長生不死不但不可能（蛇終究會把永生之花吞掉），也很不明智。人若真能長生不死，地球很快就會人滿為患，而且過幾百年後，我們肯定會覺得日子很無聊，人生會變得沒有意義。

我問基斯他對這些常見的反對言論有什麼想法，然後他反問我一連串問題來引導我思考。

他問我：你會想要明天就死掉嗎？我的答案當然是「不會」。他又問：那後天呢？當然還是「不會」。他繼續問：那大後天呢？大後天的隔天呢？大後天的隔天的隔天的隔天的隔天呢？

我的答案永遠都是「不會」，也就是說，不管他提哪一天，我都很難想像我的答案會變成「會」。不可能有哪一天我會願意接受從今以後我再也見不到我的家人，再也看不到下一次日出，再也喝不到咖啡馬丁尼，再也沒辦法和老朋友開心相聚、一起高歌十六歲時一起聽的《旅行》，再也無法坐在咖啡館的窗戶旁欣賞晴朗的早晨。

如果說我們可以一直活下去，但仍舊會持續衰老，那麼肯定很多人到了某個時刻會認為自己該走了。但這並非永生信徒奮鬥的目標，他們想要達成的不只是長生不死，而是長生不老且無病無痛，他們想要治癒世上所有人。

就跟我在長生會遇到的其他永生信徒一樣，基斯很清楚自己為什麼不接受死亡，為什麼無法和大多數人一樣自我催眠死神不會那麼快降臨。他的生父生母在貧民窟相識，兩人飽受毒癮和心理疾病所苦，因此基斯一出生就是由養父母代為照顧，後來他也正式由養父母收養，對他來說，他的養父母「才是他真正的父母」。其實他的親生父母和養父母曾激烈爭搶他的監護權，最後養父母勝出，而他的親生父母則在他小學的時候就過世了。他的生母是餓死的，而他的生父則是服藥過量自盡。基斯知道後幾乎崩潰，但他不曉得如何處理心中巨大的悲痛，他甚至不確定自己是否應該感到悲痛，畢竟，能夠在一個充滿愛的家庭過著美好的生活不是很幸運嗎？但他很清楚他親生父母的死亡已經讓他踏入一個同齡朋友無法理解的世界——在這個世界裡，死亡極為真實。

他解釋說：「在魔戒的故事裡，只要戴上魔戒就能隱身，但事實上他們是被轉換到另一個闇影空間，在這裡，反派的爪牙還是可以看得到他們，他們只是來到了現實世界的另一維度。死亡對我造成的影響就很類似戴上魔戒的效果，一般的孩子不會認真思考死亡，會覺得爸媽都不會死，所以你也一樣不會死，你爸媽會保護你。但若你還很小的時候就發現給予你生命的人卻死掉了，你和死亡之間的那道牆也會立刻消失，你會瞬間發現死亡其實離你很近。」

他用盡各種方法來減緩自己對死亡的憂懼。一開始他想成為牧師（他現在認為自己是不可知論者，不過還是很容易受到宗教力量的吸引，而且能夠盯著十字架一盯就是幾小時），後來他開始瘋狂自學很多東西，想讓自己變得強大，他專研科學，認真健身，甚至跑去學瑜珈、學武術、學體操。「等我年紀愈來愈大，」他一邊看著自己精瘦結實的手臂一邊說：「歲月終有一天會把我努力獲得的這一切帶走。所以你說，我是不是該拼盡全力找到延續生命的方法？如果你有一大堆想做的事，而其中一件正好是讓自己能健康地活更久，你應該會先努力做這件事。」

反對永生主義的言論中，最常見的就是「長生不老根本是妄想」，無論我們的科技多進步，蛇最終都會吞掉那朵永生之花。（我個人的看法是，我不太相信人類真的能完全擺脫死亡，但我卻很有信心我們終有一天能大幅延長「健康活著的年歲」，遠超過我們前人的想像。）

但反對永生的人其實還有更深層的憂慮，那就是：人類不該妄想成為神。有些人會想，如果我們真的長生不老，那我們還是人嗎？如果說，我們愛人以及與他人建立交情的能力，源自於我們看到哭泣的弱小嬰孩時會想去呵護照顧的衝動，那麼若有一天人類不再脆弱，我們會變成怎樣呢？我們還有能力愛人和被愛嗎？假如，真的像柏拉圖所說，我們不可能在不思考死亡的情況下理解現實世界運行的道理，那麼如果我們可以完全擺脫死亡，我們又要怎麼理解身處的世界？除了這些哲學上的辯證以外，還有更實際的問題：如果我們在找到可移居的星球之前就找到永生大法，地球會有足夠的空間讓人存活嗎？永生會不會只是把我們推入一個要什麼缺什麼、到處都是衝突的混亂時代？

對於這些質疑，永生信徒都已經有了答案。他們不只要消滅死亡，他們還要消滅人間所有的悲傷失落，並以愛取代之。他們的說法是，如果我們連長生不老都能做到，我們一定也能找到方法治癒憂鬱症、消滅貧窮、終結戰爭。長生會有位科學家跟我說：「我認為這非常有道理[9]，如果我們能解決人類面對的最嚴重的問題（也就是死亡），我們自然也有可能解決其他問題。自從人類文明之初，壽命有限這件事情就一直折磨著我們，如果我們能解決這個問題，我們就能解決任何問題。」

永生信徒的世界大同願景，源自於社會心理學裡的恐懼管理理論。根據該理論，對死亡的恐懼會促使人類產生「部落意識」，使我們渴望歸屬於某個能比我們存在更久的群體。許多研究皆顯示，當我們感到生命安全受到威脅，我們很容易變得偏激，對外來者充滿敵意，對外來團體抱持偏見。在某個實驗裡，研究人員讓受試者多次看到或聽到跟死亡有關的事物10，與對照組相比，受試者碰到政治立場不同的人的時候，更傾向於火辣辣的爭辯。在另一項研究裡，研究人員要求幾名政治立場偏保守的學生想想他們死後身體會發生的變化11，結果這些學生比對照組的人更傾向支持對敵國採取軍事攻擊。因此永生信徒相信，如果我們再也不必恐懼死亡，那麼人類社會會變得更和諧，更少出現偏激的愛國主義，也會更友善地對待外來者。

長生會很明確地認同這種看法。他們的舊版網頁曾寫道：「有一個整體的觀點，我們覺得必須說清楚12，那就是：追求永生並非要把人類改造成非人類，不是要讓大家變成好萊塢電影裡毫無人性的吸血鬼，事實上，永生能引導出我們人性中最好的一面。永生不僅終結死亡，也能終結人與人之間的隔閡；永生能消除我們對死亡的恐懼，進而使我們樂於對他人敞開心房。生命的有限是一種毒，嚴重威脅我們的健康，而且也許最可怕的毒正是來自生命有限的人類。然而本會追求永生的熱情創造了前所未有的團結，在這種團結的氛圍中，人會互相扶持，而不是扯彼此後腿。」

其實這想法很好，雖然大家都知道，要消除人性裡的毒性，要終結衝突，並沒那麼簡單。也的確，正如該網頁所示，我們真正要面對的挑戰可能根本不是死亡（或者說不只有死亡），而是活著的時候會經歷的種種悲傷與渴望（卻不能得到）而產生的怨憤。我們以為自己渴望長生不老，但也許我們真正渴望的是無瑕且無條件的愛，渴望一個獅子和小羊能一起安心躺在青草地上的世界，渴望一個沒有飢荒洪水、沒有政治犯集中營和政治迫害的世界，渴望我們能像打從心底愛著自己父母一般愛著其他人，渴望我們自己能一直像小嬰兒一樣被他人珍愛，渴望一個完全不是以我們現在的思維所打造的世界，而且在這個世界裡，生物不需要靠著吃別的生物才能存活。就算有一天，我們能用堅不可摧的金屬打造四肢，靈魂能上傳到雲端硬碟，還在宇宙中佔領了眾多與地球一樣美麗宜居的星球——即使如此，我們還是會沮喪、會心碎，人和人之間還是會有衝突和隔閡，而且「永生」對這些情況並沒有特效藥。

這也是為什麼在佛教和印度教中，最好的福報並非永生，而是得以超脫輪迴；這也是為什麼基督教徒的夢想不是擺脫死亡，乃是進入天堂。而第二章提到的馮李博士和其他神祕學家可能會說，我們真正渴望的是再次找到愛的源頭。我們渴望一個完美的世界，渴望「彩虹盡頭的美地」，渴望《納尼亞傳奇》作者魯益師筆下的「一個所有美麗所發源之地[13]」。魯益師的好友、作家托爾金（J.R. Tolkien）則說，這種對理想伊甸園的渴望，可以說是「我們人類天性中[14]，最美好、最不受汙染、最溫柔也最能代表人類的一塊」。或許永生信徒之所以想要長生不老，想要消除人與人之間的隔閡，也是在追求同樣的目標，只是方式不一樣而已。

但我想，永生信徒也指出了一條不同方向的路。我承認，要是我能活到看見我曾孫的曾孫出世當然很棒，就算我沒機會活那麼久，我也希望我的孩子能看到他們曾孫的曾孫。但我也希望永生不會讓我的孩子們忽略了：人生有苦有甜、有悲有喜。長生會成員相信只要戰勝死亡，一條通往和平與和諧的道路就會展現在我們眼前。但我認為剛好相反。我的想法是，正是深刻的悲傷、求而不得的哀怨，或甚至是生命的有限，才能讓人結合在一起，走上一條終點為愛的道路。而我們人類最偉大、最艱鉅的任務，就是要學習如何走完這條艱辛的漫漫長路。

第八章

如何面對悲痛和無常？

生命裡的悲痛和無常，我們是否應該努力克服它們？

還有，當放手的時候到了1，就放手吧。

——美國詩人瑪莉·奧利佛（Mary Oliver）

日本知名佛學詩人小林一茶很晚才結婚（這點跟我哥一樣）。一八一四年，他五十一歲的時候結了婚。他的人生很悲慘，兩歲時生母過世，繼母對他動輒打罵，據他的說法，繼母每天要鞭打他一百下才滿意。後來他父親染上傷寒，他便照顧直至父親去世。他結婚後妻子為他生了兩個兒子，卻都在出生一個月後夭折。後來又生了個健康漂亮的女孩，好不容易覺得幸福終於降臨，沒想到女兒染上天花，還來不及過兩歲生日就夭折了。

小林一茶是日本俳句四大家之一，這位接連喪失至親的心碎詩人在詩作中曾寫道，自己無法接受生命的短暫無常。他曾說：「我知水不能流回源頭[2]，地上飄零的花朵無法重回枝枒，即使如此，情感的連繫還是難以斷絕。」他也在以下這首俳句中思考類似的主題：

我知這世界，[3]
本如露水般短暫。
然而，然而……

這是一首很奇特的詩，語氣非常柔和，柔和到你幾乎察覺不到詩文裡蘊含著深重的抗議，主題似乎和佛教的核心思想——也就是「人生如朝露，轉瞬即逝」的概念有關。對於「人知道自己終將一死，那又該如何活著？」這個問題，佛教（以及印度教和耆那教）給出的答案是：放下執著。不執著的意思是：我們應該去愛人，但不該執著於愛所產生的欲念（例如小林一茶希望女兒能活下來的執念）或憎惡（例如小林一茶對帶走他女兒的天花的恨意）。人生之所以有這麼多痛苦，主要原因就是我們沒辦法接受無常。為此，許多偉大的思想大師不斷提醒自己死亡的存在，例如有人會在睡覺前把房裡的火全熄滅，甚至不為隔天早晨留點燒紅的餘燼來取暖，這樣做是在提醒自己：你怎麼知道你到時還活著呢？

然而，「意識到」人生的短暫無常和「能接受」人生的短暫無常，兩者有極大的不同。這也是為什麼小林一茶俳句中的「本如露水般短暫」並非此詩文的核心，這首詩真正發人深省、令人回味無窮的是那句「然而，然而……」。

小林一茶說：即使我知道人生短暫無常，我還是會永遠希望女兒能回到我身邊；即使我知道人生短暫無常，喪女之痛仍成為我人生永遠的缺憾；即使我知道人生短暫無常，我也無法接受這麼殘酷的事實，永遠無法。你有聽到我輕聲說我無法接受生與死的殘酷嗎？即使我知道人生短暫無常，即使我知道，即使我知道……

如果我們知道自己和所有至親至愛終有一死，我們該怎麼過我們的人生？小林一茶藉著詩文提供了他自己的心酸答案，我相信他在對我們說：你不須要接受無常，你只要知道人生無常就夠了，你可以任由自己感受無常帶來的劇痛。

因為最終，就是無常帶來的巨大痛苦，讓我們所有人之間產生了連結。

想想小林一茶創作這些詩文時的心情。難道他會認為天地間只有他一人放不下執著嗎？當然不是。所以他透過詩文來告訴所有人：我知道人生如朝露，轉瞬即逝，但我不管，我就是想要我女兒回到我身邊。為什麼他要寫這些俳句？為什麼兩百多年後的我們還在讀他的俳句？那是因為我們懂他的感受，小林一茶也知道後人會懂；我們也知道就算再過兩百年，後世的讀者一樣能懂（除非永生信徒真的達成了他們的目標，否則兩百年後的人一樣能懂）。小林一茶把自己的人生經歷書寫成詩，邀請我們與他共同體會生命無常帶來的悲傷，以及身為凡人求而不得的怨憤；他引領我們體會深刻的愛，而且我總認為這種愛，正是許多悲傷歌曲的力量來源，雖然我們看不見這種力量，但我們卻老是愛聽這些傷感的歌曲。這大概是世間最矛盾、但又最真實的狀況了：我們和世界上所有人都一樣無法超脫悲痛，因為我們總會說「即使我知道人生無常……即使我知道……」然而，也只有在意識到這種悲痛能讓我們和所有人連結在一起的時候，我們才有機會超脫悲痛。

你曾經在心裡偷偷抗議生命為何如此短暫無常嗎？你會因為與所愛之人分離而感到極大的痛苦嗎？也許你會把這些怨念和痛苦藏在心裡，甚至還會為此莫名感到丟臉。儘管現在有一批永生信徒高調尋找對抗死亡的方法，但「對人生短暫無常感到不滿」這個概念，其實和我們的社會文化一直以來灌輸我們的觀念，是背道而馳的。我們在某些場合總是會講固定的話，例如「要撐住」、「生活總是要過下去」；如果碰到有人失去親友，我們可能會用更溫柔的措辭，像是「放下吧」。根據Google統計，「放下吧」這句話在過去二十年的使用次數急遽增加。但請各位別誤會，「放下吧」這句話很有智慧，也是一種鼓勵人從痛苦中走出來的想法，我自己就把瑪莉·奧利佛的詩（就是本章一開頭的引文）貼在我的書桌前。在過去這幾年，我也愈來愈懂得放下。

然而在當代文化裡，「放下吧」這句話似乎有種強制力，強迫大家都要學著放下。在西方文化中，曾流行過一種叫做「死亡藝術[4]（ars moriendi）」的傳統，出版了許多教人如何面對死亡的指南小冊子。一四一五年用拉丁文書寫的死亡指南還暢銷到在整個歐洲再刷一百多次。在以往，許多人會因為難產、流感或疾病而死在家裡，但到了一九三〇年代，多數人過世的地方不再是家裡，而是醫院，死亡也脫離了親人的視線。於是，在接下來長達一世紀的時間裡，人類似乎說好了一起假裝死亡只會發生在跟自己無關的人身上。

法國歷史學者菲力普·阿利埃斯（Philippe Aries）在其著作《西方文化面對死亡的態度》當中說，死亡變成了一種「可恥的禁忌話題[5]」，他認為「對你來說，某個人走了，整個世界都空了，但你卻沒有權利把這樣的心情大聲說出來」。人類學家傑佛瑞·戈爾（Geoffrey Gorer）在著作《死亡、悲痛和哀悼》中說，他觀察到當代的人即使失去至親至愛，依舊得扛著「開心過日子的道德義務[6]」，而且「絕對不可以做出任何會影響他人好心情的行為」，哀傷的人必須「把哀慟認定是病態地放縱自己深陷於悲傷中」，而我們則必須對於那些「痛失親友，卻能把哀慟隱藏得很好的人，給予肯定」。

在本章中，我想要介紹一個新觀點，我希望跟各位證明：如果你能欣然接受人生的悲欣交集，能時時刻刻提醒自己生命的脆弱以及與所愛之人分離的痛苦，這樣的生活方式將能帶給你其他人不知道的巨大的力量，引領你走上一條同樣鮮為人知、卻通往智慧、喜悅、甚至世界大同的道路。

我一個兒子六歲、一個八歲的那年，我們租了一幢鄉間避暑別墅，全家到那裡度假十天。兩個孩子玩得非常開心，他們一起游泳、在戶外玩耍、享用冰淇淋。他們還愛上了隔壁鄰居圈養的兩隻驢子，一隻叫阿福，一隻叫阿諾。兩個孩子每天都會帶著蘋果和紅蘿蔔去餵阿福阿諾，一開始兩隻驢子還因為怕生而不敢吃，幾天後牠們只要遠遠看到兩個男孩就會馬上衝過來，吃得津津有味，吃到驢嘴邊都是果汁，而我那兩個兒子在旁看著驢子吃東西，既感動又興奮。

這是一段發生在某個夏季的溫馨小故事，但就跟所有的故事一樣，總會有結束的時刻。就在我們要回家之前的兩個夜晚，通常很開心的兒子卻是哭到睡著的，因為即將和阿福阿諾分別，他們很難過。我和先生跟他們說，阿福阿諾沒有我們也會好好的，其他來這裡玩的家庭也會餵牠們吃好吃的；我們還安慰他們說，也許隔年夏天我們還有機會再來這裡玩，也許還能再看到阿福阿諾。

然而講了那麼多，最後真正讓兩個孩子釋懷的是我告訴他們：人活著一定會經歷分別的痛苦，每個人都會經歷這種痛苦，而且還會一次又一次地經歷。雖然對兩個孩子說這種話，似乎只會讓他們更難受，但結果卻完全相反。孩子們（特別是在相對舒適的環境中成長的孩子）會因「失落」而感到悲傷、大哭，部份原因是我們常常不經意地給他們一種錯覺，讓他們以為所有事情都會有圓滿的結果，所有事情都會順順利利；讓他們誤以為失意、病痛和麻煩都不是現實生活中會面臨的大問題。詩人傑拉爾德．曼利．霍普金斯（Gerard Manley Hopkins）的《春與秋》是一段寫給某個小女孩的話，這個小女孩很難過，因為看到在她最愛的樹林裡，樹葉不斷從樹上掉落。

瑪格麗特，妳這麼悲傷
是因為黃金樹林裡的樹葉不停飄落嗎？

詩人這麼問女孩，但接下來他沒有叫她不要哭，也沒有安慰她說冬天也很美（雖然冬天真的很美），而是告訴她萬物皆有一死的事實：

人生本來就注定枯萎凋零，
所以瑪格麗特，妳才會感到悲傷。

當然，這不代表孩子從此就不能像以前那樣天真爛漫地玩耍。其實，意識到人生無常，無論對孩子還是對成人來說，都能帶來心靈上的解脫，而且能掙脫社會文化長期給我們的錯覺。孩子們看著遠方灑滿金色光輝的地平線所感受到的悲傷是非常真實的，但他們也不會獨自感受這樣的悲傷。

「即使知道人生短暫無常……」這句話蘊含的無奈和沉痛，無論是小孩、大人或是任何曾經活著的人都必定經歷，也因此將我們所有人都連繫在一起。

「即使知道人生短暫無常」這句話蘊含的人生觀，不僅僅是透過一種難以名狀的方式，把我們所有人連繫在一起。根據史丹佛壽命發展實驗室（Lifespan Development Laboratory）首席心理學教授蘿拉．卡斯騰森（Laura Carstensen）的看法，這句話所蘊含的力量能幫助我們活在當下[8]、享受人生，而且變得更寬容，能付出更深刻的愛，對一切更感恩、更知足，同時減少心裡的壓力和憤怒。

六十多歲的卡斯騰森留著灰白色的短髮，戴著玳瑁框眼鏡，言行舉止讓人感覺她是個謙遜但強勢的人。二〇一二年，她在TED的演講「老年人比較快樂」大獲好評。在那場演講中，她分享了驚人的研究成果：老年人比較常活在當下，且更寬容、更有愛、更感恩知足，心裡也比較沒有壓力和憤怒。當然，一般人都會認為是歲月賦予老年人圓融的智慧，但卡斯騰森卻推翻了這個存在已久的普遍認知。她的看法，與亞圖．葛文德（Atul Gawande）的重要著作《凝視死亡》（Being Mortal）當中的觀點一樣：老年人的智慧並非來自歲月或是年歲的經歷[9]，而是源自對生命短暫無常的強烈意識。老年人是因為深切感受到自己時日無多，體會到「即使我知道人生短暫無常」的這份無奈和沉重，才讓他們擁有這麼多美好特質。

卡斯騰森和她的同事曾做過一項研究，針對一群從十八歲到九十四歲的受試者進行十年的追蹤，採用「經驗取樣法」，由受試者隨身帶著呼叫器，不分白天晚上隨時請他們回報當下的情緒狀態。大多數人都有心理學家所謂的「負向偏誤」（negative bias），意思是大多數人比較容易關注令人不愉快或具危險性的事物，但卡斯騰森發現，老人家比較容易關注微笑的臉龐**10**，且較容易忽略皺眉和生氣的表情；他們活在當下，而不是緬懷過去或嚮往未來；跟年輕人和中年人比起來，他們比較少受壓力所苦，也比較不常生氣、擔憂或沮喪。

一開始，科學家認為這只是一種「老年人的矛盾現象」，畢竟，任憑你多有智慧，待在一個愈來愈衰弱的軀殼裡，不可能是什麼好玩的事情，也不可能會喜歡看到記事本裡寫的都是要參加誰的喪禮。既然如此，為什麼老人家還能比較快樂？是歲月讓他們的個性變得比較堅忍，能淡定笑看自己愈來愈黯淡的未來？還是說，卡斯騰森能獲得這樣的研究成果，原因是她研究的那一批人來自所謂的「最偉大的世代」，是這個世代的時空背景讓他們比別人更堅強剛毅？然而，無論出自哪個世代的人，皆符合卡斯騰森的研究結果，不管是打過二戰的老兵（屬於最偉大的世代）或是戰後嬰兒潮那一代，所有人的狀況都很相似：年紀愈大，看待事物就愈淡定、愈知足。

卡斯騰森直覺認為事情不是大多數人想的那麼簡單。她認為老年人比較快樂的真正原因是他們常常處在一種「憂喜並存的心理狀態」，老年人往往比年輕人更常處於這種心境（而這種心境，就是「悲欣交集」的核心特質）。她跟我說，這種心理狀態是人類最複雜的感受，也是這種心境賦予了人生重大意義——當你同時感到快樂卻又悲傷，你就是處於這種心境之中；當你進入這種心境的時候，你可能會一邊感到幸福，卻又一邊悲傷流淚，有可能是在你正經歷人生某些寶貴時刻，卻又很清楚這些時刻即將結束。卡斯騰森說，當我們看著心愛的孩子開心地踏著雨水，我們感受到的不僅是快樂而已：「我們同時會意識到，這段快樂的時光終會結束11，美好時刻和糟糕時刻一樣都會過去，我們終究難逃一死。我認為我們可以學著去適應這種心境，這是一種正向的情緒發展。」

我們都會經歷這種心境，但老年人更常進入這種心境，原因是，卡斯騰森認為，老年人自知來日無多。年輕人還有本錢自欺：美好時光永不結束，因此年輕人會更傾向去探索新事物，而非細細品味既有的一切；年輕人喜歡認識新朋友，而不是盡量把時間花在最親近的人身上；年輕人較常學習新技能，沉浸在大量的新資訊中，較少花時間沉思為什麼要這樣做；年輕人放眼未來，而不是活在當下。「憂喜並存的心境」對年輕人來說，聽起來似乎挺有深度的，但跟每天的生活好像沒什麼關聯。

年輕時喜歡做的這些事情當然都很棒，這些事情能拓展視野、打造人生，然而等你瞭解——是真的明瞭——你能活的時間不多了，你就不會一直想拓展視野。相反地，你會開始把眼光聚焦在特定的人事物上，會想更深刻去理解、去感受。你會開始把心思放在對你來說最重要的人事物上，不再充滿野心，不再掛念著自己的社會地位，也不會那麼拼命向前衝。你會希望僅剩的人生可以充滿愛和意義，會開始思考自己想在離世後留下什麼，會開始細細品味「活著」這件看似再簡單不過的事情。

經過卡斯騰森這一番說明，「老年人比較快樂知足」這個現象，突然變得很有道理。許多聖人和哲學家之所以充滿智慧、快樂知足，是因為他們透過各種方法（例如在書桌上放骷髏頭），時時提醒自己「人終有一死」。

在二十一世紀的西方社會裡，和卡斯騰森同一領域的科學家們本來很質疑她的說法，但卡斯騰森能夠有這麼獨到的見解，並非因為她是個神祕主義者或出家人，而是因為她二十一歲的時候就在鬼門關前走了一遭。

一九七〇年代，卡斯騰森是個青春洋溢的高中生，此時正值反越戰抗議活動遍地開花，一股稱作「花的力量」（flower power）的社會運動迅速崛起（按：當時美國反文化運動的主要目標為反戰爭，追求和平），流行的口號是「激發熱情、向內探索、脫離體制」。卡斯騰森的父親是知名科學家，但她追隨著那個世代脫離體制的潮流，在高中畢業前兩天輟學，和一個摩托車藝術家閃婚（我也不知道摩托車藝術家是什麼）。不久後就生了個男孩。

這段婚姻並沒有維持很久，她還不到二十一歲，就帶著兒子搬回娘家跟父母同住，還找了份服務生的工作餬口。有天晚上，她和同事去看演唱會，結束後一名廚師同事開著車載她回家，但她不曉得這位同事已經喝得很醉了，結果整輛車衝出道路、滾下路堤。她全身二十處骨折，還因為嚴重的腦震盪使得她失明了兩週。當時醫生們一度以為她會死。

她被安置在外科病房，同房病友是三位髖部骨折的八、九十歲老人。在鬼門關徘徊的那幾週，她發現她看待事情的角度愈來愈像那幾位老病友。剛進醫院時，她是個離婚不久、跟朋友玩瘋了的單親媽媽，但現在她跟幾個老室友一樣，不想再花時間在無關緊要的人身上，她非常希望自己的人生能更有意義，她渴望把時間花在最愛的人身上。

還好事實證明，醫生對她的預後太悲觀了。她不僅沒死，視力也回來了，骨頭也逐漸修復。車禍後的四個月她都待在醫院裡，百無聊賴又無法自由行動，每天就像卡通裡會看到的那種一隻腿被吊高高的病人一樣待在床上。她父親天天來陪她，並建議她去附近大學選門課來上。他說她可以選讀任何她感到興趣的領域，他會代替她去上課，把課堂錄影下來給她看，於是她選擇了心理學。起初她對老年時期的心理變化沒什麼興趣，但後來在她的研究生涯中，她偶然讀到老年人社交圈往往會變小、而且他們也不太喜歡去老年人活動中心吃午餐或參加社交活動（即使據說這麼做對他們有好處），她發現自己完全能理解為什麼會這樣，因為她回想起那段時間在醫院裡的心境。若你時日無多，又何必花時間交新朋友？在既有的人際關係裡尋找更多的愛與意義不是更好嗎？

當時的主流理論是：當我們愈來愈靠近生命的終點，我們會逐漸減少與他人的接觸。但卡斯騰森認為這個理論大錯特錯，我們老了以後也許不會想在老人活動中心隨便跟人攀談，但這不代表我們不想與他人交流；相反地，當我們逐漸邁向生命終點，雖然我們不想多交新朋友，但我們會很希望和既有的親朋好友有更多互動、變得更親密。

在追蹤了十八到九十四歲的受試者十年之後，卡斯騰森陸續做了更多極具開創性的研究，想要驗證她的假設：人老了以後之所以能變得更有智慧，是因為意識到生命的短暫，而不是年紀本身造成這樣的改變。她後來的研究也繼續證實：老年人多認為花時間與親朋好友相處比結交新朋友更重要。但當研究人員要參與研究的老人家去想像「如果醫學進步，讓自己能多活二十年」的情況，則此時的老人家就傾向做出和年輕人一樣的決定（擴大接觸圈、探索外界）。另一方面，愛滋病末期的年輕病患雖然年紀不大，但他們做出的選擇卻和八、九十歲的老人一樣。此外，當研究人員要求健康、年輕的受試者想像自己即將經歷人生的無常，例如想像自己即將搬到遠方，離開自己所愛的人，此時這些年輕的受試者也和八、九十歲老人會做的選擇一樣。

卡斯騰森甚至發現，若健康的年輕人面臨社會動盪，一樣會做出老人會做的選擇。一九九七年，許多年輕健壯的香港居民擔心回歸中國統治，後來SARS疫情爆發也讓很多健康的年輕人憂心忡忡，在這種情境下年輕人往往會做出老人會做的選擇。但等到政權和平轉移、人民的生活也逐漸穩定，或者當SARS的威脅減弱，這些年輕人又開始「表現得像年輕人」。卡斯騰森的研究一再證明了一項事實：我們變得更快樂、更有智慧的最大的因素，不是看我們活了多久——而是要看我們覺得自己未來還有幾年好日子可以過[12]。

如果你已經八十歲了，以上這些對你來說會是好消息，但對其他還沒步入老年的人來說，以上這些研究發現也可以產生很深遠的影響。如果卡斯騰森說的是真的，智慧不只來自人生經歷，更重要的來源是對「生命的脆弱」的強烈意識，那麼應該有很多方法可以幫助我們達到這種狀態。雖然我們不能（而且大概也不想）讓自己馬上老個三十歲或五十歲，但我們總能改變心態和想法，讓自己更有智慧、感受到更多幸福。

如果你天生就是比較屬於悲欣交集、陰翳特質的人，那你就更有優勢，因為你天生就很容易感受到人生無常的沉重。另一個方法就是靜靜等待自己步入中年，步入中年後我們似乎也能變得更有智慧、更快樂，而且身體還不會像老年人那麼衰弱。卡斯騰森還設計了一個小測驗[13]，叫做「未來時間觀量表」（Future Time Perspective scale，以下簡稱 FTP，參見她的網站 lifespan.stanford.edu），主要測量兩種心態：你認為自己還有多少可能性，以及你有多清楚自己終將一死。

我在五十歲的時候做了這個測驗，我在回答第一組的問題時（測量你預期未來還有多少可能性）心態很像年輕人，但在回答第二組問題時（測量你是否感覺時間快要不夠了）心態又像八十多歲的老年人。我跟二十幾歲的年輕人一樣，我還有很多計畫和想法，對很多事情都充滿熱情，但我同時也強烈意識到時間愈來愈少，在十五年前我可沒有這種感覺。我並未因此感到焦慮，至少現在還沒有，但我的確認為我要趁還有能力的時候盡量去做想做的事。卡斯騰森跟我說，大多數人在中年都是這種心態。

就算你現在是二十二歲，或者你的個性不屬於悲欣交集類別，卡斯騰森認為你還是可以透過其他方式獲得老年人的喜悅和智慧。她的建議（有點令人驚訝）是——聆聽屬性憂傷、悲欣交集風格的小調音樂！（我有現成歌單可以推薦給你，還有我蒐集的屬性憂傷、悲欣交集風格詩文和藝術品，請瀏覽我的網站：www.susancain.net）

她也建議我們透過冥想來思考死亡，留意大自然裡的短暫無常，像是秋天短暫的美景，或是掉落在車道上的麻雀寶寶；花時間陪陪家裡的老人，詢問他們的人生故事。你現在可能很難想像這些老人家有一天再也無法說故事給你聽了，你必須意識到，有一天他們的故事只能以數位檔案的形式存在。

你也可以遵循從小信奉的宗教14，例如有些宗派的基督徒會在復活節之前紀念「大齋」，以此提醒自己要悔改；猶太教的贖罪日也有類似的意義。佛教則有無常觀。以上都是在告訴我們，人生有限。文藝復興時期重要的基督教作家金碧士（Thomas à Kempis）在他極有影響力的培靈書刊《效法基督》（Imitation of Christ）當中鼓勵基督徒們，在活著的時候就要時時刻刻想到自己隨時可能蒙主寵召。這個觀點和斯多噶主義哲學家相同：就算我們覺得自己所向無敵的時候，也要提醒自己「終有一天會死」。

一名著述等身的斯多葛派作家萊恩．哈勒戴（Ryan Holiday）曾寫道：當羅馬軍隊凱旋歸來時，帶領軍隊獲勝的將軍會站在一個象徵榮譽的位置，讓滿心崇拜的群眾可以清楚看到他的威武英姿。然而，這名將軍不能過度沉浸於勝利帶來的輝煌和喜悅，他身旁會有一名侍從負責在他耳邊低聲提醒：「記住，你只是個終有一死的凡人[15]。」這種做法反映了蘇格拉底的思想，他曾說哲學所探討的「不是『將死』就是『已死』」。羅馬五賢帝之一的馬可．奧理略（Marcus Aurelius）在《沉思錄》裡寫道：「想像你馬上就要死去，然後以此心境決定你的思想和言行。」哲學家塞內卡（Seneca）則建議我們每天晚上都告訴自己「明天有可能醒不過來了」，然後隔天早晨醒來時再提醒自己「有可能再也沒機會睡覺了」。這些都是為了幫我們珍視自己的人生、珍視身邊的人，把他們看作最珍貴的禮物。

以上這些方法我都試過，所以我知道它們真的很有用。每天晚上到了該跟孩子說晚安的時候，我有時會提醒自己：也許明天我的孩子就不在了，也許明天我就不在了。這樣的想法會讓我立即放下手機，或者乾脆把手機放到另一個房間，讓我迫切地想把時間花在最珍貴的人身上。

但有時候不一定非得刻意提醒自己「人終有一死」。在清少年時期，我父親介紹我聽比利時創作歌手雅克．布雷爾（Jacques Brel）的歌曲，我們都非常喜歡這位優秀歌手的作品，他的歌曲情感細膩，還帶著極具感染力的淒美。我對布雷爾歌曲的愛，以及對所有音樂的愛，都可說是我父親送給我的禮物。不久前他因新冠肺炎住院，而我只能在家裡等消息，這時我又開始聽布雷爾的歌。距離我上次聆聽，已經過了幾十年，現在的我早已步入中年，再次聽布雷爾的歌我才發現，他最重要的主題是時間的流逝。我以為再次聽到這些歌會讓我悲痛欲絕，但實際上我卻有一種被珍愛的感覺。布雷爾早就預料到他的音樂能給聽眾這樣的感受，我父親多年前播放這些歌給我聽的時候，應該也預料到我這一刻的感受。我現在也真知道了。而讀到這裡的你，也應該明白了。

我不斷思考卡斯騰森的研究結果，她在我腦中的形象也變成是「裝扮成科學家的宗教領袖」。我把這個想法跟她說的時候，她瘋狂爆笑，然後提到她很喜歡的一個很著名猶太教故事，故事是這樣的：

一名猶太教智者跟一個小男孩一起走在路上，看到一隻死掉的鳥兒。男孩問智者，為什麼鳥會死。

「所有活著的生物都會死。」智者解釋。

「那你會死嗎？」男孩問。

「會的。」智者回答。

「那我呢？」

「也會。」

男孩聽了急迫地問：「為什麼一定要死？」

「因為，」智者說：「這樣才能使得生命更加寶貴。」

我問卡斯騰森，為什麼她這麼喜歡這個故事，她語帶哽咽地回答：因為我的研究也用滿滿的數據跟我說了一樣的故事。

但如果卡斯騰森的研究關切的主題是「我們如何面對自己終有一死」，那我們又該如何面對親人或好友的離世？小林一茶曾為孩子的離世寫下沉痛的詩文，雖然小孩過世並不罕見，但對很多人來說，世上最令人心痛的事情莫過於看著孩子離世了。

小林一茶曾苦思如何放下執著，不過西方文化對生死分離的態度完全不同於佛教所鼓勵的放下執著。例如佛洛伊德就建議，平時不必練習放下執著，而是要在親友死後逐漸切斷對死者的依戀，也就是我們在所愛之人死後再練習慢慢地不去想他們。這個切斷情感聯繫的過程非常痛苦艱辛，但佛洛伊德稱之為「減緩哀傷的步驟」（grief work）。

不過近年來出現一個不同的觀點，而且受到許多研究悲傷的當代西方學者的支持16，例如哥倫比亞大學臨床心理學教授喬治．博南諾（George Bonanno），他有一本極具影響力的著作叫《悲傷的另一面》（The Other Side of Sadness）。這個新觀點強調的不是「放下過去」，而是著重人類天生的心理自癒能力。博南諾說，當我們失去所愛的人，我們可能會崩潰跪地、詛咒上蒼，但我們人類其實天生就有能力承受深刻的悲痛，打從我們還是嬰兒以來，我們就不斷失去所愛的人。有些人痛失摯愛後會陷入長期的悲痛，或者長時間悶悶不樂，但我們其實比自己想像的更堅強。

我們一向以為，一個人失去至愛親友後，接下來會有很長一段時間深陷巨大的悲痛中，恢復的過程艱難且緩慢。但博南諾說，其實情況沒那麼單純。事實是，就算我們的孩子昨天剛去世，我們也可能因為聽到某個笑話而笑出來；就算孩子已經過世了五十年，我們還是有可能因為想到逝去的孩子而痛哭。

在痛失親友的最初階段，一般人往往會一下很快樂，一下很哀傷。正如作家奇瑪曼達．

恩格茲・阿迪契（Chimananda Ngozi Adichie）在《紐約客》雜誌所說，她父親過世不久她就發現「一個很特別的情況[17]：原來人在悲痛的時候，還是能時常歡笑」。她說：「我們家向來充滿歡笑，而現在我們在懷念父親的時候也會笑，只是笑著笑著大家會對自己還能笑出來感到有些難以置信，然後笑聲就慢慢停止。」

博南諾解釋說，一個人痛失親友後「最常感受到的還是悲傷[18]，不過也會有其他情緒，包括憤怒、鄙視、羞愧等，在這些情緒當中回想起過去的種種回憶或是不堪的經歷。所以並非持續數月、穩定沉浸在悲傷之中，而是在不同情緒之間擺盪。因此，原本深刻的悲傷不時會被一些正向的情緒、微笑、歡笑以及和他人的互動打斷。」博南諾認為對很多人來說，「心裡的悲傷……會因此逐漸減弱」。

但這並不代表人可以完全放下過去，只要你夠堅強。博南諾說：「人很可能再也無法走出失落的心情，放不下心裡的痛，但他們可以再次正常生活。」我們天生就注定要同時面對愛與失去、悲苦與甘甜。

由於東方的宗教文化較強調「不執著」，因此對於親友離世有不同的觀點。所謂「不執著」，不是要你不可感到悲痛，據說連達賴喇嘛在母親過世時都極度傷心。「不執著」更不是要你停止去愛。「『不執著』不是要反對愛[19]，雖然很多人這麼以為，」我們先前提過的印度教精神領袖詩麗．詩麗．若威香卡說：「其實，『不執著』是一種更高層次的愛，」鼓勵人用一種無執念的方式付出愛。

這種觀點裡，蘊含了極大的智慧，但我還是想知道「不執著」的道理是否適用於像小林一茶這樣白髮人送黑髮人的情況？還是說，就算父母平時努力練習「不執著」，但若孩子離世，如海嘯般襲來的哀痛依舊會把好不容易建立起的「不執著」心態完全摧毀？

於是我決定做個非正式調查，就從詩麗．詩麗開始。我問他，「不執著」也能幫助父母面對失去孩子的悲痛嗎？他毫不遲疑地回答：能。當然，孩子離世，父母會非常傷心，他說道：「你會因為某人生病或死亡而感到悲傷萬分，一定是因為他與你之間的關係。即使你愛孩子勝過愛自己的性命，你的愛也可以有執著和不執著兩種模式。你深愛著孩子的一切，這是一回事；而你愛他的原因是他是你的孩子，這又是另外一回事。所謂不執著的愛，是指你愛著孩子的一切；但如果你愛著孩子只因為他是你的孩子，那這就是一種執著的愛。」

當然，詩麗．詩麗說，父母必須花時間適應，只是對一個母親來說[20]，可能無法馬上做到。

詩麗．詩麗知道我有兩個孩子，於是建議我擴展我的母愛，以此降低我對孩子的執念。他說：「妳應該要去愛更多的孩子，當成自己的孩子來愛。當妳把自己的執念向外擴展，這份執念就會逐漸消失，妳的人生也會迎來更大的智慧。」這個看法，類似慈心禪的大家雪倫．薩爾茲堡教我的事（我們在第四章介紹過她）。

不久之後，我去拜訪一位叫做史蒂芬．哈夫（Stephen Haff）的朋友。之所以去拜訪史蒂芬，是因為他在做的事情跟詩麗．詩麗建議的方法很相似。史蒂芬頂著亂亂的黃棕色頭髮，看起來很邋遢，但他是個非常聰明且熱情的耶魯戲劇學院畢業生。在一個只有一間教室的校舍裡（其實就是位於布魯克林布什威克的一間店面），他全心全意地教導弱勢的孩子們，靠著少少的預算為孩子打造一個歡樂的學習環境。這間教室叫做「避風港」，專供孩童和青少年放學後前來讀書寫功課，大部分的孩子都是墨西哥移民，他們在這裡可以沉浸在文學和戲劇的世界裡。孩子們在這裡寫詩、小說或自己的故事，然後輪流朗讀自己寫的東西，也聆聽別人朗讀[21]。他每週至少花六十小時在這個避風港裡，賺的錢連自己家裡的房租都快付不出來了。他告訴我，很多人不明白為何他對這些孩子付出這麼多的關愛，可是「每個走進來的孩子，我都愛他們，願意為他們付出一切，想聽到他們所有人的聲音。」

我把詩麗．詩麗給我的建議告訴了史蒂芬，問他有何想法。他聽了從口袋裡拿出一張摺起來的紙條，上面寫著作家喬治．歐威爾（George Orwell）的一段話：「在這個瑜珈盛行的年代[22]，」（歐威爾寫這段話的一九四〇年代末期，幾乎每個街角都有一間瑜珈教室）「我們太輕易認定『不執著』不僅比較好，而且比較難，因此大家都做不到。但如果我們去探究『不執著』的心理源頭，就會發現，它主要目的是想逃離生活的痛苦，最重要的是——逃離『愛』帶來的痛苦，但無論這份愛是否跟男女情愛有關，要逃離又談何容易？」

史蒂芬轉頭看著我說：「如果妳對所有人的愛都是相等的，那麼妳的愛就沒有意義。瞭解這點讓我更懂得如何去愛。愛有上下先後之分，就像我愛我的學生，但我絕對更愛我自己的孩子，而且我沒打算改變這點，也不可能逼自己對所有孩子視如己出——這樣的愛太強烈、太不符合人性了，而我想要好好感受帶有執著的愛。我很欣賞佛家的一些思想，但也很好奇這些思想真正的意義是什麼。若真能做到不執著，最後不會變得很無情嗎？所以當我第一次讀到歐威爾的這段話，我鬆了一口氣，我覺得這段話允許我繼續當個人。」

然後，我盡可能用最婉轉柔和的語氣問他，如果他自己的孩子（也就是他和他太太一起養育的孩子）真的發生了什麼事，他會怎麼樣呢？

「假如我失去了我的孩子，」他毫不遲疑地回答：「我一定會完全崩潰，雖然我教室裡的那些孩子若出事我也會超級難過，但如果是我自己的孩子出事，我一定會徹頭徹尾地崩潰。」

最後，我找了艾咪．薇迪亞（Ami Vaidya）博士聊同樣的話題。她是我的朋友，也是哈肯薩克子午線醫療中心婦科腫瘤科的主管。艾咪剛開始受訓時做的是婦科接生的工作，現在則是常需要治療罹患末期卵巢癌的母親，她總是非常專業，也非常有同理心地對待病患。艾咪也是印度教徒，相信輪迴，相信她自己所描述的「生死之間的循環模式[23]」。她很小的時候，她祖母曾豎起大拇指對她說，在她的心裡住了一個小艾咪，是個拇指大小的的靈魂。艾咪說：「我祖母告訴我，肉身無法永遠活著，當身體死去，靈魂會繼續移動，住進一具新的軀體。靈魂會一直存在，永遠不死。最後，靈魂能超脫生死輪迴，和宇宙合而為一。這就是印度教的聖號『奧姆符』（OM）的意義。」

對艾咪來說，這套信仰體系讓死亡變得比較容易承受，也影響她對各種治療行為的看法。她說：「我們的軀殼沒有意義，人死後火化，有些人甚至連骨灰都不會留著。所以人的肉身真的只是短暫存在，而這也讓人比較能夠接受生命的逝去，能夠意識到自己的生命非常非常非常有限。」

艾咪總是盡力給予她的病患各種治療的選擇，讓病患得以自行安排療程，即使身患重病也能有尊嚴地活著或離世。然而，她表示西方社會的癌症患者通常會想盡辦法活著，「就算只有百分之三的機率能讓病況穩定——只是穩定病情的機率喔，不是治癒的機率——他們也願意嘗試。對很多已經在疾病晚期或復發疾病所苦的患者來說，他們的生活品質會大幅降低——可能連下床、自理生活都成問題。對這樣的患者來說，即使病情穩定，他們過的依舊不是人過的日子，但他們會抓住任何可以活下來的機會，怎麼樣都不想讓自己或家人失去生命。我的印度教患者就比較不會做這種選擇，當然只是大部分患者是這樣，一定還是有例外，不過大部分患者比較有可能會說：『我們的時候到了。』」

「我的意思不是說印度教徒能夠很開心地面對死亡，」艾咪解釋：「他們一樣會因為死亡而感到悲傷，但他們很清楚，死亡是生命的一部分。我們有所謂的宿命論，我們沒有能力改變宿命，這世上有一股力量比我們更強大，也比探究疾病療法的科學更強大。萬物皆有因果，如果我們該走了，那就該走了。」

這是一個非常有說服力的觀點。然而，當我問艾咪她對小林一茶的經歷——也就是喪子之痛——是否也能用宿命論淡然處之，她卻遲疑了。要知道，艾咪是個活力十足又聰明絕頂的傑出醫生，談笑間可以滔滔不絕講出一堆想法，跟她說話的人常常只有聽話的份，但她回答這個問題的時候卻有些遲疑。她緩緩說道：「要淡然看待孩子離世，是最難的。我認為要父母接受這個事實真的太難了，感謝老天我不是小兒腫瘤科醫師，我永遠不知道該怎麼面對失去孩子的父母，尤其在我有了自己的孩子後更是如此。我每天每天都用我擁有的一切來愛著我的孩子，我實在不知道我們要怎麼幫助或安慰那些失去孩子的家庭。喪子之痛是世上最深刻、最令人心碎的一種痛了。關於失去孩子這個話題，我實在沒有辦法用比較正面的心態來討論。對我來說，有些人被迫承受喪子之痛，實在難過。」

聽她這麼說，我起初有些疑惑，如果你真的相信靈魂永遠存在，而且會不斷重生，這樣的想法難道不能稍微紓緩人世間最深刻的悲痛嗎？

艾咪向我解釋說，雖然相信輪迴，但兩個緊密連結的靈魂被迫分離時，依舊會感到極度痛苦。雖然靈魂永存，但靈魂離世後「這兩個靈魂就很難再碰到彼此了，誰知道其中一個靈魂會在哪重生，另一個靈魂又會投胎到哪裡？而這意味著真正的失去。」

這樣的話，又把我們帶回那個最古老、最深沉的議題：分離的苦痛，迫切渴望重逢。無論你信什麼宗教、出生在哪個國家、個性如何，最讓你心痛的，莫過於與所愛之人別離，你最渴望的，莫過於和所愛之人相聚。這就是小林一茶想要告訴我們的道理，也是我們所有人都知道的事實，一直以來都知道。

佛教和印度教都教導信徒：只要能對萬事萬物毫無執念，就能到達涅槃的境界。不過涅槃不是指西天或某個遙遠的極樂世界，而是一種此生此世界就能達到的大智慧狀態——在這種狀態裡，我們能從容且慈悲地看待痛苦與失去、自在與相聚。

所以，也許我剛剛提到的任何人都還沒有達到這麼有智慧的境界。史蒂芬、艾咪都沒有，甚至連小林一茶也都沒有。如果有一天你能達到涅槃，接受人生有苦有樂對你來說也許就不再是最重要的事情了，不過我也只是猜想，因為我永遠不會知道。（而且如果你真的覺得你已經達到涅槃，那可以考慮一下心靈導師拉姆．達斯的建議24，他說如果你認為你已經獲得至高的智慧，那可以試著在年節回老家與家人住一個禮拜看看。）

雖然我們很難達到涅槃，但還有別的方法可以引領我們獲得眾人皆渴望的心靈平靜。「放下過去」是一種方法，雖然會需要一段時間；「知道自己有能力從悲傷中恢復過來」是另一種方法，而且這樣想能帶給我們慰藉和勇氣。還有一種方式就是練習「不執著」，這麼做可以幫助我們自己的小愛擴展成無私的大愛。

但小林一茶傾訴的那句「然而，然而……」也蘊含另一種智慧，這句話說出了我們很多人心中的渴望，這份渴望能化成一股帶我們回家的力量；當我們所愛的人離開我們的時候，「然而……」這句話能打開這世界原本似乎緊緊交叉在胸前的雙臂；「然而……」能夠讓所有曾經因為失去所愛而悲痛的人感到共鳴，也因此連繫起了——所有人。

露易絲・史尼普（Lois Schnipper）的獨生女溫蒂三十八歲那年被診斷出卵巢癌，醫生說這要當慢性病來治療。溫蒂罹癌後的十年間，當時卵巢癌病患的存活率很低，但露易絲身為母親仍堅信女兒溫蒂會痊癒的。母女倆都是天生樂觀的人，因此溫蒂盡可能讓生活正常，溫蒂和她丈夫努力維繫家庭，去參加女兒們的學校話劇演出或足球賽，全家人還會一起出遊度假。在那些年拍的照片裡，溫蒂的髮型時常改變，有時候包著頭巾，有時候又可以看到她原本燙得直順的棕髮在化療後又重新長出來了，只是變成捲捲的樣子；始終不變的是她燦爛的笑容。她碰到一次又一次的緊急狀況，必須常跑醫院，家人也在她接受痛苦的治療時一次又一次守候在醫院，彼此互相打氣。每一次危機解除後，露易絲都繼續相信：溫蒂能活得比她這個母親更長久。

相較之下，露易絲的先生莫瑞就不那麼樂觀，他十六歲時就失去了父親，而他對溫蒂的病情也做了最壞的打算。他很珍惜跟女兒相處的那十年，但他也一直為最糟的狀況做好心理建設，換句話說，等到溫蒂病逝的時候，莫瑞心理上已經準備好了（盡可能準備好了），而露易絲卻徹底崩潰了，大概有兩年時間足不出戶，每天哭著醒來，還胖了十磅。她在家裡的牆面上掛滿了溫蒂的照片，那個原本開朗能幹的露易絲永遠消失了。至少看起來是這樣的。

還好有莫瑞一路支持，溫柔地勸她不要再這麼拼命懷念女兒溫蒂，這樣做對誰都沒好處，最後露易絲才逐漸恢復。她發現她還有兒子、孫輩也需要她，她若繼續深陷悲傷走不出來，那就等於在推開其他重要的家人、等於在說他們一點也不重要、等於在告訴他們這輩子都別想再親近他們的母親或祖母了。她也發現她還有先生莫瑞，她的摯愛，而且她仍對生活充滿熱情。她說：「我喜歡跟人相處[25]、到處走走，對我來說生活還是很有趣。」

現在回想起來，她還是很高興在溫蒂生病的那十年間，雖然病情嚴峻，她與女兒相處的喜悅並沒有減少。女兒過世雖然使她難過，但她仍珍惜母女倆共度的時光。

露易絲跟我是非常好的朋友（她是我姊姊的婆婆），她在曼哈頓上西城一家餐廳裡，一邊吃早午餐一邊從容地告訴我她的故事，她先生莫瑞就坐在她身邊。我們吃這頓飯的時候她已經八十二歲了，聽著她講述自己的經驗，我真的很愛她，很佩服她，同時也在心裡偷偷記下災難來臨時該怎麼應對。不過她的驚人樂觀也讓我覺得非常陌生，我的個性比較像莫瑞，我也會比較實際地看待病情，我會為災難做好準備。這就是我，無論是好事壞事，我都希望能先做好心理準備。我和莫瑞面對悲劇的心態，在心理學還有個名字，稱作「防禦型悲觀」（defensive pessimism）。很神奇吧！明明都是人，但卻有這麼多不同的個性，雖然這個事實已經在我腦海中冒出無數次了，但我還是覺得很神奇。

不過後來露易絲說了一番話，又讓我覺得她也不是那麼陌生，突然間我們好像又能手牽手站在一起，就像形形色色的人手牽手站在一起，形成一種奇妙又美麗的連結，共同努力面對人類難以擺脫痛苦的天性。她說：「不過我的心現在就像一面破掉的鏡子，總覺得我的心已經不完整了。這面鏡子再也無法恢復如初，但如果努力的話，可能還能把幾個碎片撿回來。」*

語畢，她停頓了一下。

接著又小聲地補充說：「只是需要一些意志力。」

她講這句話的聲音很小，好像是她在心裡對自己說：「只是需要一些意志力。」

二〇一六年，也就是小林一茶寫下那段俳句的兩百年後，我和露易絲用餐的桌上布置得色彩繽紛，桌上擺著菠菜歐姆蛋和一杯草莓果昔，而露易絲就坐在對面對我說出人類長久以來一直在說的話：但即時我知道人生短暫無常，然而……然而……

兩百年前，小林一茶勸告我們人生短暫無常，就如露水轉瞬即逝，但我們不需要假裝悲傷會漸漸消失。無論你身處的環境是多麼要求你面帶微笑，我們該知道的是，「完全放下悲痛繼續好好過日子」並不符合人性。不過這並不代表我們不能帶著悲痛繼續好好過日子。

「放下悲痛好好過日子」和「帶著悲痛好好過日子」之間的差異26，正好是作家諾拉・邁納妮（Nora McInerney）某場 TED 演講的主題，也是我能找到最有說服力的論述，可以支持我所說的「人生就是悲欣交集，所以才使人們團聚在一起」。邁納妮的丈夫亞倫死於腦瘤之後，她問了其他同樣失去伴侶的人：你們最討厭聽到什麼樣的安慰或勸告？而排行第一的答案就是「放下吧，繼續好好過日子」。

邁納妮後來再婚，生活很美好，和現任丈夫帶著各自的孩子組成了一個六口之家，住在郊區的的一棟房子，還領養了一隻被救援的狗狗。但她說她的生命裡還是有亞倫，「當然不是像以前那樣存在，以前那樣當然最好……而是因為他是無法磨滅的，所以他仍舊存在。」不管是在她工作時，在她與亞倫的孩子身上，甚至在她個人身上，都可以看到亞倫的影子。

＊這個破鏡難以重圓的比喻，是露易絲從一本書上讀來的，但她不記得書名，因此我無法引述出處，實在很遺憾。

是亞倫塑造了現在的她，也就是讓現任老公愛上的她。她說，她並沒有放下亞倫繼續過日子，而是「帶著亞倫繼續過日子」。

邁納妮的經歷和小林一茶詩文中想表達的思想不謀而合，也明白告訴我們要怎麼應對至愛離世造成的悲痛。

「除了提醒彼此『有些失去的再也回不來』、『不是所有傷口都能復原』以外，我們還能做什麼呢？」她說：「我們必須讓彼此記得，或幫助彼此記得：悲痛，其實是一種很複雜的情緒。你可能、而且也確實會很傷心，但同時也會感到幸福；儘管你很悲痛，但在你很悲痛的那一年、那一週或那一刻，你仍舊有能力去愛。我們都要記住，悲痛的人一定會再次微笑……會繼續好好過日子的。但這不代表他們必須放下過去、放下悲痛。」

第九章

痛苦會繼承嗎?

我們會繼承父母和祖輩的痛苦嗎?如果會,我們能夠改變這世代傳承的痛苦嗎?

上一代沉默的痛苦1,會留在下一代的身體裡,由下一代繼續承受。

——法國心理分析師弗朗索瓦茲.多爾托(Francoise Dolto)

我撰寫本書的初衷,是想解決「悲欣交集的歌曲之謎」——我們為什麼愛聽悲傷的歌曲?為什麼有這麼多人覺得悲傷歌曲細膩動人、令人驚嘆?但我也想找出另一個問題的答案,也就是我在第四章談過的:為什麼我談到我母親總是淚流不止,我要怎麼讓眼淚停下來?曾經,我的答案是:那就別談她了,直到某個十月份的早晨,我在曼哈頓中城的紐約教育文化開放中心(New York Open Center)參加了一個工作坊,我才有了不同的答案。

在我探索生死議題的過程中,我曾參加過一個工作坊,這是專門為了社工、牧師、心理學家開設的，這些人常接觸瀕死之人或是痛失親人的家屬。雖然我並非從事相關行業，但我當時正著手寫這本書，於是我也申請參加。坐在會場的時候我相當平靜，甚至有點覺得自己就是來旁觀的，這種感覺跟我參加李歐納·柯恩演唱會前的心情頗為相似。我沒料到的是，這場工作坊即將解答困擾了我幾十年的問題——為什麼一談到我母親就淚流不止——此外，我也更深入探索了一個關於悲喜並存的人生大哉問：從上一代那裡傳下來的苦痛和渴望，要如何昇華、轉化？

我們坐在一間明亮通風、兼當瑜珈教室的工作室裡（旁邊架子上擺滿了折好的毯子和瑜珈磚），但今天擺在我們面前的是一具完整的人體骨骼，旁邊有個小木桌，桌上放著祈願蠟燭，還有個小白板上面寫著：「瞭解死亡，就是瞭解人生。」

辛察·拉裴爾（Simcha Raphael）博士是心理治療師、死亡教育家，同時也是達阿特死亡意識倡導暨訓練研究中心（Da'at Institute for Death Awareness, Advocacy and Training）的創始董事[2]，他就坐在那副人體骨架旁邊，溫暖親切地看著我們，他要我們直接叫他名字辛察就好。他看起來像猶太教正統派的智者拉比，也像加州老派嬉皮，留著花白的鬍子，繫著海軍藍的領帶，戴著猶太人常戴的圓頂小帽，還戴著很潮的耳釘，身上還有銀製掛飾，腳上穿的是牛仔靴。他的演講既能讓人感受到猶太典籍《塔木德經》的莊嚴，也帶有些許喜劇演員的機智風趣、妙語如珠。他說，他曾經「沉溺在悲痛之中」，他年輕時就經歷過好友和親人逝去的打擊。但他相信人的這一世與來世之間僅隔著一扇窗，而非一面牆，只可惜我們身處在「患有死亡恐懼症的社會」，讓我們難以發現這一世與來世只有一窗之隔。

那場工作坊有八人參加，我們圍成一個圓圈坐著，辛察請我們分享過去面對死亡的個人經驗。率先發言的人叫做莫琳，她認為自己是個「堅強的愛爾蘭人」。的確，她看起來精明能幹又開朗大方，談到女兒和丈夫時眼睛都在發光，她還提到當晚要跟丈夫慶祝十五週年結婚紀念。她留著一頭短直髮，戴著眼鏡，穿著慢跑鞋，衣服上別著一個帶有笑臉的名牌。她用非常清晰的聲音及堅定的語調，訴說了她的故事。

「我要我的職業說起，這樣感覺比較心安。我是社工，我有能力從容且專業地幫助他人面對死亡，」她嚴肅地強調：「然而在我內心深處，我很害自己會死。我十四歲那年父親過世，但我母親不准我們這些孩子傷心。在父親的葬禮上我忍不住哭出來了，還被我母親惡狠狠地瞪了一眼。」講到這裡，莫琳完美重演了當年她母親的表情，兩邊嘴角下垂，表現出嚴厲的情緒。

「我姊姊因為太過傷心，開始掉頭髮，」她接著說：「我則是常常哭，但我從來沒有好好處理自己的情緒。我後來有個好朋友，像父親一般照顧我，但他又自殺了。然後我開始酗酒，交往對象都是渣男，墮胎過好幾次，我已經自認為會下地獄了。不過我現在已經滴酒不沾十四年了，而且全心投入工作，這樣讓我覺得我在補償過去那段亂七八糟的人生，而在某種程度上我也能提供他人協助——我以前從來沒機會得到的協助。」

「我想要為自己犯過的嚴重錯誤好好傷心一場，」莫琳小聲地補充道：「我想學著治療心中的痛，想尋求原諒。我要怎麼原諒自己？如果我能原諒自己，我就能從痛苦中解脫、全力幫助別人。」

辛察從頭到尾專心傾聽，然後他溫柔地說：「我發現兩件事：第一，妳母親給妳的教育，使妳很會把感受隱藏在心裡。妳的故事明明這麼坎坷，但如果我把妳剛才說故事的畫面用靜音重播一遍，別人可能還以為妳在聊度假，或在描述妳的餐點。所以，雖然謝謝媽媽的教導，但現在我們不必管她的教養原則了。第二，我發現妳迫切渴望能療傷，希望學會停止自我批判。這樣的話，我們應該要把妳剛剛說的幾個字拿掉，就是妳剛說的『我犯過的嚴重錯誤』。」

接著，辛察要我們其他人觀察自己在聽別人的坎坷經歷時，心中有什麼感受或想法。我們會忍不住入戲太深嗎？沒錯，我現在的心境已經不是個旁觀者了，我在聽莫琳的故事時，感覺心裡有某個東西似乎掙脫了枷鎖向我奔來。

然後辛察問我們，有沒有開始在心裡偷偷批判自己。他說：「你們現在是不是在想：『哇……她的人生有四件慘事，而我只有兩件？』」沒錯，我確實是這樣。不過其他人聽到他的這番話都笑了，我鬆了一口氣，同時心裡希望別把我的故事說出來，因為跟莫琳的故事比起來，我根本是小巫見大巫。

但在這樣的場合，拒絕分享好像不太對，會讓自己看起來很小家子氣，所以輪到我發言的時候，我開始聊我母親和我的關係，講到我青少年時期和母親嚴重失和，講到我常常讓她崩潰的那些感受。我談到我母親是如何在她父母親的陰影中成長，我外祖父母的整個家族都在大西洋的另一端遭人屠戮殆盡。

我在聊我母親時，眼淚又如約而至。我早該知道我又會哭的，我哭到好像我才是那個人生發生了四大慘事或七大慘事的主角，我哭到好像我在講一個發生了一千件慘事的悲劇人生，眼淚怎麼流都不足以表達我的悲傷。前面那位莫琳的父親可是在她十幾歲的時候真的過世了，而莫琳接下來的人生也因此過得荒腔走板，但我卻哭得比她還慘。我相信辛察不會要我們去計較誰的故事比較慘，但我真的覺得我哭成這樣很扯。

辛察沒有因為我痛哭流涕而批判我，至少根據我的觀察是這樣，其他人也沒有。「聽完妳的故事，我覺得妳成為獨立個體的過程不夠徹底，也不太健康。」他說：「所以，妳心裡有一部份仍困在十六歲，困在一個妳還是希望能和母親緊密相連的年紀，那個時候的妳只有兩個選擇：成為按自己想法而活的個體，或者享受被母親疼愛的感覺，但魚與熊掌無法兼得。」

他說的沒錯，我自己很早就知道這點，可是後來辛察又提出了我從來沒想過的觀點：他說我承受的不只是自己的悲傷，我也承受著我母親的悲傷、我外祖父母的悲傷、以及我外曾祖父母的悲傷，也就是說，我承受著世世代代傳承下來的悲傷。

辛察問我是什麼星座，雖然我從來不信星座，但我還是跟他說我是雙魚座。「妳很容易被他人的思想或情緒影響，」他邊點頭邊說：「妳很難分辨哪些情緒是屬與妳的、哪些是屬於他人的、哪些是屬於妳的父母親或祖輩。」

「但妳無須切斷妳個人與家族歷史的連結，妳可以保有家族世代傳承的記憶，」他補充道：「但不需要繼續承擔他們的痛苦。」

這些話對我猶如醍醐灌頂。我聽完才明白，這些莫名其妙的眼淚，這些不知道從哪冒出來的眼淚，像從街角突然冒出的搶匪那樣打得我措手不及，但其實這些眼淚一直都是我的一部分，早在我和母親失和之前就存在了。它們會在道別時刻毫無預兆地湧出來，例如我十歲那年夏令營的最後一天，雖然我當時其實很開心終於可以回家了，但我的眼淚還是停不住，我記得我當時也很奇怪自己幹嘛哭得那麼傷心，掉這麼多眼淚似乎不符合我的心境，但因為某個說不清道不明的原因，我還是哭成了淚人兒。

我的原生家庭裡，幾乎沒有什麼親戚。我雙親的家族成員大多死於納粹大屠殺。但在我父母家有一張老舊的黑白照片，上面的人都是已經不在人世的親戚，我從小就好奇他們是誰。照片上的一群男人、女人、老人、小孩都一臉陰鬱地看著鏡頭，雖然在一九二〇年代的歐洲，大家拍照都是這種表情，但我一直覺得他們如此陰鬱似乎是因為預知了自己的命運——而且的確，有些人是真的事先聽到了自己的命運。

一九二六年，我外祖父還是個前途一片光明的十七歲少年，是個努力修習猶太教律法的學生。那一年，他和他父親花光了身上所有的錢，就為了買兩張火車票，兩人打算從波蘭小鄉村波札克（Bczuch）前往一個名叫斯坦尼斯拉夫（Stanislav）的大城市，去聽一位知名思想家的預言。「波蘭的猶太人們，」那名思想家大聲疾呼：「當今世上有兩大巨頭——俄國和德國，這兩大巨頭正在爭奪全世界的統治權，他們不斷加熱煉爐，來製造足以摧毀一切的武器、子彈和各式船艦。他們終有一天會正面對決、拼個你死我活，而你們這些住在波蘭的猶太人會身陷戰火、化成灰燼。讓我給你們一句忠告：快逃啊！跑得愈遠愈好，我拜託你們，真的拜託你們，我用最大的聲音和最大的力量拜託你們：快逃！趕快逃離這裡，否則你們將會化為灰燼。」

隔年，我外祖父靠著從未謀面的妻子（也就是我外婆）雙親的資助，自己隻身前往美國，他當然也急著想把家人盡快接到美國，但他自己在美國的日子都很窮，住在布魯克林一間超小公寓的他，並沒有辦法給自己的家人任何援助，也無法提供棲身之所。雖然他心裡一直記著在斯坦尼斯拉夫聽到的預言，但這預言是真是假？思想家所說的危機何時會來臨？於是他就想再等等、再等等，再過一陣子就把家人接來。就在他等待的同時，他的家人都化成了灰燼，印證了思想家的預言。

我外祖父是個親切開朗的猶太教拉比，服務猶太人五十餘年，他說起話來抑揚頓挫分明，甚是動聽，對人富有同情心，渾身散發著哲學家的氣質，開心的時候會完全沒有架子地大笑。他對《塔木德經》嫻熟於心，他會領導信眾祈禱，就像引領靈魂的牧羊人。對我母親來說，她的父親完全符合以上敘述，而且還是個全心全意愛著孩子的好爸爸；對我來說，外祖父像是存在於這世界、但不屬於這世界的人，他像個魔幻現實故事裡的角色，身上總有一股古老圖書館的書香，好像是從他那堆滿書籍的小公寓裡冒出的精靈一樣。他是這個世上我最最喜歡的人之一。

然而，他也是個永遠無法原諒自己的傷心人，他對死去的家人充滿愧疚。因此，在無數個午後他總是不斷低聲嘆息；因此，即使那場預言已經過去了快一世紀，他在臨終時還是忍不住因為被他拋下的雙親而哭泣。我外祖父在他的宗教社群裡非常受人敬重，眾人以他馬首是瞻，但他的心總是特別憐憫迷失的靈魂。失意的人常會聚集在他的客廳，陪他一路走到猶太教教堂。當他對我母親訴說某某信徒的不幸遭遇，他總是會大嘆一口氣，用意第緒語說 Oy, nebech. 意思是：「那可憐的靈魂。」這也是少數我聽得懂的意第緒語，我還是個小女孩的時候，在廚房玩耍時常聽到他在跟我母親說話，而幾乎每次談話我都可以聽到他說 Oy, nebech. 似乎也為我的童年下了註解。

這些過往的家族傷痛歷史，真的不知怎麼地轉移到我身上了嗎？真的是過去的慘痛記憶造成我莫名其妙淚流滿面，就像辛察所說的一樣？如果是的話，祖輩的悲傷又是透過什麼機制轉移到我身上？是文化、家庭還是基因傳承？還是三者皆有？我們會在本章探討這些問題，但我們也會探討另一個問題：我們都知道人生悲欣交集，禍福相倚，如果我們的任務是要把這些傷痛轉化成一種美，那我們能不能除了轉化當下的傷痛，也能將我們個人過往的傷痛，以及世代傳承的傷痛，都變成一種帶來幸福的美呢？

也許你家族裡沒有悲傷的故事，也許你祖輩的故事不曾被寫入歷史，但說不定你的某些祖先曾身為可憐的奴僕。就算你的祖輩是君王貴冑，他們在世時一樣會經歷與所愛之人分離的傷痛，會經歷生離死別的悲痛，原因也許是戰爭、飢荒、瘟疫、酗酒、虐待或任何讓人類被逐出伊甸園的破壞力量。人生有苦有甜，悲喜並存，而我們所有人都非常清楚人生中最悲、最苦的那一面。

參加完辛察的工作坊不久後，我聽到知名 Podcast 節目《關於存在》（On Being）的主持人克麗斯塔・蒂皮特（Krista Tippett）訪問瑞秋・耶胡達（Rachel Yehuda）博士，她是精神病學和神經科學教授，也是紐約市西奈山醫學院創傷應激研究處（Traumatic Stress Studies Division at the Mount Sinai School of Medicine）主任。我聽到這場訪談的時候已經是深夜了，就在我快要睡著的時候，耶胡達說的話卻讓我驚訝到坐直了身子。

耶胡達的研究領域是近年來新興的表觀遺傳學，該領域主要是在探索人類的基因會如何根據環境的改變（包括困境）而變化。耶胡達一直想要驗證的假說是：苦難會影響我們的生理狀況，甚至改變我們的細胞，而且這種改變能透過基因代代相傳。她告訴主持人蒂皮特：「人在遭逢巨變後總會說[3]：『我已經不是原來的我了，我變了，我已經不是過去的我了。』於是我們就想：『咦，這話是什麼意思啊？他們當然還是原來的他們啊，他們的DNA沒變吧，不是嗎？』沒錯，遭逢巨變的人會說這種話，代表環境帶來的影響太過劇烈，迫使他們從本質上產生了重大改變，而且產生的改變並非暫時的，而是永久的。表觀遺傳學讓我們得以運用科學來解讀這樣的現象。」

耶胡達早期研究的是創傷後壓力症候群（PTSD）。她在西奈山醫院開設的門診，專門服務二戰期間猶太人大屠殺的倖存者，但大多數的倖存者卻覺得醫生不懂他們經歷過了什麼，所以都不來看診，反而是倖存者的孩子們前來就診。

這些孩子現在已過中年。研究發現，他們的人生其實都按一條獨特的軌跡發展：他們從小就親眼目睹父母親深刻的悲痛，即使過了幾十年，他們還是為此困擾不已；他們感受到極其沉重的壓力，認為自己要為犧牲者而好好活著；他們很難接受離別，尤其很難與父母分離；一般四十幾歲或五十幾歲的人常說自己是某某人的先生或太太，或者說自己是誰誰誰的爸媽，但這些倖存者的後代到了中年，還是稱自己為誰誰誰的兒子或女兒。換句話說，他們一直活在父母的陰影之中。

還有更具體的數據可證實這點：猶太大屠殺倖存者的孩子如果經歷了自己人生中的痛苦事件[4]，則他們罹患PTSD的機率會比非倖存者後代的猶太人高三倍；他們也更容易受焦慮、憂鬱症所苦；他們的血液檢測結果顯示，他們和自己的父母（父母是倖存者）都有神經內分泌和激素分泌異常的問題。

很明顯，這些倖存者的子女承繼了上一代的情緒，但這種情緒到底是怎麼傳承的？是透過親子教養或親子關係而傳承給下一代嗎？還是這些情緒也透過某種方式寫入這些人的DNA了？

為了要驗證情緒是否真能透過DNA傳承，耶胡達和同事研究了一種與壓力有關的基因，找來三十二位大屠殺倖存者和二十二名這些人的子女參與試驗。耶胡達和同事發現，倖存者和其子女的這種壓力基因，都出現了一種叫做「甲基化」（methylation）的表觀遺傳變異——這個發現強而有力地證明了，「父母那一輩的創傷[5]」真的有可能一代一代遺傳下去。

二〇一五年，他們把這項研究結果發表在《生物精神病學》（Biological Psychiatry）期刊上，迅速引發熱烈迴響，許多知名期刊上的文章都在談論耶胡達的研究和表觀遺傳學的燦爛前景。然而，耶胡達的研究也很快就引來同儕的批評[6]，有人說她的樣本範圍太小，而且受試者並未包含倖存者的孫代。不過耶胡達在二〇一八年《環境表觀遺傳學》（Environmental Epigenetics）期刊的一篇文章中已明確表示，她反對「過度簡化的生物決定論[7]」（按，個體行為及心理差異源自遺傳變異）。她也說這門科學才剛萌芽，研究成果還不足。但湊巧的是，二〇二〇年發表在《美國精神病學雜誌》（American Journal of Psychiatry）的一份研究，幾乎重現了耶胡達的研究結果[8]，而且這份研究採用了更大的樣本範圍。

不過，在這麼熱烈的討論中，大家似乎忘了問：為什麼耶胡達當時做的研究這麼小，卻能立即引起這麼多媒體的關注？為什麼這系列科學試驗能讓我們這麼好奇？我認為答案很簡單：因為這類研究結果證實了我們一直以來的強烈直覺是真實的，證實了辛察那天在工作坊對我說的話是有道理的——傷痛不只能持續存在一輩子，事實上會延續好幾輩子。

我們很早就找到證據證實：創傷造成的影響，有時候會持續很久，會對人的身心造成終生的傷害。這也是PTSD的診斷依據，在一九八〇年被寫進《精神疾病診斷與統計手冊第三版》。當時PTSD的診斷還充滿爭議，因為那時的看法是，壓力的確會造成短期的、「對抗或逃跑」（fight-or-flight）的反應，但只要威脅消失，身體就會回到平衡穩定的狀態。然而，後來有愈來愈多證據證明：創傷的確有可能造成永久的生理變化，影響一個人的大腦神經迴路、交感神經系統、免疫系統和下丘腦—垂體—腎上腺軸。

而我們現在看到的證據更進一步顯示，創傷造成的影響甚至可以跨越世代。除了耶胡達之前的研究以外，有愈來愈多科學家做了相關的動物試驗。一項研究顯示，一直聞到掠食者氣味的水蚤[9]，會產下頭上有防衛尖刺的子代；另一份研究則發現，如果讓老鼠嗅聞完全無害的氣味[10]，但在牠們聞氣味的同時對牠們施予電擊，這些老鼠的後代就算在沒有電擊的情況下，仍會害怕相同的氣味。蘇黎世大學表觀遺傳學教授伊莎貝爾．曼蘇伊（Isabelle Mansuy）也做了一項非常驚人（但也很令人悲傷）的研究。她讓一群幼鼠歷經痛苦（例如被迫與母鼠分離），這些幼鼠長大以後行為會變得很怪異，和對照組的老鼠比起來，幼年命運很差的老鼠會顯得更衝動魯莽、更憂鬱。舉例來說，當牠們被丟進水裡，會表現得消極等死，不會像其他老鼠一樣奮力掙扎求生；而牠們產下的幼鼠也展現出同樣異常的行為模式。

也許這沒什麼好意外的，畢竟這些幼鼠是由心裡有創傷的成鼠所養育的。但曼蘇伊接著讓「創傷公鼠」和「無創傷母鼠」交配，然後在幼鼠出生前就把公鼠移出母鼠所在的籠子，照理說，這樣鼠爸爸的異常行為應該就不會影響到幼鼠了。而等到幼鼠斷奶後，曼蘇伊再將這些幼鼠分開飼養，這樣同一窩出來的幼鼠也不會影響彼此。她用這種方式繁衍了六代老鼠，她說她的研究方法「立即見效」：創傷成鼠的後代即使從來沒有接近過上一代的創傷成鼠[11]，子代仍舊和祖輩一樣，會出現同樣的怪異行為。

更多的表觀遺傳學證據也出現在人類身上：十九世紀美國內戰時期遭到俘虜的士兵[12]，儘管後來獲釋，他們的兒子也比一般榮民的兒子有更高的機率早逝；二戰結束時之際荷蘭發生過大饑荒，當時懷孕的荷蘭婦女生下的孩子，在中晚年罹患肥胖、糖尿病或思覺失調症的機率高得驚人[13]。二〇一八年耶魯護理學院教授薇若妮卡．曼朵薩博士（Veronica Barcelona di Mendoza）主導了一項針對非裔女性的研究，該研究顯示種族歧視可能使特定基因產生表觀遺傳變異[14]，而這些特定基因的變化可能導致人罹患思覺失調症、躁鬱症和氣喘。

二戰大屠殺倖存者、美國內戰戰俘、經歷饑荒的荷蘭孕婦、備受歧視的非裔女性——這些人的後代都背負著世代傳承的「代際創傷」。當然，這些創傷也可能源自於各種不同的因素，也許根本與「苦難會改變DNA」這種令人驚嘆的科學新知無關。（不過有一篇《科學》期刊上的文章寫道：要反駁這種質疑[15]，只要把老鼠的實驗成果拿出來講就可以了。）

但不管是老鼠的實驗還是人類的案例，這麼多表觀遺傳學的證據也解釋了為何這門科學如此有吸引力，我相信這是因為我們原本就知道：如果傷痛能世代傳承，那麼療癒的力量也能一代一代傳下去。正如塔夫茨大學生物學家賴瑞．費格（Larry Feig）所說：「如果環境外力造成的創傷，能寫入我們的DNA[16]，就意味著環境改變的話，情況也能改變。這代表環境造成的負面影響是有可能反轉的。」換句話說，也許真的有方法（雖然可能創傷已經傳了好幾代）把世代傳承的悲傷轉化成一種美——把寫在基因裡的苦變成甜。

耶胡達一開始就瞭解這點。她提到自己的研究時這麼說：「我一直非常苦惱，要怎麼讓大家覺得我的研究成果很正面，而不是會令人洩氣。」她在《環境表觀遺傳學》期刊裡寫道：「別人可能會誤以為我的研究是為了證實一個人的創傷會對後代造成永久的重大傷害[17]，而不是認為我的研究是在探討受壓力和創傷影響的生物機制應該如何自癒、適應、改變。」

「代際療癒」（intergenerational healing）可以透過很多方式進行，但不管是哪種方式，我們都必須和我們的祖先建立起「健康的連結」。其中一種方式是心理治療。耶胡達在二○一三年《精神病學前線》（Frontiers in Psychiatry）期刊裡找到一份研究顯示，心理治療似乎能使患者基因裡的創傷明顯減少[18]。類似的情況也出現在曼蘇伊教授的老鼠實驗：若把創傷成鼠飼養在舒適的療癒環境中，有可能使牠們自癒到「不會把情緒創傷遺傳給下一代」的程度。在一份二〇一六年的研究裡，她發現如果把創傷成鼠養在配備很多滾輪和迷宮可以玩樂的籠子裡[19]，則這些老鼠就不會把各種憂鬱症狀遺傳給後代。

當然，心理治療的方式有很多種，但我們要知道的是，治療的主要目的是幫助我們發現自己家族裡的代際創傷會對我們造成什麼影響、使我們擁有何種特質——然後我們就可以設法與創傷和平共存。在《關於存在》的訪談裡，耶胡達說她曾經辦過一場團體治療課程，一名參與者是大屠殺倖存者的女兒，她分享了一件在職場上的糟心事，然後說：「但後來我想到耶胡達博士曾經說[20]，我的心靈避震器功能不佳，所以我遇到事情不要急著反應，先讓情緒過去，因為我的身心很容易因為壓力而產生過激反應，所以我得先冷靜。這個方法真的很有效。」不過耶胡達說，她從來沒有跟這位客戶提過什麼心靈避震器的比喻，這位客戶是在接受心理治療後自己想出這樣的比喻。

另外，我們也可以做一場追本溯源之旅，無論是透過心理治療還是尋找祖輩的歷史故事真相，我們都可以想辦法去看看祖先——我的意思是真的去看他們、去愛他們，藉此我們就能夠更愛自己。創作歌手黛兒．威廉斯（Dar Williams）有一首非常棒的歌叫做《畢竟》

（After All），歌詞中便描述她面對祖輩的傷痛之後，成功擺脫自殺傾向的憂鬱症。「我知道我的家庭還隱藏著更多真相，」黛兒唱出她追溯父母輩艱辛的童年時光，「藉此認識我自己」。

透過研究，透過與家族成員對話，我們可以來一趟時光之旅回到過去。有時候也可以真的來場尋根之旅，親身走訪家族悲傷歷史的發源地。例如過去奴隸制度造成的傷痛，至今仍影響著許多奴隸的後代。我在寫這個章節的時候，收到朋友潔芮・賓漢（Jeri Bingham）的信，她創立並主持了一個叫做《大聲的沉默》Podcast節目，她雖然住在芝加哥，但寫信給我的時候卻是在西非的塞內加爾，原來她去了非洲當年奴隸貿易中心的戈雷島[21]。她在信裡寫道：「我的祖先在被抓去美國之前，這裡就是他們最後被關押的地方。導遊說明了當初葡萄牙人、荷蘭人和英國人是怎麼經營這個小島，把這裡作為橫渡大西洋前的出發港[22]。無論男女奴隸，都擁擠在這些房間裡，一天只靠一餐勉強活著，如果死了，屍體會直接被拋入海裡。」

她的信上還附了一些很驚悚的照片：有一個看起來陰暗潮濕、只有一扇狹長窗戶的房間，窗戶面海，一旦這些奴隸被送到這片海洋的另一邊，就再也回不來了。潔芮站在一個被稱作「永不回頭門」的地方，看到兩個分開的關押區域，其中一區標示著「女人」，另一區標示著「嬰兒」，令人忍不住想像過去那些心酸畫面，不知有多少母親被迫與自己的孩子分開、有多少孩子被拖離自己的母親身邊，骨肉分離的痛是有多麼可怕。

但潔芮卻說了一句讓我很意外的話，她說：「我覺得這個地方很神聖。」

我很驚訝她居然用「神聖」來形容這個充斥著痛苦和悲傷的地方，然後我想到英文的犧牲（sacrifice）一字，起源於一個意為「使其成聖」的拉丁文，我在猜她是不是想利用兩個字的字源關係來一語雙關，所以我問她介不介意解釋一下她為何這麼說。

而她的答覆讓我想起了耶胡達博士一直在宣導的概念：把過去的傷痛轉化成一股療癒的力量，把苦難轉化成甘甜。

「我真的覺得這個地方很神聖。」她寫道：「因為我現在所站的地方，就是我的祖先、還有幾百萬個奴隸，當年所站立之處。而且這個當年，距今並不遙遠。」

我可以感覺到他們的魂魄、他們的靈，就在這裡。

我一走進這裡，就感覺到一陣恐懼、焦慮、痛苦、心碎、憤怒、驚恐和徬徨。但這些不是我的感受，而是他們的感受。我可以感覺到他們的傷痛、憂鬱和孤獨，雖然他們跟許多人被鐐銬鎖在一起，但他們還是很孤獨，因為他們被迫離開家園，與家人分離。他們離開了熟悉的一切，被迫成為奴隸，只因為有一群人自封為他們的「主人」，想要壓榨他們賺錢。我想像他們就在我面前，被鍊子鎖在一起，坐臥在自己的排泄物上，衣著破爛或者沒有衣服可以穿，完全不知道自己接下來的命運是如何。

當我站在那裡，想像著我祖先當時經歷的感受，其實我的心裡也冒出了很多感覺。我感到喜悅、驕傲，感覺自己充滿力量、充滿希望。我心裡冒出的想法只有——看看我的同胞們現在的成就，現在發展得多好！我當然非常厭惡過去發生在祖先身上的事情，也怨恨命運對他們何其不公，但我相信若是先人地下有知，他們一定會很驕傲：我們這些後代子孫發展得這麼好。我現在更覺得自己有責任要成為最好的自己，要對自己擁有的一切充滿感恩。我很幸運能擁有大好人生，擁有我需要的一切，擁有事事以我為優先、全心全意養育我的父母。我離開戈雷島的時候，滿腦子想的都是要怎麼盡我所能，為我的同胞和文化做出貢獻。我看到了我們所源出之地，看到了我們過去所遭受的待遇，看到我們族人在好幾代之後不但存活了下來，生活還過得愈來愈好，真的太讓我感動了！我現在真的非常感恩、知足。

潔芮從塞內加爾寄給我這些照片時，並不知道我正在寫的書剛好在探討「來自祖先的傷痛」這個問題。當我跟她說這個巧合的時候，她震驚不已，說她打從靈魂深處被這個主題所感動。「非裔美國人有時候把情緒深深埋藏在心底，」她解釋：「我們要堅強，不怕地動天搖，要面不改色，但這種外在表現看在其他人眼中，會覺得我們冷漠或充滿憤怒。」但那些被迫為奴的祖先們，從來沒有時間去哀傷，「他們離鄉背井，被扔到陌生的國度，面對的生活與文化都和自己的祖國完全不同。他們沒時間也沒機會悲傷，他們只能堅強活下去，養育下一代，勇敢面對命運。但心底的那份哀傷，從來就沒有消失[23]。」

另一個治療代際創傷的方法，則是幫助目前有同樣困擾的人。

我在 TED talk 做過一場演講，內容是關於求而不得的悲傷以及我們該如何超脫這樣的悲傷。演講結束後，一名叫做法拉·卡蒂（Farah Khatib）的年輕女性在演講廳外找到我。她有一頭長長的直髮，一雙深棕色的眼睛，說話時會不自覺地稍微歪著頭，有點像我們擁抱時頭會稍微偏向一邊那樣。她跟我說：「您所說的那種渴求、那種求而不得的悲傷，我懂，我有這種感覺[24]，我不知道為什麼，我渴望找到完整的自我，總覺得自己缺少了什麼。」但她跟我分享她的故事時，我發現她很顯然知道她為什麼渴望完整的自己，而且她的故事也不僅是她的故事，同時也是她姊姊、她母親、以及她女性祖輩的故事。

法拉生在約旦，成長於一個自認為思想前衛的家庭。她說：「但事實根本不是如此。」身為女子，她從小就被教育「要卑微、要柔弱、別讓其他人不開心」。她姊姊很小就過世了，這件事對她打擊太大了，大到她已經記不得姊姊是怎麼死的、在幾歲死的。她的父母並未因為姊姊的死流露出悲痛，至少沒有在人前展現，他們只是絕口不提這個死去的女兒，連照片都不留。後來父母也離婚了。她的母親一直在巨大的悲痛中苦苦掙扎，離婚後只想盡快逃離這個家，於是她倉促找了個保母照顧法拉，自己就離開了。而原本應該要像母親一樣照顧法拉的保母卻殘忍地虐待著法拉。為了活著，法拉只好盡可能降低自己的存在感，變成對什麼都很消極的隱形人，就這樣一直到她成年，正值花樣年華的她卻覺得自己的內心已死。

她後來在新加坡找到工作，在一間跨國公司行銷護髮產品。對她來說這只是一份工作，她從沒想過靠這份工作來救活她已經枯死的心靈。然而，她工作的團隊負責進行消費者研究，必須常常和女性消費者做深度訪談。每當法拉聽這些女人分享她們的經歷，常令她的內心震動不已。這些女性的故事，她們的自卑和消極，聽起來是那麼的熟悉。她想要聽到更多這樣的聲音，於是她辭職回約旦，不過她不是回老家，而是回去開始訪問曾經坐過牢的約旦女性。為什麼要這樣做？她也不知道。她只知道，自己想聽到更多女性的故事。她發現這些坐過牢的女性其實很願意跟她聊，聊自己，聊自己的母親、祖母、曾祖母。法拉說：「女性更生人和男性的際遇很不一樣，男人出獄後照樣回到村裡正常過生活，坐牢不過就是一段普通的人生經歷。但如果一個女人坐過牢，那接下來連工作都找不到，她的家人也會因此蒙羞。如果她年紀還小，可能家人就草草把她嫁掉了，她毫無選擇，只能嫁給一個年紀足以當她爸爸的男人，被這個男人強暴。但大家都不談這種事，整個社會也都不去談這些女性的經歷，因為我們羞於啟齒。我母親甚至從來沒有在我們孩子面前哭過，我們家裡沒有留下任何一張我姊姊的照片，從來沒有提起關於她的事情。但我們必須告訴孩子：傷痛是什麼，前幾代人經歷過什麼樣的傷痛；我們要跟他們說：這也是你有可能經歷的傷痛，但你不必經歷這些，因為你們認識了自己。」

這段談話發生在二〇〇九年。到了二〇一三年，法拉創立了一個非營利組織，教導敘利亞女性難民各種生活技能、理財知識、療傷方法。雖然做了這些，還是沒有讓法拉心裡的渴望消失，不過她的心裡卻充滿了「一種又悲傷又甜美的感受，能夠體會到對生命的熱愛」（這都是她自己說的，不是我教的喔！）。她說：「終於，我第一次感覺到自己變完整了。別人常跟我說我這人太投入了，說我不用這麼努力，應該找時間放鬆玩樂，但我想玩樂，我在乎的是我做這一切所帶來的感受。」

她也開始瞭解為什麼自己會這麼投入這份工作。無論是她家族裡的女性還是難民營的女性，都被一條名為「悲痛」的緞帶緊緊束縛著，而她想要把這條緞帶解開。法拉說：「我覺得我承受著太多先祖的傷痛，我承繼了我母親的傷痛，我還得承受我姊姊的傷痛，我代替她們、她們的世代以及過去的世代承受了太多。我們的社會避談她們的經歷，因為我們的社會以她們為恥，但我們必須好好說說自己的故事，我所做的一切都是為了幫助女性更瞭解自我，而我們的『自我』常常來自於過去的世代。」

以法拉的例子來說，她想透過她的組織，協助人們將悲傷轉化成別種力量，而她幫助的對象所歷經的傷痛，正好與她祖先所承受的傷痛非常相似。不過有時候，我們想為別人療癒的傷痛，很可能和我們祖先經歷過的傷痛很不一樣。

威廉·布萊巴特博士（William Breitbart，以下簡稱布博士）是紀念史隆·凱特琳紐約癌症研究中心精神病學暨行為科學部主任。他的工作是協助時日無多的癌症病患，但他不是要治好病患，也不是要設法讓病患再多活一段時間，甚至不負責減輕病患身體上的痛苦。他的主要任務是：透過他設計的療程，引導患者在餘生裡感受人生的意義[25]，而他設計的療程被稱作「意義中心（meaning-centered）心理治療」。成果非常令人振奮[26]：和對照組的病患比起來，布博士的病患心靈富足的程度高出許多，生活品質也好很多，而且身體上的不適和病症也少非常多。

布博士年輕的時候一開始是先協助愛滋病患者，後來才開始協助癌症晚期病患。不管是哪一種絕症患者，布博士發現他們都有個共通點：他們都很想死。或許他們還有三個月、六個月可活，但他們都想立刻了斷。有位病患是六十五歲的化學家，第一次就診時就對他說：「你想知道要怎麼幫我嗎？我只剩下三個月了，我看不出這三個月有何意義，所以如果你想幫我，就殺了我吧。」

當時大多臨床醫師對於病患有這樣的想法並不意外。畢竟，像這位化學家及其他處境相同的病患，必須得承受身體上的劇痛或是極度憂鬱，或者兩者皆有。這類病患接受憂鬱症的治療後，大概有百分之五十打消了想死的念頭，止痛藥則是能幫助另外百分之十的病患覺得自己不想死了，但還是有百分之四十的人一心求死。

布博士認為，這是因為病患已經感受不到人生的意義，而這點是沒有藥物可以治療的，所以他必須另尋方法。對布博士來說，「感受人生意義」絕不僅是一個小小的哲學議題，他相信這是人類的核心價值，我們必須感受到人生的意義，才能獲得超脫苦難的力量。他讀過尼采的作品，這位哲學大師曾說：「只有知道『為何』而活的人才能不計較『如何』活。」所以布博士心想，如果他能幫助病人找到活著的意義27，那麼即使病患因為癌症而失去一切，他應該還是可以拯救他們脫離痛苦。

「那你先幫我個忙，」他對那位想死的化學家病患說：「請你來參加三堂我的療程，如果在這之後你的想法還是沒變，我們就看著辦。」

在一個五月天的下午，我約了布博士碰面，地點就在曼哈頓史隆．凱特琳醫院七樓諮詢中心他的辦公室。辦公室書架上擺滿了教科書、醫學期刊、佛像和黎凡特的法蒂瑪之手護身符，牆上掛著數不勝數的各種文憑證書，還有一個巨大的螢幕保護程式展示著一大片盛綻的紅色鬱金香。我們坐在窗邊聊，布博士身材高大魁梧，留著白鬍子，身穿皺皺的斜紋軟呢外套，深藍色的領結有點歪歪斜斜的。當時，窗外正下著雨。

我問布博士：他一路千辛萬苦從醫學院熬到成為住院醫師，接受長達十年的艱苦培訓，研究選擇性血清素再吸收抑制劑、癌細胞、化療，在全世界首屈一指的癌症研究中心擔任教授，最後卻選擇成為一個帶領病人感受人生意義的醫師。我很好奇是什麼讓他做出這樣的選擇。

布博士的情況和很多從事醫療照護的人很類似，他們是根據自己最真實的內在特質選擇自己的工作領域。對布博士來說，這就是最佳的選項了。

「若要說我的故事28，」他說：「要從這裡開始講：我二十八歲就得了甲狀腺癌，後來治好了，但自此之後我再也無法像過去一樣，認為自己身強體健、百毒不侵了。」

他說，這場病並不是促使他成為「意義醫師」的主因，真正的原因早在他出生前就出現了。二戰期間納粹攻入波蘭，到處獵殺猶太人，那時布博士的母親十四歲，父親十七歲。他母親被一名天主教婦女所救，藏在農舍的爐灶下躲過一劫，到了晚上她才從爐灶下爬出來，吃些馬鈴薯皮充飢。布博士的父親當時是蘇聯的逃兵，加入游擊隊在森林裡作戰，有天晚上因為肚子太餓想找東西吃，碰巧闖入布博士母親藏身的農舍，相識後他說服女孩加入他所屬的反抗軍，於是他們就一起躲在樹林裡，最後幸運活了下來。戰爭結束後，倆人回到各自的家鄉，但始終保持聯繫。後來他們移民紐約，找到工作，他當夜班店員，她縫製領帶，生了個孩子。而這個孩子的人生軌跡已經被他出生前發生的這些事決定好了。

布博士從小在一個大屠殺倖存者的社區裡長大（這個社區的居民和參與耶胡達博士早期研究的受試者一樣，都是納粹大屠殺的倖存者），他說在他家裡，「失去、死亡、苦難都極為真實」。他的童年充滿了倖存者對逝者的愧疚感，他母親常常自問：為什麼她和丈夫能活到今天，而當年好多人卻都死了？這個看起來永遠無解的問題其實有個很好的答案，雖然布博士的父母從來沒親口說出這個答案，但布博士心裡很清楚：他們能夠活下來，是因為他們要養育一個未來能為這個世界減少幾分痛苦的孩子。「我在這裡不是為了追求權力，」布博士說：「不是為了財富，我只是希望能減輕別人的痛苦。」

我們都必須承接前人留下的東西，他說：「我們沒有選擇。前人留下的東西可能很美好，可能充滿喜悅，但我承繼的是痛苦和死亡，以及倖存後揮之不去的愧疚感。我成長的過程很孤單，我們家有好多親戚都沒有機會活下來生兒育女，就只有我父母活了下來，而且不知道為什麼是我活著，而其他人卻死了。」

布博士說這些話的時候，聲音愈來愈小，讓我想起我外祖父說話的樣子。彷彿在他心裡有一陣更大的聲音隆隆作響，彷彿有一位游擊隊員在波蘭森林裡的槍林彈雨中英勇作戰，砲火的聲音蓋住了布博士的聲音；又彷彿他是為了能安全地躲在爐灶底下才讓聲音愈來愈小。

「前人留給你的東西，你可以把它當負擔，壓得你喘不過氣，」他轉過頭去，目光望向窗外的雨，繼續說道：「但要用什麼心態來面對，其實你可以選擇的。別人死了，但我們卻活下來了，這一定有原因，這樣的結果一定有其意義。」

當然，這也是「意義中心心理治療」的核心。我們每個人打從出生就被判了死刑，那麼你是為了什麼而活呢？

「我熱愛生活中的一切，」布博士說到此處，音量終於提高了一些：「天倫之樂、父母之愛、伴侶之愛、出自本能的情慾。我熱愛一切美麗的事物，我熱愛時尚、熱愛藝術、熱愛音樂、熱愛美食、熱愛戲劇、熱愛詩歌、熱愛電影。世上幾乎沒有什麼東西是我沒有興趣的，我非常開心我能活著。」他說這些時雙手頻頻揮舞，對著窗戶、對著窗外的傾盆大雨。

他說：「但就算你對這麼多事物充滿熱愛，你生來還是得面對你無法掌控的事物：你父母遺傳給你的基因、你一生能擁有的時間、你的出生地、你的家庭。也許我原本有機會成為石油大王洛克斐勒的子女，但我沒有；也許我原本會誕生在一個偏遠部落，一輩子以為上帝就是一頭藍色的大象，但是我也沒有。我就是出生在這裡，生活充滿危機與無常，很多事情就是會發生，你可能會出意外，可能會碰到瘋子持槍濫射，可能會生怪病，各種事情都會發生，發生了你就必須去面對、去處理。」

「而我現在每天都要處理的大事，就是替人診斷出威脅生命的癌症，這真的跟我原本想做的事情不一樣，所以我碰到的挑戰是：我要怎麼超脫這條意外發展出來的人生軌道？

於是我認為我的責任是要協助病患找到人生的意義，讓他們繼續成長、改變。不過，很少人是在順境當中成長的，大家都是從失敗、從逆境、從痛苦中成長。」

在他和他第一位病人——也就是那位生無可戀的化學家——面談過後，布博士便趕緊跟他的博士後研究員同事明蒂．格林斯坦（Mindy Greenstein）坐下來討論，很快勾勒出意義中心治療的第一版療程。該療程的理論基礎是：所有人活在世上都有兩大任務，第一是要想辦法活著，第二是要創造一個讓自己值得活這麼一遭的人生。如果你臨終時回首過往，看到自己的人生過得充實美好，那你的內心會很平靜；但如果你覺得自己還有好多事情沒做，那你的內心會充滿遺憾。但布博士認為，讓自己感到平靜滿足的關鍵是要學著去愛你自己（這是一種無條件且無休止的愛），而不是去愛「你所做過的事情」。

這個療程最重要的一環，就是學著重視自我的核心特質，也就是重視「讓你成為你」的特質。當你獲悉罹癌，你會覺得疾病奪走了你的職場、身份等，但意義中心治療師會幫助你找到你仍舊擁有的個人特質，這是任何事物都無法奪走的。舉例來說，也許你一輩子都在照顧別人，但罹癌後你發現你只能很不自在地接受別人的照顧，可是你仍舊逢人便問：「你好嗎？」這代表你仍然有能力去關心別人，你還是那個一直想照顧別人的你。這套療程的宗旨不是要你假裝看不到疾病帶來的巨大損失，而是更崇高的理想：意義中心治療的目標是想讓你知道，儘管遭受了巨大的悲痛和損失，儘管生活被疾病攪得天翻地覆，但你還是你，現在是，以後也是。

參加完辛察的工作坊後，我們很快又通了電話。我當時正為了一個問題困擾不已：我還是覺得我在工作坊哭成那樣，實在很丟臉，尤其跟經歷比我慘太多卻一滴眼淚也沒掉的莫琳比起來，我實在太丟人了。而且我很擔心要是我下次在公眾場合也這樣怎麼辦？要是我在各地宣傳這本書的時候又大哭怎麼辦？「我平常不會動不動就哭，」我跟他說：「我其實是個很快樂的人，我認為自己是個快樂的憂鬱人。但我現在這本書會寫到我和我母親的關係，也許有人會在全國播送的廣播節目裡問我一些關於我母親的事情，如果我在聽眾前又失控大哭怎麼辦？」

辛察親切地說：「我不知道妳是否已經完全走出家族傷痛的深淵，但妳可以等寫完這本書之後，再來問我這個問題。其實把問題寫出來也是解決問題的一種方法，等妳寫完後，妳的傷痛可能就會減輕很多了。」

他說的沒錯，對我來說，寫這本書也是一種很好的方式，讓我把過去的悲傷和求而不得的哀愁轉化成現在的幸福圓滿，而我也不再擔心我會在新書發表會上出糗了。

那你呢？你有感受到上一代的傷痛對你造成的影響嗎？如果有的話，你會希望和你的祖先建立起什麼樣的連結，幫助你結束傷痛呢？當然，你不需要寫一整本書，但也許你可以請父母跟你說說祖輩的故事，就像達爾．威廉斯在《畢竟》這首歌裡所說的那樣；或者你也可以到河邊放水燈[29]，日本人就是這樣紀念亡者；或者你也可以和墨西哥人一樣，在特定的日子準備祖先最愛吃的食物[30]；或者，透過心理治療，你可以學著接受你從上一輩承繼而來的代際創傷，與它和平共存；或者你也可以來趟尋根之旅，造訪家族傷痛的起源地，就像潔芮．賓漢走訪了一趟塞內加爾的戈雷島；或者你可以想到絕佳的方法來幫助那些與你父母或祖先遭逢類似經歷的人，就像法拉．卡蒂救助難民、布博士用意義中心療程幫助癌症病患；又或者，正如辛察所說，你可能永遠沒辦法完全走出世代的傷痛深淵，但這也沒關係。

當我們在挖掘、歌頌我們父母和祖先故事的時候，有一件事情是我們可以做的：把自己跟故事裡的傷痛區隔開來。我們可以把祖先的故事當成我們自己的故事來看，但其實祖先的故事並非我們的故事。我們可能承繼了祖輩的某些傷痛，但畢竟不是我們被戰火燒成灰燼；我們可能承繼了祖輩的悲哀，但畢竟不是我們被迫與自己的孩子分離。祖先的眼淚滑落了他們的臉龐，不是我們的臉龐。正如祖先如果締造了什麼豐功偉業，即使我們這些後世子孫也許可以沾點光，但那仍是屬於他們的成就。

如果我們放眼未來，就更容易瞭解這點。我們的故事終有一天也會變成我們孩子的故事的一部分，但孩子也會有自己的故事，而我們會希望孩子能訴說他們自己的故事，我們會希望他們可以自由自在，不受過去世代的束縛，所以我們也可以這樣看待自身的情況。古希臘人曾說：「活著，就像你的祖先透過你再活一次[31]。」但這句話的意思不是要我們重複祖先的人生，而是要為祖先的故事賦予新的生命，賦予全新的意義。

你是否聽過有些人在那邊感嘆：「唉，我現在的年紀，正好是我媽被診斷出絕症的年紀」或是「我爸是個酒鬼，我不想落得跟他一樣的下場」。這些感嘆，正好呼應了希伯來先知以西結說的「父親吃酸葡萄，兒子牙酸倒。」不過聖經裡引用這個諺語是為了提出反論，聖經的意思是：我們無須為父母的罪惡負責，我們也無須承受父母的痛苦。這並非在告訴我們要背棄祖先，我們仍舊可以超越時空去愛我們的祖先，而且我們可以代表祖先以及我們自己，依循著人生悲喜並存、有苦才有甜的道理，把祖輩的傷痛轉化成美好的事物。

當我現在想起辛察那場工作坊，我發現那天我和莫琳都是在用一種隱晦的方式對我們各自的母親致意——她用她的堅忍，我用我的眼淚。我哭得那麼慘，是因為好像只有這麼做，我才覺得我和母親又有了連繫；而莫琳忍著不讓眼淚流下來，又何嘗不是在表達自己對同樣堅忍的母親深刻的依戀呢？

我現在常常去看我母親，我在寫這本書的時候她已經高齡八十九了，她的阿茲海默症不斷惡化，但她還能認出我來。失智症奪走她太多太多東西，卻還給她原本善良美好的靈魂，完全沒有因為日常生活上的種種困難而減損半分。每個照顧她的醫生護士都主動跟我說我母親人超好，還很幽默，他們都很喜歡她純淨美麗的靈魂。「我可能說這話的機會不多了，」每次我和母親談話時她都會急著跟我說：「所以我希望妳記得我有多愛你。」

我坐在母親輪椅旁邊，握著她的手，她現在好瘦，幾乎不怎麼吃東西了，下巴皮膚鬆弛下垂，讓她的臉看起來沒那麼小。她的藍眼睛變得細細的，因為都埋在深深的皺紋和浮腫的眼袋下面。未來有一天，我也會有好幾層鬆垮的下巴和浮腫的眼袋。我們母女雙目對視，彼此之間有著一言難盡、對彼此最深刻的理解。以前我們經歷過的所有試煉、吵鬧、爭執以及難以說清是深是淺的母女之情，所有歡笑、擁抱和交談，都在這一刻把我們緊緊連結在一起。她是我媽媽，不是別人。我現在知道，這麼多年來我一提到她就忍不住掉眼淚，並非因為我在十七歲就和她分離，而是因為我們從來不曾分離。我對她會這麼愧疚，原因不在於我給她看了我的日記——這可能是我太渴望自由而無意識做出的舉動，但卻也讓她情緒崩潰——而是因為當我緊抓著愧疚感不放的同時，我也覺得自己正緊緊抓著她、抓著我的外祖父、抓著早已逝去的世代。但現在，我能做到辛察教我的：我還是能繼續和過去的世代維持聯繫，但我不需要緊抓著他們留下的傷痛。

父母和祖輩的人生、我們和長輩及祖輩交流的方式都會影響我們的想法、感受，個性；然而，我們的這一生仍是屬於自己的，我們必須同時牢牢記住這兩點。

不過，如果你覺得你不可能完全擺脫前人留下的傷痛——畢竟凡事都很難說得準，而且人生本來就是悲欣交集——如果還是難以放下心裡的歉疚，還是無法改掉你一直想改掉的習慣和衝動，還是奢望得到一個永遠不可能得到的完美世界，那也沒關係，我們還是可以欣然接受這樣的事實。因為，正如我在第二章跟大家分享過蘇菲派詩人魯米的詩《愛之狗》當中說的，你因為渴求幫助而產生的憂傷，其實就是你在尋覓的援助；我們所許下的難以實現的願望，其實就是神給我們的回覆；使我們忍不住大聲哭喊的悲痛，其實是讓全人類團結在一起的力量。

January Day, Lower Manhattan， Thomas Schaller (thomasschaller.com)
一月天，曼哈頓下城。

終曲

找一條回家的路

即使人生苦短[1]，你這一生已經得償所願了嗎？
是的。
那你想要的是什麼呢？
我希望能有自信地說自己被愛過，也能感受到自己
這一生的確被人珍愛過。

——美國詩人雷蒙德・卡佛（Raymond Carver）

打從那天在法學院宿舍我朋友問我為什麼要聽送葬歌曲，我就開始好奇為什麼悲傷的歌曲能有這麼大的吸引力。直到十年後，我才開始學習如何運用悲傷當中的強大力量。

三十三歲的我，在一間法律事務所當了七年的律師，在一棟華爾街摩天大樓的四十二

樓有一間自己的辦公室，辦公室就能俯瞰自由女神像。七年來我每天工作十六個小時，沒有一天例外。雖然我從四歲開始就懷抱著成為作家的夢想，但現實世界的我也是個野心勃勃的律師，而且即將成為這間事務所的合夥人。至少我當時這麼以為。

一天早上，一個名叫史帝夫・謝倫（Steve Shalen）的資深合夥人敲了我辦公室的門。史帝夫高大體面、文質彬彬，他坐下後順手拿了我放在桌上的壓力球把玩，然後開門見山告訴我：我不可能成為這間事務所的合夥人。我記得我當時真希望手上也有顆可以用力揉捏的壓力球，但我的壓力球在史蒂夫手上；我記得我很遺憾傳達這消息的差事落到史帝夫頭上，他其實沒惡意；我也記得聽到自己的夢想永遠不可能成真的時候，心裡好像有什麼東西轟然倒塌的感受。

這麼多年我瘋狂工作，就為了早日成為合夥人，為此我甚至捨棄了童年成為作家的夢想。我急切地想成為合夥人，因為我很想買一棟特別的房子——說明白一點，就是格林威治村裡的一棟社區透天，打從我來這裡工作的第一個禮拜就對這麼一棟房子念念不忘。那時公司裡有另一名也叫史帝夫的資深合夥人邀請所有新進律師到他家吃晚餐，而我就是在那天見到他和他的家人一起住在一個超級溫馨美好的房子裡，他和他太太、小孩每天上班上學的路上都能走過一條條綠樹成蔭的街道。

在那個社區光影斑駁的街道上，開著許多咖啡館和古玩店，有很多房子都用華麗的牌匾裝飾，宣稱某某知名詩人或小說家曾在這間房子裡文思泉湧。雖然現在這些房子的擁有者不是藝術家而是律師，雖然現在要買一棟這樣的房子需要的不是寫出一本暢銷詩集，而是要在一個處理資產、併購事務的法律事務所成為合夥人，但我當時不覺得這有什麼奇怪的。我知道成為合夥人和買一棟這樣的房子會讓我沒有時間精力實現童年的夢想，讓我無法和過去住在這裡的文人才子一樣出版自己的詩集，但我真的很想住在這個籠罩在懷舊、文才光芒之中的社區。如果為了實現這個夢想，我必須學習什麼叫收益率曲線和償債覆蓋率，週末還必須抱著「華爾街詞彙」字典回家，在我那只有一間臥房的小公寓裡熬夜苦讀，我都認為很值得。

因此，史帝夫告訴我說我無法成為合夥人，這消息讓我感到晴天霹靂，但在我內心深處，我知道史帝夫其實是遞給了我一把出獄的鑰匙。

幾個小時之內，我就永遠地離開了那間事務所，而且就在幾週後，我也結束了一段維持七年但總覺得有哪裡不太對勁的戀情。我父母從小就教我做人要實際，我父親是移民之子，又生在一九二〇經濟大蕭條年代，所以他建議我念法學院好讓自己未來付得出房租；我母親則老是警告我要趁年輕的時候趕快生孩子，年紀大了才想生就難了。結果，此時三十三歲的我，沒工作、沒對象、連住的地方都沒有。

我曾和一位帥氣的音樂家談戀愛，我姑且稱他為羅爾好了。羅爾爽朗健談，白天寫歌作詞，晚上站在鋼琴旁與朋友高歌。他那時不算完全單身，但我們之間很來電，而我對他的感情很快變成了一種我過去從來沒有過、而在他之後也再沒出現過的癡迷。那個年代還沒有智慧型手機，所以我常常泡在網咖裡就為了等他的 email。我還記得當我看到他的名字以深藍色、粗體字的形式出現在我的收件匣，我就會感覺到體內流串著令我興奮不已的多巴胺。在我們每次約會前，他都會寄給我他推薦的音樂清單。

那時我一個人住在曼哈頓一個不太起眼的社區裡。我租的小房子裡沒什麼家具，只有一張毛毛的白色地毯，我會躺在地毯上面一邊看著天花板一邊聽羅爾推薦的音樂。對面有一棟十九世紀的教堂和花園，佔地很小但看起來很奇幻，因為教堂和花園兩旁都是摩天大樓。我會在教堂長椅上一坐就是幾小時，呼吸著教堂內神秘又靜謐的空氣。有時候我會找一位朋友出來喝咖啡（我姑且稱她為莎拉），然後跟她劈哩啪啦分享一大堆我跟羅爾上次約會的種種趣事。現在回想起來，一直聽我講重複的故事對她來說一定很煎熬。於是有一天她用恨鐵不成鋼的語氣對我說：你會對他這麼著迷，只因為他代表了妳求而不得的一切。

莎拉那雙藍色的大眼睛似乎能看透一切，而她正用那雙眼睛直勾勾地盯著我。然後她突然很嚴肅地問我：妳很想要、卻一直得不到的到底是什麼？

聽到這裡，我的心裡立刻有了答案。原來羅爾代表了我從四歲以來就一直渴望的寫作生涯，他代表那個不可能實現的完美世界。格林威治村的社區透天房也一樣代表著我多年來求而不得的事物，我一直覺得我看中的房子就像個路標指示牌，箭頭指向我最渴望的東西。然而，在法律事務所工作的這些年，我一直誤解這個指示牌所指的方向，我原本以為它指向一棟房產，但它指的地方其實是「家」。

就這樣，我對羅爾的迷戀瞬間消失了，我還是愛他，但就像愛一個最談得來的表兄弟，我對他的感情裡不再有情慾，不再急切。我也還是很喜歡格林威治村裡的社區透天厝，但我不一定要擁有一間。

後來，我終於開始寫作了。

你一直求而不得的是什麼？

你會怎麼回答？

也許你從來沒問過自己這個問題，也許你從來沒在人生中發現某些重要跡象，也許你從來不曾好好檢視這些跡象背後真正的意義。

你可能問過自己其他問題，例如：我的工作目標是什麼？我想要結婚生小孩嗎？某人是我的真命天子或真命天女嗎？我要怎麼當個道德三觀很正的好人？我該做什麼工作？工作應該佔據我的人生多少份量？我什麼時候該退休？

但是，你有從更深刻的層面來問自己這些問題嗎？你有問過自己一直以來求而不得的東西、向來的渴望是什麼嗎？你有探索過屬於你的獨特印記、開啟過屬於你的獨特旅程、傾聽你內心無聲的召喚嗎？你曾經問過自己在這個世界上，哪個地方最符合你對「家」的定義嗎？說真的，如果你現在在一張紙的最頂端寫上「家」這個字，思索一會兒後你接下來又會寫什麼呢？

如果你天生就是憂鬱、具有悲欣交集特質的人，或者你是因為歲月打磨才成為憂鬱型的人，你有想過要怎麼把這樣的憂鬱特質變成內心的力量嗎？你曾經想過從悠長歷史中承繼的悲傷，其實可以化作一股力量，讓你將傷痛轉變成美，將你因為求而不得而感受到的孤寂轉變成幸福的歸屬感嗎？

你曾經問你自己誰是你最喜歡的藝術家、音樂家、運動員、企業家、科學家或精神領袖嗎？你為什麼這麼喜歡他們？他們對你來說代表了什麼？你有沒有想過你心中是否有難以擺脫的傷痛，而你能夠將這份傷痛變成你的創意泉源嗎？你能設法幫助跟你處於類似困境的人，替他們療癒心中的傷口嗎？你的傷痛可以如李歐納·柯恩所說，成為你擁抱太陽和月亮的方式嗎？

你知道你自己的悲傷以及渴望，能帶給你什麼重要啟示嗎？

也許你現在覺得「真正的你」和你現在的工作之間有一條鴻溝，這意味著你在工作上努力過頭了或是根本沒在努力；也可能意味著你想要更有成就感的工作，或者想要進入氛圍更適合你的公司；也可能意味著你真正需要的工作可能跟你賴以維生的工作或收入來源無關。也許你內心真正的渴望正想盡辦法發送無數訊息給你，你應該要傾聽你的內心，跟著內心的聲音走，專心聽。*

也許你現在聽到孩子歡笑時你會跟著開心，但孩子哭泣時你卻很難認同他們的感受，

* 這並不代表你應該立刻離職去追求夢想（看來我還是有遺傳到我父母的現實個性），而是說，要讓你的夢想有空間成長。

只覺得他們很吵或小題大作，這代表你可能沒有把淚水視為生活不可或缺的一部分，也不曾認可你的孩子其實懂得擁抱悲傷。

又或許你背負著你父母、祖父母、曾曾曾祖父母傳承下來的傷痛，或許你的身體已經為此傷痛付出代價；或許你總感覺自己與這個世界格格不入，因為你總是戒心太重，一丁點小事都能讓你暴怒；或者你心裡總有那麼一朵永不消散的烏雲。即使你已經能自由書寫自己的故事，你也必須找到方法轉化過去世代留給你的傷痛。

又或許你會因為和戀人分手、親友逝世而悲慟不已，因為「離別之痛」是所有心痛之首；而且這些傷痛會告訴你：人類最刻骨銘心的渴慕，就是能夠與所愛之人相聚相依；還有，當你知道這世上所有人都跟你一樣，都在為了超脫傷痛奮力掙扎，當你知道所有人都跟你一樣在苦海中浮浮沉沉、一點一點奮力往岸邊靠近，你會發現原來你和世上所有人如此相似。這種與他人苦海同舟的歸屬感，有可能使你得以脫離苦海。

又或許你渴望得到完美、無條件的愛情。某些知名廣告總會找俊男美女來扮演完美的戀人[2]，瀟灑浪漫地開著敞篷車，消失在遠處的彎道。但也許你現在已經意識到這些廣告的核心並不是那對戀人，而是他們開著閃亮亮的車前往的那個看不見的目的地。就在那個彎道上，一個完美的世界正等著他們，他們的心中也對完美的世界燃起渴望之火。然而，完美世界雖然看似難以企及，但完美世界裡的各種美麗奇景，其實已經時時刻刻顯現在我們的生活裡，不只出現在我們的戀情裡，同時也出現在我們親吻孩子道晚安的時候，我們撥弄吉他琴弦、內心因為喜悅而顫動的時候，以及我們從一位一千多年前的作家著述中讀到至理名言的時候。

也許你看到的是這對戀人永遠到不了他們的目的地，就算他們真的到了那個完美世界，他們也無法住在那裡。這種求而不得的美好，反而能激起我們更強烈的渴慕（很多廣告業主就盼著我們能藉由購買他們的腕錶或古龍水來稍微滿足一下這樣的渴望）。廣告裡那對戀人駛向的完美世界似乎就在那個彎道附近，那麼我們要怎麼看待這種難以企及、但又撩動人心的美好？

我離開法律事務所，結束和羅爾的戀情後，又過了一陣子，我終於遇見肯恩，現在已經是我丈夫了。他也是作家，曾經在聯合國服務，他來回奔走的那些地區都是一九九〇年代最殘酷血腥的戰區，包括柬埔寨、索馬利亞、盧安達、海地和賴比瑞亞。

肯恩會做這樣的工作，是因為在他開朗活潑的外表下，心裡一直渴望改變世界。他從小就不斷思考納粹大屠殺這個歷史悲劇，他才十歲的時候就會躺在床上思考自己有沒有勇氣把安·法蘭克（Anne Frank）藏在閣樓裡，後來事實證明他有。一九九〇年代，他在戰區生活了七年，那是一個動不動就可以看到童兵、輪姦、人類相食、種族屠殺的世界。有次他們遭到伏擊，他無助地在一間戰地醫院外面等待，但他的年輕朋友還是死在索馬利亞醫院的手術檯上，使他深受打擊。他在盧安達四處奔波，這個國家曾經有八十萬人在九十天內慘死在開山刀下，這種殺戮速度甚至超越納粹集中營。肯恩的工作是為聯合國戰爭罪法庭蒐集證據，所以他必須走過屍橫遍野的戰地，看著滿地骸骨——包括人的下顎骨、鎖骨、頭骨，還有被母親骸骨抱在懷裡的嬰兒骸骨——還要努力不讓自己因為惡臭作嘔，不讓自己因為再次發現根本沒有人試圖阻止殺戮而氣到反胃。

在戰地奔走這麼多年以後，他開始覺得自己的努力都是白費：總是會出現更多假仁假義的政客、更多殘缺不全的屍體、更多冷漠無情的旁觀者。儘管還是有人釋出善意，但沒有哪個組織、哪個國家或甚至哪位人士是真的抱持著高尚純潔的動機伸出援手。在煙硝瀰漫的戰區，無論何時何地，情況都有可能突然失控，然後又一次次發生慘無人道的悲劇。於是肯恩回家了，但此時「家」對他來說已經有了不同的意義：家是朋友和家人所在之處；

家是隨時能舒服吹冷氣的地方；家是一打開水龍頭就有乾淨的水流出來的地方，而且冷水熱水任君挑選。然而，夏娃吃了禁果後被迫離開的那座伊甸園也是家。

我們總會告訴自己，有些事情不可忘記。但肯恩的問題不是「忘記」，他反而是忘不了自己看過的一切，目睹過的一切幾乎不曾離開他的腦海片刻。所以他別無選擇，只能把自己看到的一切寫下來，而他在寫作的時候，桌上一直放著一張裱了框的相片，相片裡是一大片佈滿盧安達人骸骨的戰地。這張照片至今還在他桌上，這麼多年過去依舊放在那裡。

我們剛認識的時候，肯恩正想和他在聯合國兩位非常好的朋友合著一本關於他們的經歷的書[3]。假如她不是我丈夫，我依舊會說那本書內容精彩絕倫，論述犀利。不是只有我這麼覺得，知名演員羅素克洛已經買下那本書的版權，準備拍攝迷你劇集。

相較之下，我的律師生涯才剛落魄地結束，我僅有幾首自己寫的詩（我們剛認識的時候，我正好在寫回憶錄，而且用十四行詩的形式來寫，沒有為什麼，只因為我就是想用這種方式寫）。我跟肯恩第二次約會時我把自己寫的一些十四行詩拿給肯恩看，我回家後，他寄給我一封信，內容如下：

天公伯啊！

天公伯啊！
繼續寫。
啥事都別做
只要寫就好
寫！
女孩，
給它寫下去就對了！

他對我的信心，讓我終於開始了長久以來渴望不已的寫作生涯。現在，當我看著他在黎明時分幫我們的兒子繫好足球釘鞋上的雙結，看著他在我工作室外的花園種滿野花，看著他原本只是要跟我們的小狗玩丟接球幾分鐘變成玩幾個小時，我突然發現我們共同擁有的不只這些。對他來說，這些日常生活中為摯愛付出的零碎片刻都很詩情畫意：寧靜又很有儀式感，用一種有苦有樂、悲欣交集的方式慶祝生活裡的小確幸。雖然在我倆二、三十歲的時候，生活的地方和情感的經歷都天差地遠，但他一定一開始就從我青澀的寫作內容裡看出來（而我也從他的作品看出來），我們兩個都渴望這個世界和我們的心靈能夠平靜、穩定地逐漸修復。

然而他最渴望實現的夢想——一個永遠不再有大規模死傷的世界——還沒實現。我們所有人也都在期盼這個夢想成真。然而，當我們心中最大的夢想永遠難以實現，我們該怎麼面對這樣的事實？

說到這裡，我總是喜歡用卡巴拉教派一個故事來回答這個問題（卡巴拉是猶太教的一個神祕分支，也是李歐納．柯恩創作《哈利路亞》的靈感來源）：萬物之初，所有創造都始於一個裝滿聖光的容器，這個容器後來破掉了，神聖的碎片四處散落。有時人世間太過黑暗，以至於我們看不到這些碎片，有時是我們太過關注痛苦和衝突，所以才沒發現這些神聖的碎片。但我們要取得這些碎片其實非常簡單，只要彎下腰，把它們從土裡挖出來、撿起來就可以了。當我們這麼做的時候，我們會發現光芒可以突破黑暗，生命會取代死亡，無數靈魂降生到這個四分五裂的世界是為了學習自我昇華[4]。此外，我們每個人發現的碎片都不同，我可能眼中看見的是一團煤塊，你看到的卻可能是在土裡閃耀的黃金。

這個故事說得很保守，它沒有承諾我們一個完美的烏托邦，它反而還告訴我們烏托邦不可能出現，暗示我們要珍惜所有，不要為了追尋不可能得到的完美而放棄原本擁有的事物。然而，我們可以帶著「人生有苦亦有甜，有苦才有甜」活著，並在這世界任何一個我們能有一丁點影響力的角落，宣揚這樣的信念。

也許你現在還是青少年，還在試著理解自己的情緒為何一下激動一下低落，而且你會發現你的人生任務不只是要找到伴侶、找到工作，你還得學著將你的悲傷和渴望轉化成智慧，引領你在未來的人生做出明智的抉擇。

也許你現在是個老師，你想要鼓勵學生紀錄生活裡的喜悅和悲傷，就和蘇珊．大衛以前的那位英文老師一樣，她曾拿一本筆記本給蘇珊，邀請她寫下心裡真實的感受。

也許你現在是企業主管，你發現悲傷不該是職場的禁忌，於是你想要打造更健康的企業文化，讓組織裡的文化在充滿愛與正能量的同時，也承認光明總是伴隨著黑暗，也體認到這種有苦有樂的環境才能激發出更多創造力。

也許你是負責架設某個社交媒體平台的工程師，你看到自家公司的演算法讓使用者肆無忌憚地將個人的傷痛轉變成網路上的言語暴力，但你很明白要改變現況還來得及，你可以設法引導使用者將傷痛轉化成療癒的力量、創造更和平美麗的網路世界。

也許你是心理學家，很希望在心理學領域開闢一片新天地鼓勵大家研究神話學家珍．休士頓（Jean Houston）提出的「神聖心理學5」。根據珍．休士頓的說法，神聖心理學認為「每個人類靈魂中最深刻的渴望，就是回到其精神能量的來源，和至親至愛進行親密交流，或甚至合而為一」。

也許你是位神學家，正在苦惱著現代社會裡的普羅大眾對宗教愈來愈沒興趣，但你也明白人類永遠都需要精神上的寄託，只是在不同時代，精神寄託就會以不同形式呈現。在我們這個時代，很多人將精神寄託於政治，不同的政治立場好比不同宗教教派，以至於我們看到極為嚴重的政治分歧，然而如果善加引導，人類對於精神寄託的共同需求其實也可以引領我們走向團結。

也許你現在正因為親友逝世而處於哀痛中，但你也可以想想諾拉．邁納尼在TED演講上給我們的建議：你可以帶著悲痛好好過日子，不一定要完全放下悲痛才能向前走。（就算不是今天，終有一天你會需要參考一下這個建議。）

也許你已屆中年，甚至已到了遲暮之年，但你發現愈來愈長的影子不一定令人沮喪，而是提醒你把握機會停下來，珍惜日常的美好——你過去可能總忙著其他事情而忽略的美好。

對我們所有人來說，無論我們在哪裡生活、從事何種工作領域，都有很簡單的方法帶我們走向生活中的美好。你不需要信仰某個宗教或按照前人的智慧過活，就能領悟到生活中處處有奇蹟，體驗到何謂一沙一世界、一花一天堂，只可惜我們這些汲汲營營的現代人時常忽略這些簡單的美好。十九世紀有句格言說：「真即是美，美即是真」（beauty is truth, truth beauty），我以前不太明白這句話的意涵，我很納悶像漂亮的臉蛋或賞心悅目的圖片這種膚淺的東西怎麼能跟莊嚴宏偉的道德真理相提並論？過了幾十年後我才終於瞭解這句格言所說的「美」，是一種我們大家都可以體驗的狀態，可能只是幾次短暫卻勵志的探訪之旅，也有可能透過各式各樣的途徑，例如一場午夜彌撒、蒙娜麗莎的微笑、生活中的一點點善意或是某個英雄的偉大事蹟——這些都可以引領我們體會生命之美。

說到這又讓我們回想起本書一開頭提到的那位塞拉耶佛的大提琴家，還有那個在森林裡避難的老人，他不以族裔或宗教來歸類自己，他不是穆斯林或克羅埃西亞人——他只認為自己是個音樂人。

我父親死於新冠肺炎後，我們在他的墓地舉行了小小的告別式，由一位年僅二十五歲的猶太教祭司朗讀悼詞。這位祭司不認識我父親，但他還是同意幫忙主持一個死於疫情的陌生人的葬禮，在葬禮上朗讀悼詞讚揚我父親對上帝的愛。我當時一邊微笑著一邊心想：「這人根本不認識我爸啊！」父親是個驕傲的猶太人，最討厭宗教的規條框架。祭司說我父親愛上帝，我聽了忍不住翻白眼，但後來我覺得，我翻了白眼，只意味著我之前的想法太過於陳腐。現在的我認為，年輕祭司對我父親的讚美，並非完全的矛盾，我父親生前是真的愛著上帝，只是他的「上帝」有別的稱呼——很多不同的稱呼。

我現在知道，我父親大半輩子都在蒐集神聖的碎片，他就跟我們所有人一樣，不是完人，但他一直持續做著很美好的事情。他很喜歡蘭花，所以他在地下室蓋了一個溫室，在裡面種滿蘭花；他喜歡法文的聲調，所以他學了一口流利的法語，雖然他忙到沒時間去法國玩；他對有機化學極有興趣，所以他每個星期天都在啃有機化學的教科書。他身體力行地教導我：如果你想安靜過日子，那你就應該安靜過日子；如果你是個謙虛、不愛出風頭的人，那就儘管當個謙虛、不愛出風頭的人。這沒什麼大不了的。（我父親對我的啟發也成為我的著作《安靜就是力量》的基礎）

我也一直看著他如何努力當個好醫生、好父親：看著他在晚餐後抽空研讀醫學期刊；看著他總願意多花一點時間坐在每位患者的病床邊；看著他用心培訓下一代腸胃科醫師，直到八十幾歲才停止培訓工作；看著他總會和孩子們分享他喜愛的事物，例如音樂、賞鳥和詩文，期待有一天我們這些孩子也能跟他愛上同樣的事物。我還記得我很小很小的時候會一直要求他播放貝多芬的《皇帝協奏曲》，但因為當時年紀太小，我連《皇帝協奏曲》的曲名都一直唸錯。

宏偉瑰麗的事物，深深吸引著我們，不只因為這些事物既美麗又帶著療癒的力量，也因為它們展現了愛、神聖或任何你認為美好的特質。我父親去世的那一晚，我聽著音樂，不是因為我想在音樂裡找到父親的蹤影——我並沒有在音樂裡找到他——而是因為我們對父母的愛、對歌曲或運動的愛、對大自然或文學的愛、對數學或自然科學的愛，其實都是完美世界的不同體現，這些愛是相互串連的。你對各種美好事物的愛，就能顯示你最想跟誰在一起、你最想待在哪裡。你的父母就算無法永遠活著，你永遠都能透過對其他事物的愛來體現你對父母的愛。

父親過世前不久，我和他通了電話。他在醫院的病床上，連呼吸都很吃力。

「孩子，要好好照顧自己啊！」他在掛電話前給我最後的叮嚀。

嗯，我會好好照顧自己的，而我希望，你也要好好照顧自己。

註釋

序曲、導論

1. The cellist of Sarajevo Details of this story are from the novelThe Cellist of Sarajevo by Steven Galloway (New York: River-head Books, 2009); Vedran Smailović's playing was also re- ported in many news articles, including The New York Timeson June 6, 1992, twelve days after the death of twenty-two people in line for bread, https://www.nytimes.com/ 1992/06/08/world/death-city-elegy-for-sarajevo-special-report-people- under-artillery-fire-manage.html.
2. This work is commonly attributed Adagio in G Minor, Britannica online, https://www.britannica.com/topic/Adagio-in-G-Minor.
3. "I am," said the old man Allan Little, "Siege of Sarajevo: The Orchestra That Played in the Midst of War," BBC Newshour, Dec. 21, 2018, https://www.bbc.co.uk/programmes/p06w9dv2.
4. "Homesick we are" A handwritten copy of the poem can beseen on the Garden Museum website, https://gardenmuseum.org.uk/collection/the- garden/.
5. Aristotle wondered why The Aristotelian Problema XXX.1 describes the connection between melancholy and genius. See Heidi Northwood, "The Melancholic Mean: The AristotelianProblema XXX.1," Paideia Archive, https://www.bu.edu/wcp/Papers/Anci/AnciNort.htm.
6. harmonious balance U.S. National Library of Medicine, "Emo-tions and Disease," History of Medicine, https://www.nlm.nih.gov/exhibition/ emotions/balance.html.
7. which I call the "bittersweet" My conception of bittersweet-ness, and specifically the idea of "piercing joy," is inspired by C. S. Lewis's writings on Sehnsucht.
8. "has relinquished the ordinary life" Marsilio Ficino, letter to Giovanni Cavalcanti, Letters 2, no. 24 (1978): 33–34, in AngelaVoss, "The Power of a Melancholy Humour," Seeing with Different Eyes: Essays in Astrology and Divination, ed. P. Curry and A. Voss (Newcastle, UK: Cambridge Scholars, 2007).
9. Dürer famously depicted Albrecht Dürer, "Melencolia I, 1514,"https://www.metmuseum.org/art/collection/search/336228.
10. "scarcely conceive of" Charles Baudelaire, Les Fleurs du mal. Kevin Godbout, "Saturnine Constellations: Melancholy in Literary History and in the Works of Baudelaire and Benjamin" (quoting Baudelaire's "Fusées") (Ph.D. diss., University of Western Ontario, 2016).
11. The influential psychologist Julia Kristeva Julia Kristeva, TheBlack Sun: Depression and Melancholy, trans. Leon S. Roudiez(New York: Columbia University Press, 1989), 10. See also Emily Brady and Arto Haapala, "Melancholy as an Aesthetic Emotion," Contemporary Aesthetics, vol. 1, 2003.
12. "We do this" Susan David, "The Gift and Power of EmotionalCourage," TED Talk, 2017, https://www.ted.com/talks/susan_david_the_gift_and_power_of_emotional_courage/transcript? language=en.
13. in Homer's Odyssey This is alluded to in Book I and exploredin Book V; see http://classics.mit.edu/Homer/odyssey.5.v.html.
14. longing is the great gateway to belonging We have the idea thatthe great human narrative is the "Hero's Journey," in which a protagonist has an adventure, confronts a great challenge, andemerges transformed. Much of Hollywood storytelling is based on this progression. But we've forgotten our other great narrative, which we might call the "Soul's Journey"—in whichwe realize that we've come into this world with a sense of exilefrom our true home, that we feel the pain of separation from the state in which we loved and were loved beyond measure, and that the sweet pain of longing helps us return there. We crave beauty because it reminds us of that home; it calls us to that journey.
15. "Your whole life" Llewellyn Vaughan-Lee, "Love and Longing:The Feminine Mysteries of Love," Golden Sufi Center, https:// goldensufi.org/ love-and-longing-the-feminine-mysteries-of-love/.
16. "Those who constantly" Thom Rock, Time, Twilight, and Eternity: Finding the Sacred in the Everyday (Eugene, Ore: Wipf and Stock, 2017), 90.
17. "God is the sigh" Vaughan-Lee, "Love and Longing."
18. "Our heart is restless" Saint Augustine of Hippo, Confessions,https://www.vatican.va/spirit/documents/spirit_20020821_agostino_en.html.
19. Beloved of the Soul Jean Houston, The Search for the Beloved: Journeys in Mythology and Sacred Psychology (New York: J. P.Tarcher, 1987), 228.
20. "the shore from which" Mark Merlis, An Arrow's Flight (New York: Macmillan, 1998), 13.
21. "the place where all the beauty" C. S. Lewis, Till We HaveFaces (New York: HarperOne, 2017), 86.
22. "Hallelujah," a ballad "13 Praise-Worthy Talent Show Performances of Leonard Cohen's 'Hallelujah,'" Yahoo! Entertainment, November 11, 2016, https://www.yahoo.com/news/13-praise-worthy-talent-show- performances-of-

leonard-cohens-hallelujah-081551820.html.
23. "to participate joyfully" This idea can be found, among otherplaces, in Joseph Campbell, A Joseph Campbell Companion:Reflections on the Art of Living, ed. Diana K. Osbon (New York: HarperCollins, 1991); see also https://www.jcf.org/works/quote/participate-joyfully/.
24. "I feel an intense longing" Janet S. Belcove-Shalin, New WorldHasidim (Albany: State University of New York Press, 2012), 99.
25. According to recent research D. B. Yaden and A. B. Newberg,The Varieties of Spiritual Experience: A Twenty-First CenturyUpdate (New York: Oxford University Press, forthcoming); D. B. Yaden et al., "The Varieties of Self-Transcendent Experience," Review of General Psychology 21, no. 2 (June 2017): 143–60, https://doi.org/10.1037/gpr0000102.
26. what Aristotle called Northwood op. cit.

第 1 章 難過是用來做什麼的？

1. "Before you know" Naomi Shihab Nye, "Kindness," in WordsUnder the Words: Selected Poems (Portland, Ore: Eighth Mountain Press, 1995), 42.
2. Pixar director Pete Docter Dacher Keltner and Paul Ekman,"The Science of Inside Out," The New York Times, July 3, 2015, https://www.nytimes.com/2015/07/05/opinion/sunday/the-science-of-inside-out.html.
3. up to twenty-seven different emotions Alan S. Cowen and Dacher Keltner, "Self-report Captures 27 Distinct Categoriesof Emotion Bridged by Continuous Gradients," Proceedings of the National Academy of Sciences 114, no. 38 (September2017); https://www.pnas.org/content/114/38/ E7900.abstract. See also Wes Judd, "A Conversation with the Psychologist Be-hind 'Inside Out,' " Pacific Standard, July 8, 2015; https:// psmag.com/social-justice/a-conversation-with-psychologist-behind- inside-out.
4. Fear is funny Author interview with Pete Docter, November 30, 2016. See also "It's All in Your Head: Director Pete Docter Gets Emotional in Inside Out," Fresh Air, NPR, July 3, 2015,https://www.npr.org/ 2015/07/03/419497086/its-all-in-your-head-director-pete-docter-gets- emotional-in-inside-out.
5. "The idea that you'd cry" Author interview with Pete Docter,November 30, 2016.
6. "I suddenly had an idea" "It's All in Your Head."
7. highest grossing original film "Inside Out Sets Record for Big-gest Original Box Office Debut," Business Insider, June 2015, https://www.businessinsider.com/box-office-inside-out-sets-record-for-biggest- original-jurassic-world-fastest-to-1-billion-2015-6.
8. Sadness in the starring role Keltner and Ekman, "Science of Inside Out."
9. "Sadness is at the core" Series of author interviews withDacher Keltner, including one in November 2018.
10. in his book Dacher Keltner, Born to Be Good: The Science of a Meaningful Life (New York: W. W. Norton, 2009).
11. The word compassion "What Is Compassion?," Greater GoodMagazine, https://greatergood.berkeley.edu/topic/compassion/definition.
12. "the universal unifying force" Technically Nick Cave was referring to "suffering" rather than "sadness." See his Red HandFiles, https://www.theredhandfiles.com/utility-of-suffering/.
13. The compassionate instinct Neuroscientist Giacomo Rizzolatti, M.D., first discovered "mirror neurons" in the early 1990swith his colleagues at the University of Parma, when the teamof researchers found individual neurons in the brains of macaque monkeys that fired both when the monkeys grabbed an object and when the monkeys watched another primate grab the same object. See Lea Winerman, "The Mind's Mirror," Monitor on Psychology 36, no. 9 (October 2005), https://www.apa.org/ monitor/oct05/mirror.
14. anterior cingulate region C. Lamm, J. Decety, and T. Singer,"Meta- Analytic Evidence for Common and Distinct Neural Networks Associated with Directly Experienced Pain and Empathy for Pain," NeuroImage 54, no. 3 (February 2011): 2492–502, https://doi.org/10.1016/j.neuroimage. 2010.10.014.
15. the vagus nerve Jennifer E. Stellar and Dacher Keltner, "Com- passion in the Autonomic Nervous System: The Role of the Vagus Nerve," in Compassion: Concepts, Research, and Applications, ed. P. Gilbert (Oxfordshire, UK: Routledge, 2017), 120–34. See also Brian DiSalvo and Dacher Keltner, "Forget Survival of the Fittest: It Is Kindness That Counts," Scientific American, February 26, 2009.
16. vagus nerve makes us care Dacher Keltner, "The Compassion-ate Species," Greater Good Magazine, July 31, 2012, https:// greatergood.berkeley.edu/article/item/the_compassionate_species.
17. people asked to consider J. D. Greene et al., "The Neural Bases of Cognitive Conflict and Control in Moral Judgment," Neuron 44, no. 2 (October 2004): 389–400, https://doi.org/10.1016/j.neuron.2004.09.027.
18. mothers gazing at pictures J. B. Nitschke et al., "OrbitofrontalCortex Tracks Positive Mood in Others Viewing Pictures of Their Newborn Infants," NeuroImage 21, no. 2 (February 2004): 583–92, http://dx.doi.org/ 10.1016/j.neuroimage.2003.10.005.
19. helping people in need James K. Rilling et al., "A Neural Basisfor Social Cooperation," Neuron 35 (July 2002):

395–405, http:// ccnl.emory.edu/greg/PD%20Final.pdf.

20. We also know that depressed Yuan Cao et al., "Low Mood Leads to Increased Empathic Distress at Seeing Others' Pain,"Frontiers in Psychology 8 (November 2017), https://dx.doi.org/10.3389%2Ffpsyg. 2017.02024.
21. conversely, high-empathy people J. K. Vuoskoski et al., "BeingMoved by Unfamiliar Sad Music Is Associated with High Empathy," Frontiers in Psychology (September 2016), https://doi.org/10.3389/fpsyg.2016.01176.
22. "Depression deepens our natural empathy" Nassir Ghaemi, A First-Rate Madness: Uncovering the Links Between Leadership and Mental Illness (New York: Penguin Books, 2012), 85.
23. experience Keltner's findings viscerally Michael Brenner, "How Empathic Content Took Cleveland Clinic from Zero to 60 Million Sessions in One Year," Marketing Insider Group, Au-gust 29, 2019, https:// marketinginsidergroup.com/ content-marketing/how-empathetic-content- took-cleveland-clinic-from-zero-to-60-million-sessions-in-6-years/.
24. "the happiness of melancholy" Gretchen Rubin, "EveryoneShines, Given the Right Lighting," January 26, 2012, https://gretchenrubin.com/2012/01/ everyone-shines-given-the-right-lighting.
25. "union between souls" https://embodimentchronicle.wordpress.com/ 2012/01/28/the-happiness-of-melancholy-appreciating-the-fragile-beauty- of-life-and-love/.
26. "the most vulnerable offspring" Keltner, "CompassionateSpecies."
27. Orca whales will circle Center for Whale Research, "J35 Up-date," August 11, 2018, https://www.whaleresearch.com/j35.
28. Elephants soothe each other Virginia Morell, "Elephants Con-sole Each Other," Science Magazine, February 2014, https://www.sciencemag.org/ news/2014/02/elephants-console-each-other.
29. "nature, red in tooth" Alfred, Lord Tennyson, "In Memoriam."
30. fellow "social Darwinists" Dan Falk, "The Complicated Leg- acy of Herbert Spencer, the Man Who Coined 'Survival of theFittest,' " Smithsonian Magazine, April 29, 2020, https://www.smithsonianmag.com/science-nature/herbert-spencer-survival-of-the- fittest-180974756/.
31. For Darwin, says Keltner Dacher Keltner, "Darwin's Touch:Survival of the Kindest," Greater Good Magazine, February 12, 2009, https:// greatergood.berkeley.edu/article/item/darwins_touch_survival_of_the_kindest.
32. Darwin was a gentle Deborah Heiligman, "The Darwins' Marriage of Science and Religion," Los Angeles Times, January 29, 2009, https://www.latimes.com/la-oe-heiligman29-2009jan29-story.html.
33. witnessed his first surgery Kerry Lotzof, "Charles Darwin: History's Most Famous Biologist," Natural History Museum,https://www.nhm.ac.uk/ discover/charles-darwin-most-famous-biologist.html.
34. "a chaos of delight" Charles Darwin's Beagle Diary (Cam-bridge: Cambridge University Press, 1988), 42.
35. he lost his beloved Adam Gopnik, Angels and Ages: A Short Book About Darwin, Lincoln, and Modern Life (New York: Alfred A. Knopf, 2009); Deborah Heiligman, Charles and Emma: The Darwins' Leap of Faith (New York: Henry Holt,2009).
36. "Oh Mamma, what should we do" Adrian J. Desmond, James Richard Moore, and James Moore, Darwin (New York: W. W. Norton, 1994), 386.
37. "We have lost the joy" "The Death of Anne Elizabeth Dar- win," Darwin Correspondence Project, University of Cambridge, https://www.darwinproject.ac.uk/people/about-darwin/family-life/death-anne- elizabeth-darwin.
38. "The social instincts" Charles Darwin, The Descent of Man, and Selection in Relation to Sex (1872; repr., London: D. Appleton, 2007), 69, 84.
39. The dog who took care Ibid., 74–75.
40. "relieve the sufferings" Ibid., 78.
41. Darwin also intuited See Paul Ekman's lecture "Darwin andthe Dalai Lama, United by Compassion," June 17, 2010, https://www.youtube.com/ watch?v=1Qo64DkQsRQ.
42. "he felt the world's pain" Algis Valiunas, "Darwin's World ofPain and Wonder," New Atlantis (Fall 2009–Winter 2010), https://www.thenewatlantis.com/publications/darwins-world-of-pain-and-wonder.
43. other species as "fellow creatures" Darwin, Descent of Man, 96.
44. "one of the noblest" Ibid., 97.
45. "I will now call myself" Paul Ekman, "The Dalai Lama Is aDarwinian," Greater Good Magazine, June 2010, https://greatergood.berkeley.edu/ video/item/the_dalai_lama_is_a_darwinian.
46. "In the human mind" Dalai Lama, Emotional Awareness: Overcoming the Obstacles to Psychological Balance and Compassion (New York: Henry Holt, 2008), 197. As described by Paul Ekman in his talk "Darwin and the Dalai Lama, United by Compassion," June 17, 2010, Greater Good Science Center,University of California, Berkeley, https://www.youtube.com/watch?v=1Qo64DkQsRQ.
47. this "amazing coincidence" Ekman, "Darwin and the Dalai Lama"; "The Origins of Darwin's Theory: It May Have Evolved in Tibet," Independent, February 16, 2009, https://www.independent.co.uk/news/science/the- origins-of-darwin-s-theory-it-may-have-evolved-in-tibet-1623001.html.
48. Darwin was exposed "Origins of Darwin's Theory."
49. field of "positive psychology" J. J. Froh, "The History of Positive Psychology: Truth Be Told," NYS Psychologist (May–

June 2004), https:// scottbarrykaufman.com/wp-content/uploads/2015/01/Froh-2004. pdf.
50. field has also drawn criticism Barbara Held, "The Negative Side of Positive Psychology," Journal of Humanistic Psychology 44, no. 1 (January 2004): 9–46, http://dx.doi.org/10.1177/0022167803259645.
51. "the comic rather than" Nancy McWilliams, "Psychoanalytic Reflections on Limitation: Aging, Dying, Generativity, and Renewal," Psychoanalytic Psychology 34, no. 1 (2017): 50–57, http://dx.doi.org/10.1037/ pap0000107.
52. the psychiatrist Amy Iversen "The Upside of Being Neurotic,"Management Today, May 10, 2018, https://www. management today.co.uk/upside- neurotic/personal-development/article/1464282.
53. "second wave" that Tim Lomas, "Positive Psychology: The Second Wave," Psychologist 29 (July 2016), https:// thepsychologist.bps.org.uk/ volume-29/july/positive-psychology-second-wave.
54. Maslow called "transcenders" Scott Barry Kaufman, Transcend: The New Science of Self-Actualization (New York: Penguin Books, 2020), 223.
55. "Your vagus nerve" Dacher Keltner, "What Science Taught MeAbout Compassion, Gratitude and Awe," November 4, 2016, https://www.dailygood.org/story/1321/what-science-taught-me-about- compassion-gratitude-and-awe/.
56. high-ranking people P. K. Piff et al., "Higher Social Class Predicts Increased Unethical Behavior," Proceedings of the National Academy of Sciences 109, no. 11 (February 2012): 4086–91, http://dx.doi.org/10.1073/ pnas.1118373109.
57. less helpful to their colleagues Kathleen D. Vohs et al., "The Psychological Consequences of Money," Science 314, no. 5802(November 2006): 1154– 56, https://doi.org/10.1126/science.1132491.
58. less likely to experience physical and emotional pain Lisa Miller, "The Money-Empathy Gap," New York, June 29, 2012, https://nymag.com/news/ features/money-brain-2012-7/.
59. witnessing the suffering of others J. E. Stellar, V. M. Manzo, M. W. Kraus, and D. Keltner, "Class and Compassion: Socio-economic Factors Predict Responses to Suffering," Emotion 12, no. 3 (2012): 449–59, https:// doi.org/10.1037/ a0026508.
60. "People are starting" Keltner, "What Science Taught MeAbout Compassion."
61. "Collect your own data" Hooria Jazaieri, "Six Habits of Highly Compassionate People," Greater Good Magazine, April 24, 2018, https:// greatergood.berkeley.edu/article/item/ six_habits_of_highly_compassionate_people.
62. "There's no empirical evidence" Jazaieri, "Six Habits ofHighly Compassionate People."

第 2 章　為什麼我們渴求無條件的愛？

1. "The sweetest thing" Lewis, Till We Have Faces, 86.
2. The Bridges of Madison County Robert James Waller, The Bridges of Madison County (New York: Warner Books, 1992);"Bridges of Madison County Author Robert James Waller Dies, 77," BBC News, March 10, 2017, https://www. bbc.com/news/world-us-canada-39226686.
3. yearning for our missing half Plato, Symposium, 12 (of theMIT Symposium document), http://classics.mit.edu/ Plato/symposium.html. See also Jean Houston, The Hero and the Goddess: "The Odyssey" as Mystery and Initiation (Wheaton,Ill.: Quest, 2009), 202.
4. writer-philosopher Alain de Botton De Botton, "Why You WillMarry the Wrong Person," The New York Times, May 28, 2016, https://www.nytimes.com/2016/05/29/opinion/sunday/why-you-will-marry-the- wrong-person.html.
5. "one of the gravest errors" Alain de Botton, " 'Romantic Real-ism': The Seven Rules to Help You Avoid Divorce," The Guardian, January 10, 2017, https://www.theguardian.com/lifeandstyle/2017/jan/10/romantic- realism-the-seven-rules-to-help-you-avoid-divorce.
6. My favorite YouTube video "Baby Reacts to Moonlight Sonata," November 19, 2016, https://www.youtube.com/ watch?v=DHUnLY1_PvM.
7. known as "chills" Jaak Panksepp, "The Emotional Sources of 'Chills' Induced by Music," Music Perception 13 no. 2 (1995): 171–207, https:// doi.org/10.2307/40285693; see also Rémi de Fleurian and Marcus T. Pearce, "The Relationship Between Valence and Chills in Music: A Corpus Analysis," I-Perception12, no. 4 (July 2021), https://doi. org/ 10.1177%2F204166952 11024680.
8. a "deeper connection" Fred Conrad et al., "Extreme re- Listening: Songs People Love and Continue to Love," Psychology of Music 47, no. 1 (January 2018), http://dx.doi.org/10.1177/0305735617751050.
9. Even pop music Helen Lee Lin, "Pop Music Became More Moody in Past 50 Years," Scientific American, November 13,2012, https://www.scientificamerican.com/article/scientists-discover-trends-in-pop- music/.
10. keys of "joyous melancholy" Shoba Narayan, "Why Do ArabicRhythms Sound SJanuary 17, 2011, https://www. thenationalnews.com/arts-culture/ comment/why-do-arabic-rhythms-sound-so-sweet-to-indian-ears-1.375824.
11. Spainusesits"saddestmelodies"FedericoGarcíaLorca,"OnLullabies," trans. A. S. Kline, Poetry in Translation, https:// www.poetryintranslation.com/PITBR/Spanish/Lullabies.php.
12. A musicologist in 1806 "Affective Musical Key Characteristics," https:// wmich.edu./mus-theo/courses/keys.html.
13. "the pathos of things" David Landis Barnhill, "Aesthetics andNature in Japan," The Encyclopedia of Religion and Nature, ed. Bron Taylor (London: Thoemmes Continuum, 2005), 17–18, https://www.uwosh.edu/ facstaff/barnhill/244/

Barnhill%20-%20Aesthetics%20and%20Nature%20in %20Japan%20-%20ERN.pdf.
14. researchers at the University of Jyväskylä Vuoskoski et al., "Being Moved by Unfamiliar Sad Music Is Associated withHigh Empathy."
15. Another longstanding explanation Mahash Ananth, "A Cognitive Interpretation of Aristotle's Concepts of Catharsis and Tragic Pleasure," International Journal of Art and Art His- tory 2, no. 2 (December 2014), http://dx.doi.org/10.15640/ijaah.v2n2a1.
16. yearning melodies help our bodies Matthew Sachs, Antonio Damasio, and Assal Habibi, "The Pleasures of Sad Music," Frontiers in Human Neuroscience (July 24, 2015), https://doi.org/10.3389/fnhum.2015.00404.
17. babies in intensive care Joanne Loewy et al., "The Effects of Music Therapy on Vital Signs, Feeding, and Sleep in PrematureInfants," Pediatrics 131, no. 5 (May 2013): 902–18, https://doi.org/10.1542/peds. 2012-1367.
18. Even happy music Sachs, Damasio, and Habibi, "Pleasures ofSad Music."
19. the "mysterious power" Federico García Lorca, In Search ofDuende (New York: New Directions, 1998), 57.
20. Plato defined as a yearning desire Ray Baker, Beyond Narnia: The Theology and Apologetics of C. S. Lewis (Cambridge,Ohio: Christian Publishing House, 2021), 67–68.
21. But because pothos "Pothos," Livius.org, https://www.livius.org/articles/ concept/pothos/.
22. "seized by pothos" Houston, Search for the Beloved, 124.
23. pothos that set Homer's Odyssey Ibid.
24. the "inconsolable longing" C. S. Lewis, Surprised by Joy: TheShape of My Early Life (New York: HarperOne, 1955).
25. "that unnameable something" C. S. Lewis, The Pilgrim's Regress (Grand Rapids, Mich.: William B. Eerdmans, 1992).
26. "stabsofjoy"Lewis,SurprisedbyJoy.
27. "achinglybeautifulpromise"PeterLucia,"SaudadeandSehnsucht," Noweverthen.com, https://noweverthen.com/many/saudade.html.
28. "this aching creature" Michael Posner, Leonard Cohen, Un- told Stories: The Early Years (New York: Simon & Schuster, 2020), 28.
29. "Do you know" Merlis, Arrow's Flight, 13.
30. "My artistic life" Nick Cave, "Love Is the Drug," The Guardian, April 21, 2001, https://www.theguardian.com/books/2001/apr/21/extract.
31. saudade, a sweetly piercing nostalgia The Welsh have the word hiraeth for a similar concept.
32. Hindu legend says Sandeep Mishra, "Valmiki—The First Poet," Pearls from the Ramayana, August 14, 2020, https://www.amarchitrakatha.com/ mythologies/valmiki-the-first-poet/.
33. "Longing itself is divine" Sri Sri Ravi Shankar, "Longing Is Di-vine," https://wisdom.srisriravishankar.org/longing-is-divine/.
34. Italian painters used to paint the Madonna Siddhartha Mukherjee, "Same But Different," The New Yorker, April 25, 2016, https://www.newyorker.com/magazine/2016/05/02/break throughs-in-epigenetics.
35. "Listen to the story" Rumi, The Essential Rumi (Harper One,2004), p. 17.
36. "The Pain of Separation" "The Pain of Separation (The Longing)," July 29, 2014, https://www.youtube.com/watch?v=Za1me4NuqxA.
37. Islamic State has killed Rukmini Callimachi, "To the World,They Are Muslims. To ISIS, Sufis Are Heretics," The New York Times, November 25, 2017, https://www.nytimes.com/2017/11/25/world/middleeast/sufi- muslims-isis-sinai.html.
38. Here he was, telling Oprah "Llewellyn Vaughan-Lee and Oprah Winfrey Interview," March 4, 2012, Golden Sufi Center,https://goldensufi.org/ video/llewellyn-vaughan-lee-and-oprah-winfrey-interview/.
39. "Longing is the sweet pain" Llewellyn Vaughan-Lee, "Femi- nine Mysteries of Love," Personal Transformation, https://www.personaltransformation.com/llewellyn_vaughan_lee.html.
40. who left behind reams of ecstatic poetry Shahram Shiva, Rumi's Untold Story (n.p.: Rumi Network, 2018).
41. bestselling poet Jane Ciabattari, "Why Is Rumi the Best-SellingPoet in the US?," BBC, October 21, 2014, https://www.bbc.com/culture/article/ 20140414-americas-best-selling-poet.
42. "Longing is the core" Rumi, The Book of Love (San Fran- cisco: HarperCollins, 2005), 98.
43. Saint Teresa of Avila Teresa of Avila: The Book of My Life,trans. Mirabai Starr (Boston: Shambhala Publications, Inc.,2008), 224.
44. "I have heard you" Ibid., 146.
45. MirabaiwrotepoetryMirabai,"ISendLetters,"Allpoetry.com,https://allpoetry.com/I-Send-Letters.
46. Freedom (or nirvana) Joseph Goldstein, "Mindfulness, Com-passion & Wisdom: Three Means to Peace," PBS.org, https://www.pbs.org/thebuddha/ blog/2010/May/11/mindfulness-compassion-wisdom-three-means-peace- jo/.
47. "After a lot of training" The quote is from Buddha's Advice, the blog of a practicing Buddhist, lynnjkelly, https://buddhas advice.wordpress.com/ 2012/04/19/longing/.
48. "the greatest power" Llewellyn Vaughan-Lee, In the Companyof Friends (Point Reyes Station, Calif.: Golden Sufi Center, 1994).

49. "the disciple has to become" Llewellyn Vaughan-Lee, "TheAncient Path of the Mystic: An Interview with Llewellyn Vaughan-Lee," Golden Sufi Center, https://goldensufi.org/the-ancient-path-of-the-mystic-an-interview- with-llewellyn-vaughan-lee/.
50. Western tradition of love songs Llewellyn Vaughan-Lee, "A Dangerous Love," Omega Institute for Holistic Studies, April26, 2007, https://www.youtube.com/watch?v=Q7pe_GLp_6o.
51. "Our commonest expedient" C. S. Lewis, The Weight ofGlory (New York: Macmillan, 1966), 4–5.

第 3 章 悲傷與創造力有關嗎？

1. a "boudoir poet" David Remnick, "Leonard Cohen Makes ItDarker," The New Yorker, October 17, 2016, https://www.newyorker.com/magazine/ 2016/10/17/leonard-cohen-makes-it-darker.
2. he "existed best" Sylvie Simmons, "Remembering LeonardCohen," CBC Radio, November 11, 2017, https://www.cbc.ca/radio/writersandcompany/ remembering-leonard-cohen-biographer-sylvie-simmons-on-montreal-s- beloved-poet-1.4394764.
3. "It was as if" Andrew Anthony, "Leonard Cohen and Marianne Ihlen: The Love Affair of a Lifetime," The Guardian, June 30, 2019, https://www.theguardian.com/film/2019/jun/30/leonard-cohen-marianne-ihlen- love-affair-of-a-lifetime-nick-broomfield-documentary-words-of-love.
4. "There are some people" Simmons, "Remembering LeonardCohen."
5. According to a famous early study Marvin Eisenstadt, ParentalLoss and Achievement (New York: Simon & Schuster, 1993).
6. People who work in the arts Kay Redfield Jamison, Touchedwith Fire (New York: Simon & Schuster, 1993).
7. study of the artistic psyche Christopher Zara, Tortured Artists (Avon, Mass.: Adams Media, 2012).
8. an economist named Karol Jan Borowiecki, "How Are You, My Dearest Mozart? Well-Being and Creativity of Three Famous Composers Based on Their Letters," The Review of Economics and Statistics 99, no. 4 (October 2017): 591–605,https://doi.org/10.1162/REST_a_00616.
9. measured their blood for DHEAS Modupe Akinola and WendyBerry Mendes, "The Dark Side of Creativity: Biological Vulnerability and Negative Emotions Lead to Greater Artistic Creativity," Personality and Social Psychology Bulletin 34, no. 12 (December 2008), https://dx.doi.org/ 10.1177%2F0146167 208323933.
10. sad moods tend to sharpen Joseph P. Forgas, "Four Ways Sad- ness May Be Good for You," Greater Good Magazine, June 4, 2014, https:// greatergood.berkeley.edu/article/item/ four_ways_sadness_may_be_good_for_you.
11. adversity causes a tendency to withdraw Tom Jacobs, "HowArtists Can Turn Childhood Pain into Creativity," Greater Good Magazine, May 8, 2018, https://greatergood.berkeley.edu/article/item/ how_artists_can_turn_childhood_pain_into_creativity.
12. flashes of insight Karuna Subramaniam et al., "A Brain Mechanism for Facilitation of Insight by Positive Affect," Journal of Cognitive Neuroscience, https://direct.mit.edu/jocn/article/21/3/415/4666/A-Brain- Mechanism-for-Facilitation-of-Insight-by.
13. "Creative people are not" Amanda Mull, "6 Months Off Meds I Can Feel Me Again," The Atlantic, December 20, 2018,https://www.theatlantic.com/health/archive/2018/12/kanye-west-and-dangers- quitting-psychiatric-medication/578647/.
14. "felt at home in darkness" Sylvie Simmons, I'm Your Man: The Life of Leonard Cohen (New York: Ecco Press, 2012), 763.
15. she showed subjects Nancy Gardner, "Emotionally AmbivalentWorkers Are More Creative, Innovative," University of Washington News, October 5, 2006, https://www.washington.edu/news/2006/10/05/emotionally- ambivalent-workers-are-more-creative-innovative/.
16. ardent believer in Enlightenment values Tom Huizenga, "Beethoven's Life, Liberty and Pursuit of Enlightenment," Morning Edition, NPR, December 1, 2020, https://www.npr.org/sections/deceptivecadence/ 2020/12/17/945428466/beethovens-life-liberty-and-pursuit-of- enlightenment.
17. "I am well" Joseph Kerman et al., "Ludwig van Beethoven," Grove Music Online (2001): 13, https://www.oxfordmusiconline.com/grovemusic/view/ 10.1093/gmo/9781561592630.001.0001/omo-9781561592630-e-0000040026.
18. "I must confess" Ibid., 17.
19. "stood in front" David Nelson, "The Unique Story of Beethoven's Ninth Symphony," In Mozart's Footsteps, Au- gust 2, 2012, http://inmozartsfootsteps.com/2472/the-unique-story-of-beethovens-ninth-symphony/.
20. When the performance ended Jan Caeyers, Beethoven, A Life (Oakland: University of California Press, 2020), 486.
21. immersing oneself in creativity Koenraad Cuypers et al., "Pat-terns of Receptive and Creative Cultural Activities and Their Association with Perceived Health, Anxiety, Depression and Satisfaction with Life Among Adults: The HUNT Study, Nor-way," Journal of Epidemiology and Community Health 66, no. 8 (August 2012), https://doi.org/10.1136/jech.2010.113571.

22. simple act of viewing beautiful art Matteo Nunner, "ViewingArtworks Generates in the Brain the Same Reactions of Beingin Love," Narrative Medicine, July 10, 2017, https://www.medicinanarrativa.eu/viewing- artworks-generates-in-the-brain-the-same-reactions-of-being-in-love.
23. "The people who weep" Mark Rothko, "Statement AboutArt," Daugavpils Mark Rothko Art Centre, https://www.rothkocenter.com/en/ art-center/mark-rothko/statement-about-art.
24. he told his rabbi Simmons, I'm Your Man, 491.
25. "It was part of this thesis" Interview with Rick Rubin, "Leon-ard Cohen's Legacy with Adam Cohen: Thanks for the Dance," Broken Record, n.d., https://brokenrecordpodcast.com/episode-8-leonard-cohens-legacy-with- adam-cohen.
26. he calls "self-transcendent experiences" D. B. Yaden et al., "The Varieties of Self-Transcendent Experience," Review ofGeneral Psychology 21, no. 2 (June 2017), https://doi.org/10.1037%2Fgpr0000102.
27. "This is love" Scott Barry Kaufman, Transcend: The New Science of Self- Actualization (New York: TarcherPerigee, 2021), 198.
28. "I was wondering" Author interview with David Yaden, December 10, 2019.
29. the "oceanic feeling" J. Harold Ellens, ed., The Healing Powerof Spirituality: How Faith Helps Humans Thrive (Santa Bar- bara, Calif.: Praeger, 2010), 45.
30. "some of life's" Yaden et al., "Varieties of Self-TranscendentExperience."
31 "experience the most important" D. B. Yaden and A. B. New-berg, The Varieties of Spiritual Experience: A Twenty-First Century Update (New York: Oxford University Press, forth- coming).
32. themes grew more religious, spiritual, and mystical D. K. Simonton, "Dramatic Greatness and Content: A QuantitativeStudy of 81 Athenian and Shakespearean Plays," Empirical Studies of the Arts 1, no. 2 (1983): 109–23, https://doi.org/10.2190/0AGV-D8A9-HVDF-PL95; D. K. Simonton, Greatness: Who Makes History and Why (New York: Guilford Press, 1994); see also Paul Wong, "The Deep-and-Wide Hypothesis in Giftedness and Creativity," May 17, 2017, http://www.drpaul wong.com/the- deep-and-wide-hypothesis-in-giftedness-and-creativity/.
33. intense "peak experiences" Tom S. Cleary and Sam I. Shapiro,"The Plateau Experience and the Post-Mortem Life: Abraham H. Maslow's Unfinished Theory," Journal of Transpersonal Psychology 27, no. 1 (1995), https://www.atpweb.org/jtparchive/trps-27-95-01-001.pdf.
34. "Meeting the grim reaper" Amelia Goranson et al., "Dying Is Unexpectedly Positive," Psychological Science (June 1, 2017),https:// doi.org/10.1177%2F0956797617701186.
35. Estelle Frankel explores Estelle Frankel, Sacred Therapy: Jew-ish Spiritual Teachings on Emotional Healing and Inner Wholeness (Boulder, Colo.: Shambhala, 2004).
36. "Happy Birthday" in C major Dr. Vicky Williamson, "The Science of Music—Why Do Songs in a Minor Key Sound So Sad?," NME, February 14, 2013, https://www.nme.com/blogs/nme-blogs/the-science-of-music- why-do-songs-in-a-minor-key-sound-sad-760215.
37. "Dearest Marianne," it said https://theconversation.com/mythmaking- social-media-and-the-truth-about-leonard-cohens-last-letter-to-marianne- ihlen-108082.
38. violin was her soul mate Min Kym, Gone: A Girl, a Violin, aLife Unstrung (New York: Crown Publishers, 2017).
39. "The instant I drew the first breath" Ibid., 85.
40. "theonlyinstrument"Conversationsconductedwiththeauthorthroughout their friendship.
41. At first, she thought Liz Baker and Lakshmi Singh, "Her Violin Stolen, a Prodigy's World Became 'Unstrung,' " All Things Considered, NPR, May 7, 2017, https://www.npr.org/2017/05/07/526924474/her-violin-stolen-a- prodigys-world-became-unstrung.

第 4 章 失去所愛，怎麼辦呢？

1. "Though lovers be lost, love shall not" https://genius.com/Dylan-thomas-and-death-shall- have-no-dominion-annotated.
2. "to open your heart" Steven C. Hayes, "From Loss to Love," Psychology Today, June 18, 2018, https://www.psychologytoday.com/us/articles/201806/loss-love.
3. "In your pain" Tony Rousmaniere, "Steven Hayes on Acceptance and Commitment," n.d., Psychotherapy.net, https://www.psychotherapy.net/interview/acceptance-ommitment- therapy-ACT-steven-hayes-interview.
4. Hayes is the founder Steven C. Hayes and Kirk D. Strosahl, APractical Guide to Acceptance and Commitment Therapy (New York: Springer, 2004).
5. "When you connect" Rousmaniere, "Steven Hayes on Acceptance and Commitment."
6. seven skills for coping Steven C. Hayes, "From Loss to Love," Psychology Today, June 18, 2018.
7. acquisition of this skill set M. E. Levin et al., "Examining Psychological Inflexibility as a Transdiagnostic Process Across Psychological Disorders," Journal of Contextual Behavioral Science 3, no. 3 (July 2014): 155–63, https://dx.doi.org/10.1016%2Fj.jcbs. 2014.06.003.
8. give an impromptu speech When Brett Ford was a doctoral student at the University of California, Berkeley, in

2017, she and three fellow Berkeley researchers devised a three- part study to try to find out the relationship between accepting negative emo-tions and long-term thriving. Their findings, in Ford et al., "ThePsychological Health Benefits of Accepting Negative Emotions and Thoughts: Laboratory, Diary, and Longitudinal Evidence,"were published in the Journal of Personality and Social Psychol-ogy 115, no. 6 (2018), https://doi.org/10.1037/pspp0000157.
9. greater sense of well-being Lila MacLellan, "Accepting Your Darkest Emotions Is the Key to Psychological Health," Quartz,July 23, 2017, https://qz.com/1034450/accepting-your- darkest-emotions-is-the-key-to-sychological-health/; Ford et al., "Psychological Health Benefits of Accepting Negative Emotions and Thoughts."
10. "Connecting with what matters" Hayes, "From Loss to Love."
11. "Leonardo da Vinci of the twentieth century" Marshall McLuhan so called Fuller in R. Buckminster Fuller, Buckminster Fuller: Starting with the Universe, ed. K. Michael Hays and Dana Miller (New York: Whitney Museum of American Art, 2008), 39.
12. her powerful memoir Maya Angelou, I Know Why the CagedBird Sings (New York: Random House, 2010).
13. "Were they the same" Ibid., 97.
14. "We can all be stirred" Oprah Winfrey, foreword to Angelou, IKnow Why the Caged Bird Sings, ix.
15. "the most beautiful" Richard Gray, "The Sorrow and Defianceof Maya Angelou," The Conversation, May 29, 2014, https:// theconversation.com/the-sorrow-and-defiance-of-maya-angelou-27341.
16. it was "Providence" Winfrey, foreword to Angelou, I KnowWhy the Caged Bird Sings, x.
17. the "wounded healer" Serge Daneault, "The Wounded Healer:Can This Idea Be of Use to Family Physicians?," Canadian Family Physician 54, no. 9 (2008): 1218–25, https://www.ncbi.nlm.nih.gov/pmc/articles/ PMC2553448/.
18. Chiron was injured Neel Burton, M.D., "The Myth of Chiron,the Wounded Healer," Psychology Today, February 20, 2021, https://www.psychologytoday.com/us/blog/hide-and-seek/202102/the-myth- chiron-the-wounded-healer.
19. The bereaved mother "Candace Lightner," https://www.can dacelightner.com/Meet-Candace/Biography.
20. survivor of a mass shooting Catherine Ho, "Inside the Bloomberg- Backed Gun-Control Group's Effort to Defeat theNRA," The Washington Post, June 20, 2016, https://www.washingtonpost.com/ news/powerpost/wp/2016/06/20/ everytowns-survivors-network-stands- on-the-front-lines-of-the-gun-control-battle/.
21. mental health counselors Lauren Eskreis-Winkler, Elizabeth P. Shulman, and Angela L. Duckworth, "Survivor Mission: Do Those Who Survive Have a Drive to Thrive at Work?," Journalof Positive Psychology 9, no. 3 (January 2014): 209–18, https://doi.org/ 10.1080/17439760.2014.888579.
22. record numbers of Americans Adam M. Grant and Kimberly A. Wade- Benzoni, "The Hot and Cool of Death Awareness atWork: Mortality Cues, Aging, and Self-Protective and Pro-social Motivations," Academy of Management Review 34, no.4 (2017), https://doi.org/10.5465/amr. 34.4.zok600.
23. At Teach for America Abby Goodnough, "More ApplicantsAnswer the Call for Teaching Jobs," The New York Times, February 11, 2002, https://www.nytimes.com/2002/02/11/us/more-applicants-answer-the- call-for-teaching-jobs.html.
24. One New York City firefighter explained Donna Kutt Nahas, "No Pay, Long Hours, But Now, Glory," The New York Times,February 17, 2002, https://www.nytimes.com/2002/02/17/nyregion/no-pay-long-hours-but- now-glory.html.
25. Actor Amy Ting "Terrorist Survivor Enlists in Air Force," Air-man, September 2002, 12.
26. author and public defender Jane Ratcliffe, "Rene Denfeld: What Happens After the Trauma," Guernica, November 18,2019, https://www.guernicamag.com/rene-denfeld-what-happens-after-the-trauma/.
27. "the king of normal" Rene Denfeld, "The Other Side of Loss,"The Manifest-Station, January 21, 2015, https://www. themanifeststation.net/ 2015/01/21/the-other-side-of-loss/.
28. But she became "Rene Denfeld," https://renedenfeld.com/author/ biography/.
29. "My kids bring me" Denfeld, "Other Side of Loss."
30. Loving-kindness meditation Emma Seppälä, "18 Science- Backed Reasons to Try Loving-Kindness Meditation," Psychology Today, September 15, 2014, https://www.psychologytoday.com/us/blog/feeling- it/201409/18-science-backed-reasons-try-loving-kindness-meditation.
31. India's most revered teachers "Who Was Dipa Ma?," Lion'sRoar, February 24, 2017, https://www.lionsroar.com/ mother-of-light-the- inspiring-story-of-dipa-ma/.
32. the mustard seed Justin Whitaker, "The Buddhist Parable of the Mustard Seed," Patheos, November 29, 2016, https:// www.patheos.com/blogs/americanbuddhist/2016/11/the-buddhist- parable-of-the-mustard-seed-grief-loss-and-heartbreak.html.
33. "And that," Sharon told me Author interview with Salzberg,August 3, 2017.
34. woman named Dora Diamant Jordi Sierra i Fabra and Jacqueline Minett Wilkinson, Kafka and the Traveling Doll (n.p.: SIF Editorial, 2019).

第 5 章 為什麼要強迫我們微笑面對？

1. "The word 'loser'" Garrison Keillor, "A Studs Terkel Lesson inLosing and Redemption," Chicago Tribune, n.d., https:// digitaledition.chicagotribune.com/tribune/article_popover.aspx? guid=eeb0ab19-1be3-4d35-a015-238d1dadab6c.

2. "Just stay positive" David, "Gift and Power of Emotional Courage."
3. smile more than any other society Olga Khazan, "Why Americans Smile So Much," The Atlantic, May 3, 2017, https://www.theatlantic.com/science/archive/2017/05/why-americans-smile-so-much/524967/.
4. smiling is viewed as dishonest Kuba Krys et al., "Be CarefulWhere You Smile: Culture Shapes Judgments of Intelligenceand Honesty of Smiling Individuals," Journal of Nonverbal Behavior 40 (2016): 101–16, https://doi.org/10.1007/s10919-015-0226-4.
5. "a little bit afraid" "How Learning to Be Vulnerable Can MakeLife Safer," Invisibilia, NPR, June 17, 2016, https://www.npr.org/sections/ health-shots/2016/06/17/482203447/invisibilia-how-learning-to-be- vulnerable-can-make-life-safer.
6. Americans suffered from anxiety "Any Anxiety Disorder," National Institute of Mental Health, https://www.nimh.nih.gov/health/statistics/ any-anxiety-disorder.
7. Journal of the American Medical Association Deborah S. Hasin et al., "Epidemiology of Adult DSM-5 Major Depressive Disorder and Its Specifiers in the United States," JAMA Psychiatry 75, no. 4 (April 2018): 336–46, https://dx.doi.org/10.1001%2Fjamapsychiatry. 2017.4602.
8. over fifteen million Benedict Carey and Robert Gebeloff, "Many People Taking Antidepressants Discover They CannotQuit," The New York Times, April 7, 2018, https://www.nytimes.com/2018/04/07/health/ antidepressants-withdrawal-prozac-cymbalta.html.
9. dead by morning Sogyal Rinpoche, Tibetan Book of Livingand Dying (New York: HarperOne, 2009), 22.
10. Wedon'tweaveimperfections"IntentionalFlaws,"TheWorld,PRI,July 2002, https://www.pri.org/stories/2002-07-13/ intentional flaws.
11. art form of wabi sabi Emma Taggart, "Wabi-Sabi: The Japanese Art of Finding Beauty in Imperfect Ceramics," My Mod-ern Met, https:// mymodernmet.com/wabi-sabi-japanese-ceramics/.
12. sympathy cards Birgit Koopmann-Holm and Jeanne L. Tsai, "Focusing on the Negative: Cultural Differences in Expressionsof Sympathy," Journal of Personality and Social Psychology 107, no. 6 (2014): 1092– 115, https://dx.doi.org/10.1037%2Fa 0037684.
13. prepare for their sons' departures I can't recall for the life of me where I read this, but it has stuck with me.
14. lost "their lives, loved ones" Barbara Ehrenreich, Bright-Sided:How the Relentless Promotion of Positive Thinking Has Undermined America (New York: Henry Holt, 2009), 6.
15. The fatality rate Drew Gilpin Faust, This Republic of Suffering: Death and the American Civil War (New York: Vintage, 2008), xi.
16. memory of ancient traumas Andrew Curry, "Parents' Emotional Trauma May Change Their Children's Biology. Studiesin Mice Show How," Science Magazine, July 2019, https://www.sciencemag.org/news/ 2019/07/parents-emotional-trauma-may-change-their-children-s- biology-studies-mice-show-how.
17. doctrine of predestination According to Puritan Reformed Theological Seminary's Joel R. Beeke and Paul M. Smalley:"The doctrine of predestination does teach that only God's elect will be saved. That does not imply that we can't know forcertain whether we are saved. Rather, God's free gift of 'all things that pertain unto life and godliness, through the knowledge of him [i.e., Christ Jesus] that hath called us to glory and virtue' enables believers 'to make your calling and election sure' by growing in knowledge, faith, and practical holiness (2 Pet 1:3–10)." Joel R. Beeke and Paul M. Smalley, "Help! I'mStruggling with the Doctrine of Predestination," Crossway, October 19, 2020, https://www.crossway.org/articles/help-im-struggling-with-the-doctrine-of- predestination/.
18. Calvinism seemed to loosen Jenni Murray, "Smile or Die: HowPositive Thinking Fooled America and the World by Barbara Ehrenreich," The Guardian, January 9, 2010, https://www.theguardian.com/books/2010/ jan/10/smile-or-die-barbara-ehrenreich.
19. "hideous and desolate wilderness" Gov. William Bradford writing in Of Plymouth Plantation in 1630. See Peter C. Mancall, "The Real Reason the Pilgrims Survived," Live Science, November 22, 2018, https://www.livescience.com/64154-why-the-pilgrims-survived.html.
20. "Why should we grope" Ralph Waldo Emerson, "Nature" (1836), in Nature and Selected Essays (New York: PenguinBooks, 2003).
21. "reconfiguration of the doctrine" Maria Fish, "When FailureGot Personal," SF Gate, March 6, 2005, https://www.sfgate.com/books/ article/When-failure-got-personal-2693997.php.
22. Farmers "must be extensively engaged" Scott A. Sandage,Born Losers: A History of Failure in America (Cambridge,Mass.: Harvard University Press, 2006), 11.
23. Some"havefailed,fromcausesbeyondthecontrol"Ibid.,36.
24. The"loser"became,inSandage'swordsHarvardUniversityPress, https://www.hup.harvard.edu/catalog.php?isbn=978 0674021075.
25. "nobody fails who ought not" Sandage, Born Losers, 46, 17.
26. "Failures that arise from inevitable misfortune" Ibid., 46.
27. New Thought movement Christopher H. Evans, "Why You Should Know About the New Thought Movement,"

The Conversation, February 2017, https://theconversation.com/why-you-should-know- about-the-new-thought-movement-72256.
28. "moonstruck with optimism" William James, The Varieties ofReligious Experience (London: Longmans, Green, 2009), 95.
29. "look for the bright side" Boy Scouts of America, "What Arethe Scout Oath and the Scout Law?," https://www.scouting.org/about/faq/ question10/.
30. "You should force yourself" Robert Baden-Powell, Scouting forBoys (1908; repr., Oxford: Oxford University Press, 2018), 46.
31. "Are you a Misfit?" Sandage, Born Losers, 261.
32. "The go-ahead man" Ibid., 337.
33. Think and Grow Rich Napoleon Hill, Think and Grow Rich (Meriden, Conn.: Ralston Society, 1937).
34. "whenever a negative thought" Norman Vincent Peale, ThePower of Positive Thinking (New York: Touchstone, 2003).
35. 1929stockmarketcrashSandage,BornLosers,262.
36. A 1929 headline Ibid., 262, 263.
37. thewordloserIbid.,266,267.
38. Charles Schulz once said Stuart Jeffries, "Why I Loved CharlieBrown and the 'Peanuts' Cartoons," The Guardian, December 5, 2015, https://www.theguardian.com/lifeandstyle/2015/dec/05/charlie-brown-charles- schultz-peanuts-cartoon-movie-steve-martino.
39. "how many Charlie Browns" Martin Miller, "Good Grief. Charles Schulz Calls It Quits," Los Angeles Times, December 16, 1999, https://www.latimes.com/archives/la-xpm-1999-dec-15-mn-44051- story.html#:~:text=%E2%80%9CAs%20a%20youngster%2C%20I %20didn,%2C%20adults%20and%20children%20alike.%E2%80%9D.
40. "Americaisdeeplydivided"NealGabler,"America'sBiggestDivide: Winners and Losers," Salon, October 2017, https://www.salon.com/2017/10/08/americas-biggest-divide-winners-and-losers_partner/.
41. The "prosperity gospel" Kate Bowler, "Death, the ProsperityGospel and Me," The New York Times, February 13, 2016, https://www.nytimes.com/2016/02/14/opinion/sunday/death-the-prosperity- gospel-and-me.html.
42. This "gospel" was endorsed David Van Biema and Jeff Chu, "Does God Want You to Be Rich?" Time, September 10, 2006,http://content.time.com/time/magazine/article/0,9171,1533448-2,00.html.
43. use of the term loser Google Books Ngram Viewer, https:// books.google.com/ngrams/graph?content=loser +&year_start=1800&year_end=2019&corpus=26&smoothing=3&direct _url=t1%3B%2Closer%3B%2Cc0.
44. recast the war hero Ben Schreckinger, "Trump Attacks McCain," Politico, July 18, 2015, https://www.politico.com/story/2015/07/trump- attacks-mccain-i-like-people-who-werent-captured-120317.
45. American Civil Liberties Union "We were calling this a mentalhealth crisis before the pandemic. Now it's a state of emergency," said Amir Whitaker, policy counsel of the ACLU of Southern California. See Carolyn Jones, "Student Anxiety, Depression Increasing During School Closures, Survey Finds," EdSource, May 13, 2020, https://edsource.org/ 2020/student-anxiety-depression-increasing-during-school-closures- survey-finds/631224.
46. rates of anxiety Lauren Lumpkin, "Rates of Anxiety and Depression Amongst College Students Continue to Soar, Re- searchers Say," The Washington Post, June 10, 2021, https://www.washingtonpost.com/ education/2021/06/10/dartmouth-mental-health-study/.
47. Holleran died by suicide Kate Fagan, "Split Image," ESPN,May 7, 2015, http://www.espn.com/espn/feature/story/_/id/12833146/instagram- account-university-pennsylvania-runner-showed-only-part-story.
48. "she was so overwhelmed" Izzy Grinspan, "7 College StudentsTalk About Their Instagrams and the Pressure to Seem Happy," New York, July 31, 2015, https://www.thecut.com/2015/07/college-students-on-the- pressure-to-seem-happy.html.
49. call"disenfranchisedgriefs"ValWalker,"TheLonelinessof Unshareable Grief," Psychology Today, December 2, 2020, https://www.psychologytoday.com/us/blog/400-friends-who-can-i-call/202012/ the-loneliness-unshareable-grief.
50. They call this thing "effortless perfection" Author interviewswith Luke, Paige, Heather, and Nick, February 13, 2018.
51. stress, melancholy, and longing "American Psychological Association Survey Shows Teen Stress Rivals That of Adults," American Psychological Association, 2014, https://www.apa.org/news/press/ releases/2014/02/teen-stress.
52. Anna Braverman Author interview, February 13, 2018.
53. Princeton Perspective Project Kinsey believes that this quote comes from an interview she gave for this project, which wasan initiative she co-led when she was an associate dean at Princeton; however, we've been unable to track down the original source.
54. The term effortless perfection Kristie Lee, "Questioning the Unquestioned," Duke Today, October 6, 2003, https://today.duke.edu/ 2003/10/20031006.html.
55. Stanford calls it "Duck Syndrome" "The Duck Stop Here,"Stanford University, https://duckstop.stanford.edu/why-does-duck-stop-here.

第 6 章 可以放下正能量嗎

1. “I was going to buy a copy” This may be from one of Shakes’s standup comedy routines.
2. “emotional agility” Series of interviews with the author, including on July 27, 2017.
3. “Research on emotional suppression” David, “Gift and Powerof Emotional Courage.”
4. “If, as the Buddha is reported” Peter J. Frost, “Why Compassion Counts!,” Journal of Management Inquiry 8, no. 2 (June 1999): 127–33, https://doi.org/10.1177/105649269982004.
5. run by University of Michigan scholar Monica Worline Author interview, October 31, 2016.
6. “There’s an unspectacular mundane suffering” Author inter- view with Jason Kanov, February 15, 2017, and emails there- after.
7. Yet a 2009 study Juan Madera and Brent Smith, “The Effects of Leader Negative Emotions on Evaluations of Leadership ina Crisis Situation: The Role of Anger and Sadness,” The Leadership Quarterly 20, no. 2 (April 2009): 103–14, http://dx.doi.org/10.1016/j.leaqua.2009.01.007.
8. difference between angry and sad leaders Tanja Schwarzmüller et al., “It’s the Base: Why Displaying Anger Instead of Sad-ness Might Increase Leaders’ Perceived Power But Worsen Their Leadership,” Journal of Business and Psychology 32 (2017), https://doi.org/10.1007/ s10869-016-9467-4.
9. “feel accepted and valued” Melissa Pandika, “Why Melancholy Managers Inspire Loyalty,” OZY, January 4, 2017, https://www.ozy.com/ news-and-politics/why-melancholy-managers-inspire-loyalty/74628/.
10. “If followers mess up” Ibid.
11. their “core wounds” Author interview with Tim Chang, December 16, 2019.
12. “In Silicon Valley” Ibid.
13. “In the moment” Author interview with Lara Nuer, September 27, 2017.
14. segment on the radio show “How Learning to Be Vulnerable Can Make Life Safer,” Invisibilia, NPR, June 17, 2016, https://www.npr.org/ sections/health-shots/2016/06/17/482203447/invisibilia-how-learning-to- be-vulnerable-can-make-life-safer.
15. well-known case study Robin J. Ely and Debra Meyerson, “Unmasking Manly Men,” Harvard Business Review, July–August 2008, https:// hbr.org/2008/07/unmasking-manly-men.
16. For Rick, a similarly miraculous thing My description of Rick’sstory is based on the Invisibilia story, the Harvard case study, and my conversation with Rick himself on May 27, 2019.
17. managers who disclose troubles Kerry Roberts Gibson et al., “When Sharing Hurts: How and Why Self-Disclosing Weak- ness Undermines the Task-Oriented Relationships of Higher Status Disclosers,” Organizational Behavior and Human Decision Processes 144 (January 2018): 25–43, https://doi.org/10.1016/j.obhdp.2017.09.001.
18. the billing unit Jane E. Dutton et al., “Understanding Compassion Capability,” Human Relations 64, no. 7 (June 2011):873–99, http:// dx.doi.org/10.1177/0018726710396250.
19. Sharing troubles turned out Ibid., 7.
20. “Businesses are often trying to shape themselves” Email from Susan David, September 14, 2021.
21. series of landmark studies James W. Pennebaker, “Expressive Writing in Psychological Science,” Perspectives in Psychological Science 13, no. 2 (March 2018): 226–29, https://doi.org/10.1177%2F1745691617707315.
22. His depression lifted Susan David, “You Can Write Your WayOut of an Emotional Funk. Here’s How,” New York, September 6, 2016, https://www.thecut.com/2016/09/journaling-can-help-you-out-of-a-bad- mood.html.
23. people who wrote about their troubles James W. Pennebaker,“Writing About Emotional Experiences as a Therapeutic Process,” Psychological Science 8, no. 3 (1997): 162–66, http://www.jstor.org/stable/40063169.
24. three times more likely Stefanie P. Spera et al., “Expressive Writing and Coping with Job Loss,” Academy of ManagementJournal 37, no. 3 (1994): 722–33, https://www.jstor.org/stable/256708.
25. live with insight Susan David, Emotional Agility: Get Unstick,Embrace Change, and Thrive in Work and Life (New York: Avery, 2016).
26. “comfortable sadness” Author interview with Tim Leberecht,November 4, 2018.
27. “there are ships sailing” Fernando Pessoa, “Letter to Mário deSá- Carneiro,” posted by Sineokov, July 17, 2009, The Floating Library, https://thefloatinglibrary.com/2009/07/17/letter-to-mario-de-sa-carneiro/.

第 7 章 永生是什麼？

1. “Someday when the descendants” Eliezer Yudkowsky, Harry Potter and the Methods of Rationality, chap. 45, https:// www.hpmor.com/chapter/45.
2. “radical life extension” “RAADfest 2017 to Feature World- Class Innovators on Super Longevity,” RAAD Festival 2017, https:// www.raadfest.com/raad-fest//raadfest-2017-to-feature-world-class- innovators-on-super-longevity.
3. “revolution against aging and death” RAAD Festival 2018,https:// www.raadfest.com/home-1.
4. “longevity escape velocity” Author interview with Aubrey de Grey, conducted onsite at RAAD Festival 2017. See also “DavidWolfe,” https:// www.raadfest.com/david-wolfe, and “radical life extension,”https:// www.rlecoalition.com/

raadfest.
5. "Death gives as much" This quote no longer seems to be onthe page, but I copied it down several years ago.
6. "All of a sudden" This is from a transcript of Dr. Mike West'spresentation at RAAD Festival 2017.
7. The Epic of Gilgamesh Joshua J. Mark, "The Eternal Life ofGilgamesh," World History Encyclopedia, April 10, 2018, https://www.worldhistory.org/ article/192/the-eternal-life-of-gilgamesh/.
8. "It's giving me chills" Author interview with Keith Comito,June 12, 2017.
9. "I think it is absolutely true" Author interview with Aubrey deGrey, conducted onsite at RAAD Festival 2017.
10. subjects who were reminded H. A. McGregor et al., "Terror Management and Aggression: Evidence That Mortality SalienceMotivates Aggression Against Worldview-Threatening Others," Journal of Personality and Social Psychology 74, no. 3 (March 1998): 590–605, https://doi.org/ 10.1037/0022-3514.74.3.590.
11. politically conservative students Tom Pyszczynski et al., "Mortality Salience, Martyrdom, and Military Might: The Great Satan Versus the Axis of Evil," Personality and Social Psychology Bulletin 32, no. 4 (April 2006): 525–37, https://doi.org/10.1177/0146167205282157.
12. "big picture message" "People Unlimited: Power of Together- ness to End Death," March 17, 2015, https:// peopleunlimitedinc.com/posts/2015/03/ people-unlimited-power-of-togetherness-to-end-death.
13. "place where all the beauty came from" Lewis, Till We HaveFaces, 86.
14. "our whole nature" J.R.R. Tolkien, The Letters of J.R.R. Tolkien, ed., Humphrey Carpenter (Boston: Houghton MifflinHarcourt, 2014), 125. Cain_9780451499783_all_3p_r1.j.indd !1 1/24/22 10:33 AM

第 8 章 如何面對悲痛和無常？

1. ". . . and, when the time" Mary Oliver, American Primitive, 1st ed. (Boston: Back Bay Books, 1983), 82.
2. "I concede that water" Kobayashi Issa, quoted in Bereavementand Consolation: Testimonies from Tokugawa Japan by Har- old Bolitho (New Haven, Conn.: Yale University Press, 2003).
3. "It is true" Robert Hass et al., The Essential Haiku: Versionsof Basho, Buson and Issa (Hopewell, N.J.: Ecco Press, 1994).
4. tradition called ars moriendi Atul Gawande, Being Mortal (New York: Henry Holt, 2004), 156.
5. "shameful and forbidden" Philippe Ariès, Western AttitudesToward Death (Baltimore, Md.: Johns Hopkins University Press, 1975), 85, 92.
6. "ethical duty to enjoy oneself" Geoffrey Gorer, Death, Grief,and Mourning (New York: Arno Press, 1977), ix–xiii. Joan Didion writes about this in her book The Year of Magical Thinking (New York: Alfred A. Knopf, 2005).
7. "Margaret, are you grieving" Gerard Manley Hopkins, "Spring and Fall" in Gerard Manley Hopkins: Poems and rose (Harmondsworth, UK: Penguin Classics, 1985); see alsoPoetry Foundation, https://www.poetryfoundation.org/ poems/44400/spring-and-fall.
8. it also has the power to help us to live in the present Authorinterview with Laura Carstensen, June 11, 2018.
9. the key isn't age Gawande, Being Mortal, 99.
10. They focus on smiling faces Laura L. Carstensen et al., "Emotional Experience Improves with Age: Evidence Based on Over10 Years of Experience Sampling," Psychology and Aging 26, no. 1 (March 2011): 21–33, https://dx.doi. org/10.1037%2Fa 0021285.
11. "We'realsoappreciating"AuthorinterviewwithLauraCarstensen,June11,2018.
12. how few good years Laura L. Carstensen, "The Influence of a Sense of Time on Human Development," Science 312 no. 5782(June 2006): 1913–15, https://dx.doi.org/ 10.1126%2Fscience.1127488; Helene H. Fung and Laura L. Carstensen, "Goals Change When Life's Fragility Is Primed: Lessons Learned fromOlder Adults, the September 11 Attacks, and SARS," Social Cognition 24, no. 3 (June 2006): 248–78, http://dx.doi.org/ 10.1521/soco.2006.24.3.248.
13. a short quiz "Download the FTP Scale," Stanford Life-span Development Laboratory, https://lifespan.stanford.edu/ down load-the-ftp-scale.
14. the religious traditions we've grown up with David DeSteno, How God Works: The Science Behind the Benefits of Religion(New York: Simon & Schuster, 2021), 144, 147.
15. "Remember, thou art mortal" " 'Memento Mori': The Re- minder We All Desperately Need," Daily Stoic, https:// dailystoic.com/memento-mori/.
16. Western scholars of grief George Bonanno, The Other Side ofSadness (New York: Basic Books, 2010).
17. "Another revelation: how much" Chimamanda Ngozi Adichie,"Notes on Grief," The New Yorker, September 10, 2020, https://www.newyorker.com/culture/personal-history/notes- on-grief.
18. "The dominant experience is sadness" David Van Nuys, "AnInterview with George Bonanno, Ph.D., on Bereavement," Gracepoint Wellness, https:// www.gracepointwellness.org/58 -grief-bereavement-issues/article/35161-an-interview-with-george-bonanno-phd-on-bereavement.
19. "Nonattachment is not against love" Email interview with SriSri Ravi Shankar in 2017.

20. “For a mother” Van Nuys, “Interview with George Bonanno.”
21. “a sacred hush” Author interview with Stephen Haff on ornear October 27, 2017. Cain_9780451499783_all_3p_r1.j.indd !2 1/24/22 10:33 AM
22. “In this yogi-ridden age” George Orwell, “Reflections on Gandhi,” Orwell Foundation, https://www.orwellfoundation.com/the-orwell-foundation/orwell/essays-and-other-works/ reflections-on-gandhi/.
23. “circular pattern between life and death” Author interviewwith Ami Vaidya, April 20, 2017.
24. spiritual teacher Ram Dass’s observation “If you think you’re enlightened go spend a week with your family,” Ram Dass, “More Ram Dass Quotes,” Love Serve Remember Foundation,https://www.ramdass.org/ram-dass-quotes/.
25. “I like being with people” Author interview with Lois Schnipper, December 9, 2016.
26. between moving on and moving forward Nora McInerny, “We Don’t ‘Move On’ from Grief. We Move Forward with It.”TED Talk, November 2018, https://www.ted.com/ talks/nora_mcinerny_we_don_t_move_on_from_grief_we_move_for ward_with_it/ transcript?language=en#t-41632.

第 9 章 痛苦會繼承嗎？

1. What is silenced in Françoise Dolto: Kathleen Saint-Onge, Dis-covering Françoise Dolto: Psychoanalysis, Identity and Child Development (United Kingdom: Routledge, 2019).
2. Dr. Simcha Raphael Author interviews on October 13 and De-cember 20, 2017, and Art of Dying conference, New York Open Center, October 17, 2017.
3. “People say, when something cataclysmic happens” Rachel Ye-huda, “How Trauma and Resilience Cross Generations,” On Being with Krista Tippett (podcast), July 30, 2015, https://onbeing.org/programs/rachel-yehuda-how-trauma-and-resilience-cross- generations-nov2017/.
4. The survivors’ children Helen Thomson, “Study of Holocaust Survivors Finds Trauma Passed On to Children’s Genes,” The Guardian, August 21, 2015, https:// www.theguardian.com/science/2015/aug/21/study-of-holocaust-survivors-finds-trauma- passed-on-to-childrens-genes.
5. “preconception parental trauma” Rachel Yehuda et al., “Holocaust Exposure Induced Intergenerational Effects on FKBP5 Methylation,” Biological Psychiatry 80, no. 5 (September 2016): P372–80, https://doi.org/10.1016/j.biopsych.2015.08.005.
6. Yehuda’s study was criticized Seema Yasmin, “Experts Debunk Study That Found Holocaust Trauma Is Inherited,” Chicago Tribune, June 9, 2017, https:// www.chicagotribune.com/lifestyles/health/ct-holocaust-trauma-not-inherited-20170609- story.html.
7. “reductionist biological determinism” Rachel Yehuda, Amy Lehrner, and Linda M. Bierer, “The Public Reception of Puta- tive Epigenetic Mechanisms in the Transgenerational Effects of Trauma,” Environmental Epigenetics 4, no. 2 (April 2018), https://doi.org/10.1093/eep/dvy018.
8. Yehuda’s findings were later replicated Linda M. Bierer et al., “Intergenerational Effects of Maternal Holocaust Exposure on KFBP5 Methylation,” The American Journal of Psychiatry (April 21, 2020), https://doi.org/10.1176/appi.ajp.2019.1906 0618.
9. water fleas subjected to the odor Anurag Chaturvedi et al., “Extensive Standing Genetic Variation from a Small Number of Founders Enables Rapid Adaptation in Daphnia,” NatureCommunications 12, no. 4306 (2021), https://doi.org/10.1038/s41467-021-24581- z.
10. mice exposed to a harmless scent Brian G. Dias and Kerry J. Ressler, “Parental Olfactory Experience Influences Behaviorand Neural Structure in Subsequent Generations,” Nature Neuroscience 17 (2014): 89–96, https://doi.org/10.1038/nn.3594.
11. descendants of the traumatized mice Gretchen van Steenwyk et al., “Transgenerational Inheritance of Behavioral and Metabolic Effects of Paternal Exposure to Traumatic Stress in Early Postnatal Life: Evidence in the 4th Generation,” Environmental Epigenetics 4, no. 2 (April 2018), https://dx.doi.org/10.1093%2Feep%2Fdvy023.
12. sons of released POWs Dora L. Costa, Noelle Yetter, and Heather DeSomer, “Intergenerational Transmission of Paternal Trauma Among U.S. Civil War ex-POWs,” PNAS115, no.44 (October 2018): 11215–20, https://doi.org/10.1073/pnas.1803630115.
13. children of Dutch women P. Ekamper et al., “Independent andAdditive Association of Prenatal Famine Exposure and Intermediary Life Conditions with Adult Mortality Between Age 18–63 Years,” Social Science and Medicine 119 (October 2014): 232–39, https://doi.org/10.1016/j.socscimed.2013.10.027.
14. racial discrimination can cause Veronica Barcelona de Mendoza et al., “Perceived Racial Discrimination and DNA Methylation Among African American Women in the Inter- GEN Study,” Biological Research for Nursing 20, no. 2 (March 2018): 145–52, https:// doi.org/10.1177/10998004177 48759.
15. “Answering that objection” Curry, “Parents’ Emotional Trauma May Change Their Children’s Biology.”
16. “If it’s epigenetic” Ibid.
17. “Research may unintentionally be received” Rachel Yehuda,Amy Lehrner, and Linda M. Bierer, “The Public Reception

ofPutative Epigenetic Mechanisms in the Transgenerational Effects of Trauma," Environmental Epigenetics 4, no. 2 (April 2018), https://doi.org/ 10.1093/eep/dvy018.

18. seems to produce measurable Rachel Yehuda et al., "Epigenetic Biomarkers as Predictors and Correlates of Symptom Improvement Following Psychotherapy in Combat Veterans with PTSD," Frontiers in Psychiatry 4, no. 118 (2013), https://dx.doi.org/ 10.3389%2Ffpsyt.2013.00118.
19. raising traumatized mice in therapeutic conditions Katharina Gapp et al., "Potential of Environmental Enrichment to Pre- vent Transgenerational Effects of Paternal Trauma," Neuro- psychopharmacology 41 (2016): 2749–58, https://doi.org/10.1038/npp.2016.87.
20. "And then I remembered" Yehuda, "How Trauma and Resilience Cross Generations."
21. she'd visited Gorée Island "Gorée: Senegal's Slave Island," BBC News, June 27, 2013, https://www.bbc.com/news/world-africa-23078662.
22. "the last place our ancestors" Email to author from Jeri Bing-ham, June 2021.
23. "grief never left them" Readers who would like to learn more about the relationship between inherited grief and the AfricanAmerican experience might also like to read Joy Degruy, Post Traumatic Slave Syndrome: America's Legacy of Enduring In- jury and Healing (Uptone Press, 2005).
24. "I just have it" Author interview conducted in July 2019.
25. a sense of meaning William Breitbart, ed., Meaning-Centered Psychotherapy in the Cancer Setting: Finding Meaning and Hope in the Face of Suffering (New York: Oxford University Press, 2017), https://doi.org/10.1093/med/9780199837229.001.0001.
26. His results have been inspiring William Breitbart, ed., "Meaning-Centered Group Psychotherapy: An Effective Intervention for Improving Psychological Well-Being in Patients with Advanced Cancer," Journal of Clinical Oncology 33, no. 7 (February 2015): 749–54, https://doi.org/10.1200/JCO.2014.57.2198; Lori P. Montross Thomas, Emily A. Meier, and Scott A. Irwin, "Meaning-Centered Psychotherapy: A Form of Psychotherapy for Patients with Cancer," Current Psychiatry Reports 16, no. 10 (September 2014): 488, https://doi.org/10.1007/s11920-014-0488-2.
27. find their "whys" Wendy G. Lichtenthal et al., "Finding Meaning in the Face of Suffering," Psychiatric Times 37, no. 8 (Au- gust 2020), https:// www.psychiatrictimes.com/view/finding-meaning-in-the-face-of-suffering.
28. "If you were telling my story" Author interview with WilliamBreitbart, May 3, 2017.
29. send a paper lantern Dave Afshar, "The History of Toro Nagashi, Japan's Glowing Lantern Festival," Culture Trip, April 19, 2021, https://theculturetrip.com/asia/japan/ articles/the-history-of-toro-nagashi-japans-glowing-lantern-festival/.
30. set out favorite foods Amy Scattergood, "Day of the Dead Feast Is a High-Spirited Affair," Los Angeles Times, October 29, 2008, https://www.latimes.com/local/la-fo- dia29-2008oct29-story.html.
31. "Live as though" I came across this quote via Ted Hughes's writing. Unfortunately, I haven't been able to track down itsoriginal source.

終曲 找一條回家的路

1. "And did you get what" Raymond Carver, "Late Fragment,"from his last collection, A New Path to the Waterfall (New York: Atlantic Monthly Press, 1988).
2. glamorous couple driving their convertible Virginia Postrel writes wonderfully about the iconography of convertibles inher book The Power of Glamour: Longing and the Art of Visual Persuasion (New York: Simon & Schuster, 2013).
3. a book on their experiences Kenneth Cain, Heidi Postlewait, and Andrew Thomson, Emergency Sex and Other DesperateMeasures (New York: Hyperion, 2004).
4. learning how to ascend I'm pretty sure I read this idea somewhere—that it wasn't mine originally. But I can't seem tolocate the source.
5. a "sacred psychology" Houston, Search for the Beloved, 26.

國家圖書館出版品預行編目資料

悲欣交集：人生溫柔安靜的力量——如何將哀傷痛苦化爲無窮創造力，獲取難以想像的潛力/蘇珊.坎恩(Susan Cain)著；陳雅婷，陳佳瑜譯. -- 初版. -- 臺北市：遠流出版事業股份有限公司, 2022.06
面；　公分
譯自：Bittersweet : how sorrow and longing make us whole
ISBN 978-957-32-9577-8(平裝)

1.CST: 悲傷 2.CST: 自我實現

176.52　　111006607

悲欣交集：人生溫柔安靜的力量

如何將哀傷痛苦化為無窮創造力，獲取難以想像的潛力

Bittersweet : how sorrow and longing make us whole

作　　者 蘇珊．坎恩 (Susan Cain)
譯　　者 陳雅婷，陳佳瑜
行銷企畫 劉妍伶
執行編輯 陳希林
封面設計 陳文德
內文構成 6 宅貓

發 行 人 王榮文
出版發行 遠流出版事業股份有限公司
地　　址 104005 臺北市中山區中山北路一段 11 號 13 樓
客服電話 02-2571-0297
傳　　真 02-2571-0197
郵　　撥 0189456-1
著作權顧問 蕭雄淋律師
2022 年 08 月 01 日 初版一刷
定價 平裝新台幣 399 元（如有缺頁或破損，請寄回更換）

ISBN：978-957-32-9577-8
ylib 遠流博識網 http://www.ylib.com
E-mail: ylib@ylib.com